# NCERT MCQs

## भारतीय अर्थव्यवस्था

Class 9-12 (Old+New)

# NCERT MCQs

## भारतीय अर्थव्यवस्था

Class 9-12 (Old+New)

*लेखक*
रविशंकर सिंहा
*सम्पादक*
राजेश राजन

arihant
SUCCESS AND NOTHING LESS

arihant
SUCCESS AND NOTHING LESS

# अरिहन्त पब्लिकेशन्स (इण्डिया) लिमिटेड



**रजि. कार्यालय**
'रामछाया' 4577/15, अग्रवाल रोड, दरिया गंज, नई दिल्ली- 110002
**फोन:** 011-47630600, 43518550

**मुख्य कार्यालय**
कालिन्दी, टी०पी० नगर, मेरठ (यूपी)– 250002
**फोन:** 0121-7156203, 7156204

**शाखा कार्यालय**
आगरा, अहमदाबाद, बरेली, बंगलुरु, चेन्नई, दिल्ली, गुवाहाटी, हैदराबाद, जयपुर, झाँसी, कोलकाता, लखनऊ, नागपुर तथा पुणे

**मूल्य** ₹ 80.00

PO No. : TXT-59-T065308-06-25

*PUBLISHED BY ARIHANT PUBLICATIONS (INDIA) LTD.*

'अरिहन्त' की पुस्तकों के बारे में अधिक जानकारी के लिए हमारी वेबसाइट **www.arihantbooks.com** पर लॉग इन करें या **info@arihantbooks.com** पर सम्पर्क करें।

**Follow us on...**

# दो शब्द

## *पूरा करना है अगर IAS का सपना*
## *तो जरूरी है NCERTs को समझना...*

सिविल सेवा परीक्षा भारत की सर्वाधिक प्रतिष्ठित, कठिन एवं चुनौतीपूर्ण परीक्षा है।

भारत में सिविल सेवा की परीक्षा इसलिए भी कठिन और चुनौतीपूर्ण हो जाती है कि इसमें "कितना पढ़ना है" से ज्यादा महत्त्वपूर्ण होता है "क्या पढ़ना है"

सफल अभ्यर्थियों के अनुभवों तथा विगत् वर्षों के प्रश्न-पत्रों के विश्लेषण से यह सिद्ध हुआ है कि इस परीक्षा में **NCERT की पुस्तकों** का विशेष महत्त्व है, क्योंकि इन्हीं पुस्तकों को आधार बनाकर सामान्य अध्ययन के प्रश्नों को परीक्षा में पूछा जाता है। **NCERT के तथ्यों** से प्रत्येक वर्ष सीधे प्रश्न पूछे जा रहे हैं।

NCERT पुस्तकों के अध्ययन को आसान तथा उद्देश्यपूर्ण बनाने हेतु 'अरिहन्त पब्लिकेशन्स' द्वारा **'NCERT MCQs'** सीरीज तैयार की गई है। इस सीरीज में कक्षा 6 से 12 तक की पुरानी व नई **NCERT का कवरेज वस्तुनिष्ठ प्रश्नों** के रूप में किया गया है।

### 2nd संस्करण की प्रमुख विशेषताएँ

- प्रश्नों का स्तर सिविल सेवा एवं विभिन्न लोक सेवा आयोगों की प्रारम्भिक परीक्षाओं के अनुरूप
- पुस्तक में **प्रश्नों को अध्यायवार रूप** में रखा गया है, जिससे अभ्यर्थी को NCERT पुस्तक के सम्बन्धित विषय के सम्पूर्ण अध्ययन का ज्ञान प्राप्त हो
- 100% त्रुटि रहित एवं विस्तृत व्याख्या
- तमिलनाडु बोर्ड एवं NIOS की पुस्तकों से अतिरिक्त प्रश्नों का संकलन
- विषय से संबंधित सम्पूर्ण अभ्यास के लिए तीन प्रैक्टिस सेट्स

इस सीरीज को पूरा करने में विशेषज्ञों की एक टीम ने उत्साह के साथ कार्य किया है। इस पुस्तक के संकलन में विशेषज्ञों के साथ-साथ प्रोजेक्ट मैनेजमेण्ट टीम का भी विशेष योगदान रहा, जिसमें मोना यादव (प्रोजेक्ट मैनेजर), दिव्या गुसाईं (प्रोजेक्ट कॉर्डिनेटर), प्रीति रंधावा, मीनाक्षी, सुशील (प्रूफ रीडर्स), विनय शर्मा, कमल किशोर (डीटीपी ऑपरेटर) और शानू एवं मजहर (कवर एवं इनर डिजाइनर) प्रमुख हैं।

आशा है कि सिविल सेवा तथा अन्य प्रतियोगी परीक्षाओं के अभ्यर्थी इस पुस्तक का अध्ययन कर अपने लक्ष्य को निश्चित ही प्राप्त करेंगे। आपके उपयोगी सुझाव सदैव हमें बेहतर संस्करण बनाने में सहायक सिद्ध हुए हैं। इसलिए आप हमें अपने सुझाव अवश्य भेजें, जिनके आधार पर हम पुस्तक के आगामी संस्करण को और भी बेहतर बना सकें।

*लेखक*

# विषय-सूची

# अध्याय 01

# अर्थव्यवस्था

## अर्थव्यवस्था

### परिचय

**परिचय**
- अर्थ का तात्पर्य मुद्रा व व्यवस्था का तात्पर्य कार्यप्रणाली से है।

**अर्थव्यवस्था के प्रकार**
- **नियंत्रण आधार पर प्रकार**
  - संसाधनों का स्वामित्व और प्रबंधन पूँजीवादी अर्थव्यवस्था (संयुक्त राज्य अमेरिका, यूनाइटेड किंगडम)
  - समाजवादी अर्थव्यवस्था (रूस, चीन)
  - मिश्रित अर्थव्यवस्था (भारत)
  - पूँजीवादी अर्थव्यवस्था
- **विकास के आधार पर**
  - विकसित अर्थव्यवस्था (फ्रांस, जापान)
  - विकासशील अर्थव्यवस्था (भारत, चीन)
  - अल्प विकसित अर्थव्यवस्था (बांग्लादेश, दक्षिणी सूडान)

**वैश्विक संबंधों के आधार पर**
- खुली अर्थव्यवस्था (भारत, चिली, अर्जेंटीना)
- बंद अर्थव्यवस्था (1991 से पहले भारत)

**अर्थशास्त्र में गतिविधियाँ**
- **आर्थिक गतिविधियाँ** डॉक्टर, शिक्षक, व्यापारी आदि
- **गैर आर्थिक गतिविधियाँ** सामाजिक सेवाएँ, राजनैतिक सेवाएँ तथा धार्मिक क्रियाएँ

**अर्थशास्त्र की शाखाएँ**
- **समष्टि अर्थशास्त्र** राष्ट्रीय आय, गरीबी, रोजगार आदि अर्थशास्त्री जॉन मेनार्ड कीन्स को दिया
- **व्यष्टि अर्थशास्त्र** मूल्य भेदभाव, व्यक्तिगत आय

**अर्थव्यवस्था के क्षेत्र**
- **प्राथमिक** कृषि एवं सहयोगी क्षेत्र - **द्वितीयक** औद्योगिक क्षेत्र
- **तृतीयक** सेवा क्षेत्र

**भारतीय अर्थव्यवस्था की विशेषता**
- **पारंपरिक विशेषताएँ**, कृषि की प्रधानता, कम प्रति व्यक्ति आय, ग्रामीण अर्थव्यवस्था, उच्च जनसंख्या वृद्धि बेरोजगारी, आय वितरण में असमानता; आधुनिक विशेषताएँ, सुनयोजित अर्थव्यवस्था, औद्योगिक विकास

### आर्थिक विकास

**मानव विकास सूचकांक (एच.डी.आई.)**
- 1990 में यूएनडीपी द्वारा प्रस्तुत प्रकार
- जीवन प्रत्याशा सूचकांक
- शिक्षा प्राप्ति सूचकांक
- जीवन स्तर सूचकांक

**बहुआयामी गरीबी सूचकांक (एमपीआई)**
- 2010 में यूएनडीपी और ओपीएचआई द्वारा और ओ.पी.एच.आई. प्रस्तुत
- संकेतक
- शिक्षा, स्वास्थ्य, जीवन-स्तर

**विश्व खुशहाली रिपोर्ट (डब्ल्यूएचआर)**
- पहली बार 1972 में भूटान के राजा द्वारा आरम्भ।
- प्रति व्यक्ति सकल घरेलू उत्पाद
- सामाजिक समर्थन
- जन्म के समय स्वास्थ जीवन प्रत्याशा
- विकल्पों की स्वतंत्रता
- उदारता
- भ्रष्टाचार की धारणा

**लैंगिक असमानता सूचकांक (जीआईआई)**
- लैंगिक असमानता की माप
- संकेतक
  - प्रजनन स्वास्थ्य
  - सशक्तिकरण
  - आर्थिक स्थिति

**वैश्विक भूख सूचकांक (जीएचआई)**
- कंसर्न वर्ल्डवाइड तथा बेल्ट हंगर हिल्फे द्वारा प्रतिवर्ष प्रकाशित
- संकेतक
  - पोषण के अंतर्गत
  - बच्चों में भारहीनता
  - बच्चों का बौनापन
  - बाल मृत्युदर

### मानव पूँजी, मानव विकास और सतत विकास

**मानव पूँजी**
- जनसंख्या मानव पूँजी में परिवर्तित
- शिक्षा और स्वास्थ्य को श्रम उत्पादकता बढ़ाने वाला साधन माना
- कौशल और उत्पादक ज्ञान का भंडार
- शिक्षा में निवेश इसका एक मुख्य स्रोत
- स्वास्थ्य प्रवासन और सूचना में निवेश
- मानव पूँजी और आर्थिक विकास परस्पर संबंधित हैं।

**मानव विकास**
- शिक्षा के आधार पर स्वास्थ मानव का अभिन्न अंग
- लोगों में पढ़ने-लिखने की क्षमता के साथ-साथ लंबा और स्वस्थ जीवन जीने की क्षमता

**आर्थिक विकास**
- अर्थव्यवस्था में वस्तु और सेवाओं के उत्पादन में वृद्धि
- मात्रात्मक अवधारणा
- पूँजीगत सामान, श्रम शक्ति और तकनीकी में वृद्धि

**सतत विकास**
- वर्तमान पीढ़ी की जरूरतों को पूरा करने के लिए विकास
- व्यक्तियों की भलाई सुनिश्चित करना
- सतत विकास लक्ष्य (एसडीजी) 2015 में संयुक्त राष्ट्र महासभा द्वारा स्थापित
- स्वस्थ जीवन सुनिश्चित एवं कल्याण को बढ़ावा
- सतत विकास लक्ष्य 17 परस्पर जुड़े वैश्विक लक्ष्यों का एक संग्रह

**SOURCE** New NCERT Class IX पालमपुर गाँव की कहानी, संसाधन के रूप में लोग, New NCERT Class X विकास, भारतीय अर्थव्यवस्था के क्षेत्रक, Old NCERT Class IX & X अर्थव्यवस्था का अध्ययन (अन्वीक्षण), भारतीय अर्थव्यवस्था का एक सिंहावलोकन, New NCERT Class XI स्वतंत्रता की पूर्व संध्या पर भारतीय अर्थव्यवस्था, भारत में मानव पूँजी का निर्माण, पर्यावरण और धारणीय विकास, भारत और उसके पड़ोसी देशों के तुलनात्मक विकास अनुभव, New NCERT Class XII परिचय Tamil Nadu Board Class XII, समष्टि अर्थशास्त्र का परिचय, Tamil Nadu Board Class XI व्यष्टि अर्थशास्त्र

## अर्थव्यवस्था के प्रकार

**1 निम्नलिखित कथनों पर विचार कीजिए**

*(Chap 1, Class-IX & X, Old NCERT)*

1. भारत की अर्थव्यवस्था एक विकासशील अर्थव्यवस्था है।
2. एक विकासशील अर्थव्यवस्था में कृषि क्षेत्र विकसित होता है, जबकि उद्योगों के विस्तार में कमी आती है।

**उपर्युक्त कथनों में से कौन-सा/से कथन असत्य है/हैं?**

(a) केवल 1 (b) केवल 2
(c) 1 और 2 (d) न तो 1 और न ही 2

**उत्तर** *(b)*

***व्याख्या*** दिए गए कथनों में से कथन (2) असत्य है, क्योंकि एक विकासशील अर्थव्यवस्था में आधुनिक औद्योगिक क्षेत्र छोटा होता है, परंतु उसका आकार लगातार विस्तृत होता रहता है और कृषि तथा ग्रामीण अर्थव्यवस्था संकुचित होती जाती है। विकासशील देशों की अर्थव्यवस्था प्राथमिक या द्वितीयक क्षेत्रकों पर आधारित होती है, क्योंकि विकासशील अर्थव्यवस्था में कृषि क्षेत्र का योगदान कम होता जाता है और द्वितीयक और तृतीयक क्षेत्र का योगदान बढ़ता जाता है। पिछले कुछ समय से भारतीय अर्थव्यवस्था में भी द्वितीयक और तृतीयक क्षेत्र के योगदान में बढ़ोतरी हुई है। अत: भारतीय अर्थव्यवस्था विकासशील अर्थव्यवस्था है।

**2 मिश्रित अर्थव्यवस्था के संबंध में कौन-सा कथन सही नहीं है?**

*(Class-XI, Old NCERT)*

(a) संपत्ति तथा उत्पादन के साधनों पर निजी तथा सार्वजनिक दोनों क्षेत्रों का स्वामित्व होता है
(b) इनमें केंद्रीय नियोजन प्राधिकरण द्वारा आर्थिक नियोजन का निर्माण किया जाता है
(c) अर्थव्यवस्था में संतुलित विकास को बढ़ावा दिया जाता है
(d) अर्थव्यवस्था में प्रतिस्पर्द्धा का अभाव होता है

**उत्तर** *(d)*

***व्याख्या*** दिए गए कथनों में से कथन (d) सही नहीं है, क्योंकि अर्थव्यवस्था में प्रतिस्पर्द्धा का अभाव समाजवादी अर्थव्यवस्था की एक प्रमुख विशेषता होती है, न कि मिश्रित अर्थव्यवस्था की।

**3 पूँजीवादी अर्थव्यवस्था में निम्नलिखित में से कौन-सी विशेषता नहीं पाई जाती है?**

*(Chap 1, Class-XII , New NCERT)*

(a) उत्पादन के साधनों पर सरकार का स्वामित्व होता है
(b) उत्पादन के साधनों पर निजी स्वामित्व होता है
(c) बाजार में निर्गत को बेचने के लिए ही उत्पादन किया जाता है
(d) श्रमिकों की सेवाओं का क्रय-विक्रय एक निश्चित कीमत पर होता है

**उत्तर** *(a)*

***व्याख्या*** पूँजीवादी अर्थव्यवस्था (Capitalist Economy) के अंतर्गत उत्पादन के साधनों पर सरकार का नहीं, बल्कि निजी व्यक्ति या किसी संगठन का स्वामित्व होता है। इसके अंतर्गत बाजार में निर्गत को बेचने के संदर्भ में ही उत्पादन किया जाता है, क्योंकि पूँजीवादी अर्थव्यवस्था में लाभ अर्जित करना मुख्य उद्देश्य होता है। पूँजीवादी अर्थव्यवस्था में श्रमिकों की सेवाओं का क्रय-विक्रय एक निश्चित कीमत द्वारा निर्धारित होता है।

**4 पूँजीवादी अर्थव्यवस्था में 'निवेश व्यय' का अर्थ होता है**

*(Chap 1, Class-XI, New NCERT)*

(a) उत्पादन क्षमता में वृद्धि लाने हेतु उद्यमी द्वारा किया जाने वाला उधार
(b) उत्पादन क्षमता में वृद्धि लाने हेतु किया जाने वाला व्यय
(c) उत्पादन क्षमता को नियंत्रित करने हेतु उद्यमी द्वारा किया जाने वाला शेष संप्राप्ति का प्रयोग
(d) उपर्युक्त में से कोई नहीं

**उत्तर** *(b)*

***व्याख्या*** पूँजीवादी अर्थव्यवस्था में 'निवेश व्यय' का अर्थ-उत्पादन क्षमता में वृद्धि लाने हेतु किया जाने वाला व्यय होता है। इससे उत्पादन की प्रति इकाई में भी वृद्धि होती है एवं माँग के अनुरूप पूर्ति को बनाए रखा जा सकता है।
पूँजीवादी अर्थव्यवस्था में कोई भी उद्यमी लाभ प्राप्ति के बिना व्यय करना नहीं चाहता है। यदि बाजार में वस्तु व सेवाओं की माँग कम हो जाती है, तो ऐसी स्थिति में उद्यमी निवेश व्यय को रोक देता है।

**5 संसाधनों के स्वामित्व तथा प्रबंधन से संबंधित, निम्नलिखित में से कौन-सा कथन असत्य है?**

*(Class-XI, Old NCERT)*

(a) अर्थव्यवस्था को पूँजीवादी, समाजवादी तथा मिश्रित अर्थव्यवस्था में वर्गीकृत किया जाता है
(b) पूँजीवादी अर्थव्यवस्था में निजी उद्योग उत्पादन के केंद्र में रहते हैं और उत्पादन की कीमत को नियंत्रित करते हैं
(c) समाजवादी अर्थव्यवस्था में, सामाजिक आवश्यकताओं के अनुसार, सरकार वस्तुओं एवं सेवाओं के उत्पादन का निर्णय लेती है
(d) भारत में निजी उद्यम के कार्यों का नियमन तथा निर्देशन सरकार नहीं कर सकती है

**उत्तर** *(d)*

***व्याख्या*** दिए गए कथनों में से कथन (d) असत्य है, क्योंकि भारत में निजी उद्यम के कार्यों का नियमन तथा निर्देशन का अधिकार सरकार के पास है।

**6 निम्नलिखित कथनों पर विचार कीजिए**

*(Unit 1, Class-XII, Tamil Nadu Board)*

1. एडम स्मिथ स्कॉटलैंड के अर्थशास्त्री थे तथा वे आधुनिक अर्थशास्त्र के जनक माने जाते हैं।
2. उन्होंने दो क्लासिकल पुस्तकों-द थ्योरी ऑफ मोरल सेंटीमेंट्स (1759) तथा एन इंक्वायरी इंटू द नेचर एंड कॉजेज ऑफ द वेल्थ ऑफ नेशंस (1976) की रचना की।

**उपर्युक्त में से कौन-सा/से कथन सत्य है/हैं?**

(a) केवल 1
(b) केवल 2
(c) 1 और 2 दोनों
(d) उपर्युक्त में से कोई नहीं

**उत्तर** *(c)*

***व्याख्या*** दिए गए दोनों कथन सत्य हैं।
एडम स्मिथ स्कॉटलैंड के अर्थशास्त्री थे। उन्हें आधुनिक अर्थशास्त्र का जनक माना जाता है।
उन्होंने दो क्लासिकल पुस्तकों-द थ्योरी ऑफ मोरल सेंटीमेंट्स (1759) तथा एन इंक्वायरी इंटू द नेचर एंड कॉजेज ऑफ द वेल्थ ऑफ नेशंस की रचना की। एडम स्मिथ मुक्त अर्थव्यवस्था (Open Economy) के समर्थक थे।

**7 निम्नलिखित कथनों पर विचार कीजिए** *(Class-XI, Old NCERT)*

1. जे. एम. कींस ब्रिटिश अर्थशास्त्री थे, जिन्होंने सिद्धांत एवं व्यवहार में समष्टि अर्थशास्त्र में परिवर्तन किया।
2. उन्होंने 'द जनरल थ्योरी ऑफ एंप्लायमेंट, इंटरेस्ट और मनी' नामक पुस्तक वर्ष 1936 में लिखी।
3. उन्होंने 'महान मंदी' के परिणामों की उस समय व्याख्या की, जब वस्तुओं का विक्रय नहीं हो रहा था तथा मजदूर बेरोजगार हो गए थे।

**उपर्युक्त में से कितने कथन सत्य हैं?**

(a) केवल 1 (b) केवल 2
(c) 1, 2 और 3 (d) इनमें से कोई भी नहीं

**उत्तर** *(c)*

***व्याख्या*** दिए गए तीनों कथन सत्य हैं।

जे. एम. कींस एक ब्रिटिश अर्थशास्त्री थे, जिनके आय तथा रोजगार निर्धारण संबंधी समष्टि अर्थशास्त्रीय सिद्धांत ने अर्थशास्त्र के अध्ययन में व्यापक परिवर्तन किया।

उनकी प्रसिद्ध पुस्तक-द जनरल थ्योरी ऑफ एंप्लायमेंट, इंटरेस्ट और मनी; जो वर्ष 1936 में, 1929 की महान मंदी (Great Depression) के बाद प्रकाशित हुई।

इस पुस्तक में कींस ने मंदी से उबरने के उपायों की भी व्याख्या की थी। कींस की इसी पुस्तक से राजकोषीय नीति का उद्‌भव होता है, जिसमें कींस मंदी से उबरने के लिए सार्वजनिक व्यय पर बल देते हैं।

## अर्थव्यवस्था के क्षेत्रक

**8 निम्नलिखित कथनों पर विचार कीजिए** *(Chap 2, Class-IX & X, New NCERT)*

1. जब किसी प्राकृतिक संसाधन का उपयोग करके किसी वस्तु का उत्पादन किया जाता है, तो इसे प्राथमिक क्षेत्र की गतिविधि कहा जाता है।
2. किसी अर्थव्यवस्था में किए जाने वाले क्रियाकलापों को मुख्यत: तीन वर्गों में प्राथमिक, द्वितीयक एवं तृतीयक क्षेत्र में वर्गीकृत किया जाता है।

**उपर्युक्त कथनों में से कौन-सा/से कथन सत्य है/हैं?**

(a) केवल 1 (b) केवल 2
(c) 1 और 2 (d) न तो 1 और न ही 2

*उत्तर (c)*

***व्याख्या*** दिए गए दोनों कथन सत्य हैं।

जब किसी प्राकृतिक संसाधन का उपयोग करके किसी वस्तु का उत्पादन किया जाता है, तो इसे प्राथमिक क्षेत्र की गतिविधि समझा जाता है, क्योंकि ये उन सभी उत्पादों का आधार हैं, जिन्हें हम क्रमश: निर्मित करते हैं।

चूँकि हम अधिकांश प्राकृतिक उत्पादों को कृषि, डेयरी, मत्स्यन और वनों से प्राप्त करते हैं, इसलिए यह क्षेत्र कृषि एवं सहायक क्षेत्र भी कहलाता है।

किसी अर्थव्यवस्था में किए जाने वाले क्रियाकलापों को मुख्यत: तीन वर्गों में प्राथमिक (कृषि, मत्स्यन, खनन), द्वितीयक (विनिर्माण) व तृतीयक क्षेत्र (सेवा क्षेत्र) में वर्गीकृत किया जाता है।

**9 निम्न कथन (A) व कारण (R) को पढ़िए और नीचे दिए गए कूट की सहायता से सही उत्तर का चयन कीजिए** *(Chap 2, Class-X, New NCERT)*

**कथन** (A) विगत वर्षों में भारत में यद्यपि सभी क्षेत्रकों में उत्पादन में वृद्धि हुई, परंतु सबसे अधिक वृद्धि तृतीयक क्षेत्रक के उत्पादन में हुई।

**कारण** (R) भारत में प्राथमिक क्षेत्रक को प्रतिस्थापित करते हुए तृतीयक क्षेत्रक सबसे बड़े उत्पादक क्षेत्रक के रूप में उभरा।

**कूट**

(a) A और R दोनों सही हैं तथा R, A की सही व्याख्या है
(b) A और R दोनों सही हैं, परंतु R, A की सही व्याख्या नहीं है
(c) A सही है, किंतु R गलत है
(d) A गलत है, किंतु R सही है

*उत्तर (b)*

***व्याख्या*** A और R दोनों सही हैं, परंतु R, A की सही व्याख्या नहीं है।

विगत वर्षों से भारत में यद्यपि सभी क्षेत्रकों में उत्पादन में व्यापक वृद्धि हुई है, परंतु सबसे अधिक वृद्धि तृतीयक क्षेत्रक के अंतर्गत हुई है।

भारत में प्राथमिक क्षेत्रक को प्रतिस्थापित करने में तृतीयक क्षेत्रक काफी सीमा तक सफल हुआ है और अर्थव्यवस्था में इस क्षेत्र का महत्त्व बढ़ गया है। वैश्विक दृष्टिकोण से तृतीयक क्षेत्र का विस्तार एक सकारात्मक पहलू है, परंतु देश की अर्थव्यवस्था को मजबूत करने हेतु प्राथमिक क्षेत्र को कमजोर नहीं होने देना चाहिए।

**10 निम्नलिखित कथनों पर विचार कीजिए और नीचे दिए गए कूट की सहायता से सही उत्तर चुनिए** *(Chap 2, Class-X, New NCERT)*

1. सामान्यत: अधिकांश विकसित देशों के इतिहास में यह देखा गया है कि विकास की प्रारंभिक अवस्थाओं में द्वितीयक क्षेत्रक आर्थिक सक्रियता का सबसे महत्त्वपूर्ण क्षेत्रक रहा है।
2. विकसित देशों में अधिकांश श्रमजीवी लोग सेवा क्षेत्रक में ही नियोजित हैं।
3. प्राथमिक और द्वितीयक क्षेत्रक का विकास जितना अधिक होगा, तृतीयक क्षेत्रक का विकास भी उतना ही अधिक होगा।

**उपर्युक्त कथनों में से कौन-सा/से कथन असत्य है/हैं?**

(a) केवल 2 (b) केवल 3
(c) केवल 1 (d) 1 और 2

*उत्तर (c)*

***व्याख्या*** दिए गए कथनों में से कथन (1) असत्य है, क्योंकि सामान्यत: अधिकांश विकसित देशों के इतिहास में यह देखा जाता है कि विकास की प्रारंभिक अवस्थाओं में प्राथमिक क्षेत्र को आर्थिक सक्रियता का सबसे महत्त्वपूर्ण क्षेत्र माना जाता था। जैसे-जैसे कृषि प्रणाली परिवर्तित हुई, उसी क्रम में कृषि क्षेत्र समृद्ध होता गया तथा उत्पादन में वृद्धि हुई। अनेक लोग दूसरे कार्य करने लगे, जिससे शिल्पियों तथा व्यापारियों की संख्या में वृद्धि हुई।

इसके अतिरिक्त अनेक लोग परिवहन, प्रशासक और सैनिक इत्यादि कार्यों से जुड़े थे, परंतु इस अवस्था में अधिकांश उत्पादित वस्तुएँ प्राकृतिक उत्पाद थीं, जो प्राथमिक क्षेत्र के अंतर्गत थीं, इसलिए अधिकांश व्यक्ति इसी क्षेत्र में संलग्न थे।

**11 भारत के सकल घरेलू उत्पाद में नीचे दिए गए भिन्न क्षेत्रों के योगदान का कौन-सा एक सही ह्रासमान क्रम है?** *(Chap 2, Class-X, New NCERT)*

(a) तृतीयक > प्राथमिक > द्वितीयक (b) तृतीयक > द्वितीयक > प्राथमिक
(c) प्राथमिक > द्वितीयक > तृतीयक (d) द्वितीयक > प्राथमिक > तृतीयक

*उत्तर (b)*

***व्याख्या*** भारत के सकल घरेलू उत्पाद में विभिन्न क्षेत्रों के योगदान का सही क्रम – तृतीयक > द्वितीयक > प्राथमिक है।

भारत के सकल घरेलू उत्पाद में वर्तमान समय में तृतीयक क्षेत्र का सबसे बड़ा योगदान (52%) है। द्वितीयक क्षेत्र की भागीदारी 30% तथा प्राथमिक क्षेत्र की हिस्सेदारी 18% है।

**12 भारत में सेवा क्षेत्र के संदर्भ में कौन-सा कथन असत्य है?** *(Chap 2, Class-X, New NCERT)*

(a) इसमें उन सेवाओं की संख्या अधिक है, जिसमें अत्यंत कुशल और शिक्षित श्रमिकों को रोजगार मिलता है
(b) इसमें उन सेवाओं की संख्या सीमित है, जिसमें अधिक कुशल और शिक्षित श्रमिकों को रोजगार मिलता है
(c) इसमें बहुत अधिक संख्या में लोग छोटी दुकानों के मरम्मत कार्यों, परिवहन जैसी सेवाओं में लगे हुए हैं
(d) इसका सकल घरेलू उत्पाद में सर्वाधिक योगदान है

*उत्तर (a)*

*व्याख्या* भारत में सेवा क्षेत्र के संदर्भ में कथन (a) असत्य है, क्योंकि इसमें उन सेवाओं की संख्या सीमित होती है, जिनमें अत्यंत कुशल और शिक्षित श्रमिकों को रोजगार मिलता है। दूसरी ओर, बहुत अधिक संख्या में लोग छोटी दुकानों, मरम्मत कार्यों व परिवहन जैसी सेवाओं में लगे हुए हैं। वे इन सेवाओं में इसलिए लगे हुए हैं, क्योंकि उनके पास कोई अन्य वैकल्पिक अवसर नहीं है।

**13 निम्नलिखित कथनों पर विचार कीजिए** *(Chap 2, Class-X, New NCERT)*

1. संगठित क्षेत्र सरकार द्वारा पंजीकृत होते हैं और उन्हें सरकारी नियमों एवं विनियमों का अनुपालन करना होता है।
2. असंगठित क्षेत्र में नियम और विनियम तो होते हैं, परंतु उनका अनुपालन नहीं होता है।
3. संगठित क्षेत्र के कर्मचारियों को रोजगार सुरक्षा का लाभ मिलता है, जबकि असंगठित क्षेत्र के लोगों को यह सुरक्षा नहीं मिलती है।
4. भारत के संगठित क्षेत्र में कार्यरत् श्रमिकों की संख्या असंगठित क्षेत्र की तुलना में अधिक है।

**उपर्युक्त कथनों में से कौन-सा/से कथन सत्य है/हैं?**

(a) 1 और 3 (b) 1, 2 और 3
(c) 2, 3 और 4 (d) ये सभी

*उत्तर (b)*

*व्याख्या* दिए गए कथनों में से कथन (1), (2) और (3) सत्य हैं।

संगठित क्षेत्र (Organised Sector) सरकार द्वारा पंजीकृत (Registered) होते हैं और उन्हें सरकारी नियमों एवं विनियमों का अनुपालन करना होता है। इसके विपरीत असंगठित क्षेत्र (Unorganised Sector) में नियम और विनियम तो होते हैं, परंतु उनका अनुपालन नहीं होता है।

संगठित क्षेत्र के कर्मचारियों को रोजगार सुरक्षा का लाभ मिलता है, जबकि असंगठित क्षेत्र के लोगों को यह सुविधा नहीं मिलती है।

संगठित क्षेत्र के लोगों को नियोक्ता से अन्य दूसरे प्रकार के लाभ प्राप्त होते हैं; जैसे—सवैतनिक छुट्टी, अवकाश काल में भुगतान, भविष्य निधि, सेवानुदान इत्यादि। असंगठित क्षेत्र में इस प्रकार के लाभ का प्रावधान नहीं होता है।

कथन (4) असत्य है, क्योंकि भारत के संगठित क्षेत्र में कार्यरत् श्रमिकों की संख्या असंगठित क्षेत्र की तुलना में कम है। संगठित क्षेत्र में मात्र 17% एवं असंगठित क्षेत्रों में 83% लोग कार्यरत् हैं।

**14 निम्नलिखित कथनों पर विचार कीजिए केंद्रीकृत योजनाबद्ध अर्थव्यवस्था के अंतर्गत** *(Chap 1, Class-XII, New NCERT)*

1. सरकार/केंद्रीय सत्ता अर्थव्यवस्था के सभी क्रियाकलापों की योजना बनाती है।
2. अर्थव्यवस्था में सभी आर्थिक क्रियाकलापों का निर्धारण बाजार की स्थितियों के अनुसार होता है।
3. वस्तुओं और सेवाओं के उत्पादन, विनिमय तथा उपभोग से संबद्ध सभी महत्त्वपूर्ण निर्णय सरकार द्वारा लिए जाते हैं।

**उपर्युक्त कथनों में कितने कथन असत्य हैं?**

(a) केवल एक (b) केवल दो
(c) केवल तीन (d) इनमें से कोई नहीं

*उत्तर (a)*

*व्याख्या* दिए गए कथनों में से केवल एक कथन (2) असत्य है, क्योंकि बाजार अर्थव्यवस्था में सभी आर्थिक क्रियाकलापों का निर्धारण बाजार की स्थितियों के अनुसार होता है, केंद्रीकृत योजनाबद्ध अर्थव्यवस्था के अंतर्गत नहीं।

**15 आर्थिक संवृद्धि के संबंध में, निम्नलिखित कथनों पर विचार कीजिए** *(Chap 2, Class-XII, New NCERT)*

1. आर्थिक संवृद्धि का अर्थ है—देश में वस्तुओं और सेवाओं की उत्पादन क्षमता में वृद्धि।
2. संवृद्धि का अभिप्राय उत्पादक पूँजी के अधिक भंडार या परिवहन, बैंकिंग आदि सेवाओं का विस्तार या उत्पादक पूँजी तथा सेवाओं की दक्षता में वृद्धि से है।
3. प्राकृतिक संसाधनों में वृद्धि के साथ राष्ट्रीय आय में वृद्धि होती है।

**उपर्युक्त में से कौन-सा/से कथन सत्य है/हैं?**

(a) 1 और 2 (b) 1 और 3
(c) 2 और 3 (d) 1, 2 और 3

*उत्तर (a)*

*व्याख्या* आर्थिक संवृद्धि के संबंध में कथन (1) और (2) सत्य हैं।

आर्थिक संवृद्धि का अर्थ है—देश में वस्तुओं और सेवाओं की उत्पादन क्षमता में वृद्धि। आर्थिक संवृद्धि का प्रामाणिक सूचक सकल घरेलू उत्पाद (जी.डी.पी.) में निरंतर वृद्धि है। जीडीपी एक वर्ष की अवधि में देश में हुए सभी अंतिम वस्तुओं और सेवाओं के उत्पादन का बाजार मूल्य होता है।

संवृद्धि का अभिप्राय उत्पादक पूँजी के अधिक भंडार या परिवहन, बैंकिंग आदि सेवाओं का विस्तार या उत्पादक पूँजी तथा सेवाओं की दक्षता में वृद्धि से है।

कथन (3) असत्य है, क्योंकि आर्थिक संवृद्धि का अर्थ देश की राष्ट्रीय आय में वृद्धि से है, न कि प्राकृतिक संसाधनों में वृद्धि से। यह आवश्यक नहीं है कि प्राकृतिक संसाधनों में वृद्धि के साथ-साथ राष्ट्रीय आय में भी वृद्धि हो।

**16 किसी अर्थव्यवस्था में वस्तुओं और सेवाओं के उत्पादन के लिए आवश्यक कारक हैं** *(Chap 1, Class-IX, New NCERT)*

1. भौतिक पूँजी 2. श्रम
3. भूमि 4. ज्ञान और उद्यम

**कूट**

(a) 1 और 2 (b) 1, 3 और 4
(c) 1, 2 और 3 (d) ये सभी

*उत्तर (d)*

*व्याख्या* किसी अर्थव्यवस्था में वस्तुओं और सेवाओं के उत्पादन के लिए भौतिक पूँजी, श्रम, भूमि तथा ज्ञान एवं उद्यम सभी की आवश्यकता होती है। किसी भी उद्यमी के लिए आवश्यक है कि वह उत्पादन से संबंधित समस्त साधनों के परिपूर्ण होने के पश्चात् ही वस्तु व सेवाओं का उत्पादन प्रारंभ करे।

**17 मानव विकास रिपोर्ट निम्नलिखित में से किसके द्वारा प्रकाशित की जाती है?** *(Chap 1, Class-X, New NCERT)*

(a) आईएमएफ (b) वर्ल्ड बैंक
(c) यूएनडीपी (d) वर्ल्ड इकोनॉमिक फोरम

*उत्तर (c)*

*व्याख्या* मानव विकास रिपोर्ट, यूएनडीपी (United Nations Development Programme-UNDP) द्वारा प्रकाशित की जाती है। यूएनडीपी का गठन वर्ष 1965 में किया गया था।

इसका मुख्यालय न्यूयॉर्क में स्थित है। वर्ष 1990 में इस संगठन द्वारा पहली बार मानव विकास रिपोर्ट प्रकाशित की गई थी। पाकिस्तानी अर्थशास्त्री महबूब-उल-हक और भारतीय अर्थशास्त्री डॉ. अमर्त्य सेन के प्रयासों से यह रिपोर्ट तैयार की गई।

**18** **निम्नलिखित में से किसे मानव विकास सूचकांक (HDI) के अंतर्गत शामिल नहीं किया जाता है?** *(Chap 1, Class-X, New NCERT)*

(a) प्रति व्यक्ति आय
(b) जन्म के समय संभावित आयु
(c) विद्यालयी औसत आयु 25 वर्ष या उससे अधिक
(d) सामाजिक असमानता

*उत्तर (d)*

***व्याख्या*** मानव विकास सूचकांक (Human Development Index, HDI) के अंतर्गत मापदंड के रूप में सामाजिक असमानता को शामिल नहीं किया जाता है, क्योंकि मानव विकास सूचकांक प्रति व्यक्ति आय, जीवन प्रत्याशा (जन्म के समय संभावित आयु) एवं विद्यालयी औसत आयु 25 वर्ष या उससे अधिक, मापदंड के आधार पर जारी किया जाता है।

## मानव पूँजी एवं धारणीय विकास

**19** **निम्नलिखित कथनों पर विचार कीजिए** *(Chap 5, Class-XI, New NCERT)*

1. मानव पूँजी निर्माण वस्तुत: एक आर्थिक एवं तकनीकी प्रक्रिया है और जो मानव पूँजी को धारण करने वालों के सुविचारित निर्णय का प्रतिफल नहीं है।
2. भौतिक पूँजी निर्माण मुख्यत: एक आर्थिक और तकनीकी प्रक्रिया है तथा इसका स्वामित्व उस व्यक्ति के सुविचारित निर्णय का परिणाम होता है।

**उपर्युक्त कथनों में से कितने कथन सत्य हैं?**

(a) केवल 1 (b) केवल 2
(c) 1 और 2 (d) न तो 1 और न ही 2

*उत्तर (a)*

***व्याख्या*** दिए गए कथनों में से केवल एक कथन (2) सत्य है। भौतिक पूँजी निर्माण मुख्यत: एक आर्थिक और तकनीकी प्रक्रिया है तथा इसका स्वामित्व उस व्यक्ति के सुविचारित निर्णय का परिणाम होता है।

कथन (1) असत्य है, क्योंकि मानव पूँजी निर्माण आंशिक रूप से एक सामाजिक प्रक्रिया है और यह अंशत: मानव पूँजी को धारण करने वालों के सुनिश्चित व सुविचारित निर्णय का प्रतिफल माना जाता है।

**20** **मानव पूँजी में निरंतर निवेश निम्नलिखित में किसे अग्रसरित करता है?** *(Chap 2, Class-IX, New NCERT)*

(a) उत्पादकता में वृद्धि
(b) प्रौद्योगिकी परिवर्तनों का सामना करने की क्षमता
(c) राष्ट्र की सामाजिक प्रगति
(d) उपर्युक्त सभी

*उत्तर (d)*

***व्याख्या*** मानव पूँजी में निरंतर निवेश उत्पादकता में वृद्धि, प्रौद्योगिकी परिवर्तनों का सामना करने की क्षमता तथा राष्ट्र की सामाजिक प्रगति को अग्रसरित करता है। मानव पूँजी में निवेश भौतिक पूँजी की ही भाँति प्रतिफल प्रदान करता है। बेहतर प्रशिक्षित व्यक्ति उत्पादकता में वृद्धि कर सकता है। इसमें प्रौद्योगिकीय परिवर्तनों के साथ आगे बढ़ने की क्षमता होती है, जो राष्ट्र की सामाजिक प्रगति का वाहक है।

**21** **निम्नलिखित में से किसे मानव पूँजी के स्रोत के रूप में माना जाता है?** *(Chap 5, Class-XI, New NCERT)*

1. कार्य के दौरान प्रशिक्षण 2. शिक्षा में निवेश
3. स्वच्छ पेयजल की व्यवस्था 4. प्रबंधन तथा सूचना

**कूट**

(a) केवल 2
(b) 1 और 2
(c) 1, 2 और 3
(d) उपर्युक्त सभी

*उत्तर (d)*

***व्याख्या*** कार्य के दौरान प्रशिक्षण, शिक्षा में निवेश, स्वच्छ पेयजल की व्यवस्था एवं प्रबंधन तथा सूचना को मानव पूँजी के स्रोत के रूप में जाना जाता है। कार्य के दौरान प्रशिक्षण से व्यक्ति कार्य में कुशलता प्राप्त करता है। शिक्षा में निवेश से व्यक्ति अपनी आय में बढ़ोतरी कर सकता है। स्वास्थ्य में निवेश से व्यक्ति स्वस्थ रहेगा तथा कार्य को कुशलता से करेगा।

इसी प्रकार प्रबंधन एवं सूचना में निवेश से व्यक्ति आधुनिक ज्ञान प्राप्त कर सकता है। मानव संसाधन में गुणात्मक सुधार लाने हेतु इन सभी स्रोतों का होना आवश्यक है। इनके अभाव में मानव मूल्यों में परिवर्तन लाना संभव नहीं है।

**22** **निम्न कथन (A) व कारण (R) को पढ़िए और नीचे दिए गए कूट की सहायता से सही उत्तर का चयन कीजिए** *(Chap 5, Class-XI, New NCERT)*

**कथन** (A) **विकासशील देशों में मानव पूँजी की संवृद्धि यद्यपि बहुत तीव्रता से हो रही है, किंतु उनकी प्रति व्यक्ति वास्तविक आय की वृद्धि उतनी तीव्रता से नहीं हुई है।**

**कारण** (R) **यह तर्कसंगत है कि मानव पूँजी और आर्थिक संवृद्धि परस्पर एक-दूसरे को प्रभावित करते हैं।**

**कूट**

(a) A और R दोनों सही हैं तथा R, A की सही व्याख्या है
(b) A और R दोनों सही हैं, परंतु R, A की सही व्याख्या नहीं है
(c) A सही है, किंतु R गलत है
(d) A गलत है, किंतु R सही है

*उत्तर (b)*

***व्याख्या*** A और R दोनों सही हैं, परंतु R, A की सही व्याख्या नहीं है। विकासशील देशों (Developing Countries) में मानव पूँजी की संवृद्धि यद्यपि बहुत तीव्रता से हो रही है, किंतु उनकी प्रति व्यक्ति वास्तविक आय की वृद्धि उतनी तीव्रता से नहीं हुई है, जितनी होनी चाहिए थी। भारत के संदर्भ में इस प्रक्रिया को समझा जा सकता है।

मानव पूँजी और आर्थिक संवृद्धि परस्पर एक-दूसरे को प्रभावित करते हैं। उच्च स्तर पर मानव पूँजी निर्माण के कारण होने वाली आर्थिक संवृद्धि से प्रति व्यक्ति आय में वृद्धि होती है।

**23** **भारत में स्त्री शिक्षा को प्रोत्साहित करने के संदर्भ में निम्नलिखित में से कौन-सा कथन सत्य है?** *(Chap 5, Class-XI, New NCERT)*

(a) इससे स्त्रियों की आर्थिक स्वतंत्रता बढ़ती है
(b) इससे उनका सामाजिक औचित्य सुदृढ़ होता है
(c) स्त्रियों एवं बच्चों के स्वास्थ्य पर सकारात्मक प्रभाव पड़ता है
(d) उपर्युक्त सभी

*उत्तर (d)*

***व्याख्या*** भारत में स्त्री शिक्षा को प्रोत्साहित करने के संदर्भ में सभी कथन सत्य हैं।

मानव पूँजी निर्माण की प्रक्रिया में स्त्रियों को शिक्षित किया जाना सबसे महत्त्वपूर्ण है, क्योंकि स्त्रियों को शिक्षित करने से उनकी आर्थिक स्वतंत्रता में वृद्धि होती है तथा शिक्षा एवं आर्थिक स्वतंत्रता से उनके सामाजिक औचित्य में सुदृढ़ता आती है और स्त्रियों के शिक्षित होने से उनके तथा उनके बच्चों के स्वास्थ्य पर सकारात्मक प्रभाव पड़ता है।

**24 भारत सरकार द्वारा नियुक्त तपस मजूमदार समिति का संबंध निम्नलिखित में से किससे था?** *(Chap 5, Class-XI, New NCERT)*

(a) विद्यालयों में शिक्षा की गुणवत्ता से
(b) 6-14 आयु वर्ग के सभी बच्चों को स्कूली शिक्षा व्यवस्था में शामिल करने से
(c) शिक्षा पर उपकर लगाने से
(d) उपर्युक्त में से कोई नहीं

**उत्तर** *(b)*

***व्याख्या*** भारत सरकार द्वारा वर्ष 1999 में गठित तपस मजूमदार समिति का संबंध 6-14 आयु वर्ग के सभी बच्चों को स्कूली शिक्षा व्यवस्था में शामिल करने से है। संविधान के 86वें संशोधन (2002) के अंतर्गत इसे अनिवार्य रूप से लागू भी कर दिया गया है। वर्ष 2010 में इससे संबंधित अधिनियम बनाकर शिक्षा के अधिकार को मौलिक अधिकार बना दिया गया है।

**25 'ग्रेट लीप फॉरवर्ड' अभियान का संबंध निम्नलिखित में से किससे है?** *(Chap 10, Class-XI, New NCERT)*

(a) चीन की अर्थव्यवस्था में कृषि को बढ़ावा देना
(b) चीन की अर्थव्यवस्था में औद्योगीकरण को बढ़ावा देना
(c) चीन की अर्थव्यवस्था में सेवा क्षेत्र को बढ़ावा देना
(d) चीन की अर्थव्यवस्था में पंचवर्षीय योजना का शुभारंभ करना

**उत्तर** *(b)*

***व्याख्या*** चीन में चलाए गए 'ग्रेट लीप फॉरवर्ड' अभियान का संबंध चीनी अर्थव्यवस्था में औद्योगीकरण को प्रोत्साहित करने से है। वर्ष 1980 में चीनी सरकार ने डेंग योजना प्रस्ताव पारित किया, जिसका तात्पर्य था—चीनी अर्थव्यवस्था को वैश्वीकृत करना, ताकि चीन की अर्थव्यवस्था को भूमंडलीकरण के माध्यम से विश्व की अर्थव्यवस्था के साथ जोड़ा जा सके। इसी के अंतर्गत इस अभियान को संचालित किया गया, ताकि चीन में औद्योगीकरण को बढ़ावा दिया जा सके। चीनी अर्थव्यवस्था को मजबूत करना इस अभियान का मुख्य उद्देश्य था।

**26 निम्नलिखित में से कौन धारणीय विकास की अवधारणा को सही रूप से स्पष्ट करता है?** *(Chap 9, Class-XI, New NCERT)*

(a) ऐसा विकास जो भावी पीढ़ी को ध्यान में रखकर किया जाए
(b) ऐसा विकास जो वर्तमान पीढ़ी की आवश्यकताओं को भावी पीढ़ी की आवश्यकताओं की पूर्ति क्षमता का समझौता किए बिना पूरा करे
(c) ऐसा विकास जो अर्थव्यवस्था के प्राथमिक, द्वितीयक व तृतीयक क्षेत्रों को समान महत्त्व दे
(d) ऐसा विकास जो वर्तमान पीढ़ी की आवश्यकताओं को ध्यान में रखकर किया जाए

**उत्तर** *(b)*

***व्याख्या*** धारणीय विकास (Sustainable Development) के संदर्भ में कथन (b) सही है। धारणीय या सतत विकास एक ऐसी अवधारणा है, जो वर्तमान पीढ़ी की आवश्यकताओं को भावी पीढ़ियों की आवश्यकताओं की पूर्ति क्षमता के साथ समझौता किए बिना पूरा करें। इस प्रक्रिया में प्राकृतिक संसाधनों का उपयोग सुनियोजित तरीके से किया जाता है। धारणीय विकास प्रक्रिया में केवल वर्तमान पीढ़ियों के विकास पर ध्यान नहीं दिया जाता है, बल्कि इसमें विकास प्रक्रिया को सतत बनाए रखने का भी प्रयास किया जाता है।

**27 धारणीय विकास लक्ष्यों के संदर्भ में नीचे दिए गए कथनों में कितने कथन सही है?** *(Chap 9, Class-XI, New NCERT)*

1. गरीबों की समग्र दरिद्रता को कम कर सुरक्षित जीवन निर्वाह साधन प्रदान करना।
2. सामाजिक अस्थिरता को न्यूनतम करना।
3. पर्यावरण अपक्षय को न्यूनतम करना।
4. संसाधन विघटन को न्यूनतम करना।

**कूट**

(a) एक केवल (b) केवल दो
(c) केवल तीन (d) सभी चारों

**उत्तर** *(d)*

***व्याख्या*** धारणीय विकास के लक्ष्य के संदर्भ में दिए गए सभी कथन सही हैं। धारणीय विकास के लक्ष्य को ब्रूटलैंड कमीशन (Brundtland Commission) की रिपोर्ट में स्पष्ट किया गया है। इसमें लोगों की निर्धनता को कम कर उन्हें चिर स्थायी सुरक्षित जीविका निर्वाह साधन प्रदान करना तथा सामाजिक अस्थिरता, संसाधन विघटन और पर्यावरण अपक्षय को नियंत्रित करना शामिल है।

**28 धारणीय विकास, भावी पीढ़ियों के अपनी आवश्यकताओं को पूरा करने के सामर्थ्य से समझौता किए बगैर, वर्तमान की आवश्यकताओं को पूरा करता है। इस परिप्रेक्ष्य में धारणीय विकास का सिद्धांत निम्नलिखित में से किस एक सिद्धांत के साथ स्वाभाविक रूप से जुड़ा हुआ है?** *(Chap 9, Class-XI, New NCERT) (IAS Pre 2010)*

(a) सामाजिक न्याय एवं सशक्तीकरण (b) समावेशी विकास
(c) वैश्वीकरण (d) धारण क्षमता

**उत्तर** *(d)*

***व्याख्या*** प्रश्नानुसार, संयुक्त राष्ट्र पर्यावरण और विकास सम्मेलन (United Nations Conference on Environment and Development UNCED) की परिभाषा के अनुसार ऐसा विकास जो वर्तमान पीढ़ी की आवश्यकताओं की पूर्ति क्षमता को समझौता किए बिना पूरा करे उसे धारण क्षमता कहते हैं।

# अध्याय 02

# राष्ट्रीय आय

## राष्ट्रीय आय

### राष्ट्रीय आय

**परिचय**
- वस्तुओं और सेवाओं का कुल मूल्य
- राष्ट्रीय आय की गणना का प्रथम प्रयास 1868 ई. में दादाभाई नौरोजी द्वारा किया
- पुस्तक पॉवर्टी एंड-अन-ब्रिटिश रूल इन इण्डिया

**भारत में गरीबी और गैर-ब्रिटिश शासन**
- दादाभाई नौरोजी द्वारा लिखी पुस्तक में राष्ट्रीय आय का अनुमान 20 रुपया प्रति व्यक्ति लगाया, गरीबी अनुमान से संबंधित अन्य प्रयास डॉ. बिजेंद्र कस्तूरी रंगा वरदराज राव (वीकेआरवी राव) द्वारा किया गया
- वह राष्ट्रीय आय की गणना के लिए वैज्ञानिक दृष्टिकोण का उपयोग करने वाले प्रथम व्यक्ति थे, जिन्होंने प्रति व्यक्ति आय 76 रुपये अनुमानित की
- भारत सरकार ने डॉ. पी.सी. महालनोबिस की अध्यक्षता में एक राष्ट्रीय आय समिति नियुक्त की
- इस समिति ने अपनी पहली रिपोर्ट वर्ष 1951 में और अंतिम रिपोर्ट वर्ष 1954 में दी
- समिति ने राष्ट्रीय आय 8650 और प्रति व्यक्ति आय 246.50 होने का अनुमान लगाया

**राष्ट्रीय आय और उसके लेखन में उपयोगी शब्द**
- अंतिम वस्तुएँ
- मध्यवर्ती वस्तुएँ
- मूल्यह्रास
- बाजार मूल्य
- साधन लागत
- क्रय शक्ति क्षमता
- आधार वर्ष
- हिंदू वृद्धि-दर

### राष्ट्रीय आय की गणना [NI = C+1+ G (X-M)]

**राष्ट्रीय आय मापने के विभिन्न उपाय**
- सकल घरेलू उत्पाद - मौद्रिक मूल्य की माप

  जी.डी.पी. = सी + आई + जी + एक्स - एम
  - सकल घरेलू उत्पाद (जी.डी.पी.) बाजार मूल्य पर
  - सकल घरेलू उत्पाद (जी.डी.पी.) कारक
- **सकल मूल्य वर्द्धित (जी.वी.ए.)**
  - व्यक्तिगत क्षेत्र द्वारा किए गए विकास में योगदान की माप

    जी.वी.ए. = जी.डी.पी. + उत्पादों पर सब्सिडी-उत्पादों पर कर
- **सकल राष्ट्रीय उत्पाद (जी.एन.पी.)**
  - किसी देश के निवासी/नागरिक के सभी आउटपुट की गणना करें

    जी.एन.पी.=जी.डी.पी. + आयात - निर्यात
- **शुद्ध घरेलू उत्पाद**
  - सकल और शुद्ध घरेलू उत्पाद के मध्य अंतर

    एन.डी.पी. = जी.डी.पी. - मूल्य
- **शुद्ध राष्ट्रीय उत्पाद ह्रास (एन.एन.पी.)**
  - एन.एन.पी = जी.एन.पी. - मूल्य ह्रास
  - जी.एन.पी. से मूल्य ह्रास घटाएँ
- **प्रति व्यक्ति आय (पी.सी.आई)**
  - प्रति व्यक्ति द्वारा अर्जित औसत आय की माप

    $$\text{पी.सी.आई.} = \frac{\text{राष्ट्रीय आय}}{\text{कुल जनसंख्या}}$$

  हरित सकल घरेलू उत्पाद
  - पर्यावरण परिणामों के साथ आर्थिक विकास का सूचकांक (जी.जी.डी.पी.)

**राष्ट्रीय आय मापने की विभिन्न विधियाँ**

साइमन कुजनेट्स
- **व्यय विधि**
  - आय या तो उपभोग पर खर्च की जाती है या बचत पर

    एन.आई.ए = कुल उपभोग व्यय + कुल बचत
- **उत्पाद विधि**
  - एक वर्ष में अंतिम वस्तुओं और सेवाओं के कुल मूल्य की गणना
  - $GDP_{FC} = GDP_{MP}$ − अप्रत्यक्ष कर उपदान सब्सिडी
- **आय विधि**
  - विभिन्न क्षेत्रों में कार्यरत् लोगों द्वारा अर्जित शुद्ध आय का योग
  - सकल राष्ट्रीय आय = कर्मचारियों के प्रतिफल = $GDP_{MP}$ + लाभ + भाड़ा + ब्याज + मिश्रित आय + शुद्ध ह्रास + शुद्ध अप्रत्यक्ष कर + विदेश से प्राप्त आय

**राष्ट्रीय आय से जुड़े संगठन**
- केंद्रीय सांख्यिकी संगठन
- राष्ट्रीय नमूना सर्वेक्षण कार्यालय
- राष्ट्रीय सांख्यिकीय कार्यालय
- राष्ट्रीय सांख्यिकी आयोग

**New NCERT Class X विकास, भारतीय अर्थव्यवस्था के क्षेत्रक, New NCERT Class XI स्वतंत्रता की पूर्व संध्या पर भारतीय अर्थव्यवस्था, New NCERT Class XII राष्ट्रीय आय का लेखांकन, आय और रोजगार का निर्धारण, Old NCERT Class XII समष्टि अर्थव्यवस्था की रचना और राष्ट्रीय आय का लेखांकन, राष्ट्रीय आय का लेखांकन : अवधारणाएँ और मापन, समग्र माँग और इसके घटक परिशिष्ट, आय, रोजगार तथा उत्पादन निर्धारण, Tamil Nadu Board Class XII राष्ट्रीय आय NIOS Module-9 राष्ट्रीय आय और इसका मापन**

**1** **निम्नलिखित में किसने अर्थव्यवस्थाओं की संवृद्धि की दिशा का आकलन करने के लिए राष्ट्रीय आय समुच्चयों के प्रयोग का सूत्रपात किया?** *(Chap 3, Class-XII, Old NCERT)*

(a) जॉन मेनार्ड कींस (b) रिचर्ड स्टोन
(c) साइमन कुजनेट्स (d) एडम स्मिथ

**उत्तर** *(c)*

***व्याख्या*** अर्थव्यवस्थाओं की संवृद्धि की दिशा का आकलन करने के लिए राष्ट्रीय आय के समुच्चयों के प्रयोग का सूत्रपात अर्थशास्त्री साइमन कुजनेट्स ने किया।

साइमन कुजनेट्स का मानना था कि राष्ट्रीय आय (National Income) में वृद्धि के साथ-साथ अर्थव्यवस्था स्वत: ही संवृद्धि प्राप्त करती है। प्रति व्यक्ति आय में वृद्धि आर्थिक संवृद्धि की द्योतक मानी जाती है।

**2** **भारत में राष्ट्रीय आय के आकलन में प्रमुख योगदान रहा है** *(Chap 1, Class-XI, New NCERT)*

1. विलियम डिग्बी 2. दादाभाई नौरोजी
3. आर. सी. देसाई 4. फिंडले शिराज
5. डॉ. वी. के. आर. वी राव

**कूट**

(a) 1, 2 और 3
(b) 2, 3 और 5
(c) 1, 2 और 5
(d) 1, 2, 3, 4 और 5

**उत्तर** *(d)*

***व्याख्या*** भारत में राष्ट्रीय आय के आकलन में दादाभाई नौरोजी, विलियम डिग्बी, फिंडले शिराज, डॉ. वी. के. आर. वी. राव और आर. सी. देसाई का प्रमुख योगदान रहा है।

राष्ट्रीय आय की गणना करने का प्रथम प्रयास 1868 ई. में दादाभाई नौरोजी ने अपनी पुस्तक 'पॉवर्टी एंड अन-ब्रिटिश रूल इन इंडिया' में किया था, जिसमें इन्होंने ₹ 20 प्रति व्यक्ति आय का आकलन किया था।

विलियम डिग्बी ने 1899 ई. के लिए तथा फिंडले शिराज ने वर्ष 1911, 1922 एवं 1934 के लिए राष्ट्रीय आय का आकलन किया।

आर. सी. देसाई ने वर्ष 1931-40 के लिए राष्ट्रीय आय का आकलन किया।

वर्ष 1925 से 1929 के दौरान राष्ट्रीय आय और प्रति व्यक्ति आय के डॉ. वी. के. आर. वी. राव द्वारा लगाए गए अनुमान बहुत महत्त्वपूर्ण माने जाते हैं। इन्होंने ₹ 76 प्रति व्यक्ति आय का अनुमान लगाया।

**3** **निम्नलिखित कथनों पर विचार कीजिए** *(Chap 3, Class-XII, Old NCERT)*

1. राष्ट्रीय आय समिति का गठन पी. सी. महालनोबिस की अध्यक्षता में किया गया था।
2. भारत में राष्ट्रीय आय का आकलन भारत सरकार के केंद्रीय सांख्यिकी कार्यालय (CSO) द्वारा किया जाता है।
3. राष्ट्रीय आय का आशय निवल या युद्ध राष्ट्रीय उत्पाद से है।

**उपर्युक्त कथनों में से कितने कथन सही हैं?**

(a) केवल एक (b) केवल दो
(c) सभी तीनों (d) इनमें से कोई नहीं

**उत्तर** *(c)*

***व्याख्या*** दिए गए सभी कथन सही हैं।

भारत में राष्ट्रीय आय समिति का गठन वर्ष 1949 में पी. सी. महालनोबिस की अध्यक्षता में किया गया था। महालनोबिस भारत के प्रख्यात सांख्यिकीविद् एवं नियोजनकार थे। इन्होंने ही द्वितीय पंचवर्षीय योजना का मॉडल तैयार किया था।

भारत में राष्ट्रीय आय का आकलन भारत सरकार के केंद्रीय सांख्यिक कार्यालय (Central Statistics Office, CSO) द्वारा किया जाता है। 2 मई 1951 में गठित यह कार्यालय केंद्रीय सांख्यिकी एवं कार्यक्रम क्रियान्वय मंत्रालय के अधीन कार्य करता था, जिसका विलय राष्ट्रीय सैंपल सर्वे कार्याल (National Sample Survey Organisation, NSSO) के साथ करके न संगठन, राष्ट्रीय सांख्यिकीय कार्यालय (National Statistics Office, NSO का गठन किया गया है। राष्ट्रीय आय का आशय निवल या युद्ध राष्ट्रीय उत्पाद से है।

**4** **निम्नलिखित युग्मों पर विचार कीजिए** *(Chap 2, Class-XII, New NCERT)*

1. मध्यवर्ती वस्तुएँ — वस्तुओं के उत्पादन में आगत के रूप में प्रयुक्त
2. अंतिम वस्तु — जिनमें पुन: कोई परिवर्तन नहीं होता
3. मूल्य ह्रास — सकल निवेश के मूल्य से किए गए लोप

**उपर्युक्त में से कौन-सा/से युग्म सही सुमेलित है/हैं?**

(a) 1 और 3 (b) 1 और 2
(c) 2 और 3 (d) 1, 2 और 3

**उत्तर** *(d)*

***व्याख्या*** दिए गए सभी युग्म सही सुमेलित हैं।

वस्तुओं के उत्पादन में आगत के रूप में प्रयुक्त वस्तुओं को मध्यवर्ती वस्तु कहा जाता है। मध्यवर्ती वस्तुओं को कच्चे माल के रूप में प्रयोग किया जाता है इन वस्तुओं की पुन: बिक्री की जाती है एवं इन वस्तुओं को राष्ट्रीय आय में शामिल नहीं किया जाता है।

अंतिम वस्तु या उत्पाद उसे कहा जाता है, जिनमें पुन: कोई परिवर्तन नहीं होत है, इसे सीमांत वस्तु भी कहा जाता है। इन वस्तुओं को कच्चे माल के रूप में प्रयोग नहीं किया जा सकता और इन्हें राष्ट्रीय आय में शामिल किया जाता है।

सकल निवेश के मूल्य से किए गए लोप को मूल्य ह्रास (Depreciation) कह जाता है।

**5** **किसी दी गई अवधि के लिए एक देश की राष्ट्रीय आय** *(Chap 2, Class-XII, New NCERT) (IAS Pre 2013)*

(a) नागरिकों द्वारा उत्पादित वस्तुओं और सेवाओं के कुल मूल्य के बराबर होगी
(b) कुल उपभोग और निवेश व्यय के योग के बराबर होगी
(c) सभी व्यक्तियों की वैयक्तिक आय के योग के बराबर होगी
(d) उत्पादित अंतिम वस्तुओं और सेवाओं के मौद्रिक मूल्य के बराबर होगी

**उत्तर** *(d)*

***व्याख्या*** किसी दी गई अवधि के लिए एक देश की राष्ट्रीय आय, उत्पादि अंतिम वस्तुओं और सेवाओं के मौद्रिक मूल्य के बराबर होती है।

वस्तुत: राष्ट्रीय आय किसी देश की वास्तविक आय का वह भाग है, जिसमें विदेशों से कमाई गई आय भी सम्मिलित होती है। इसके अंतर्गत अंतिम वस्तुओं एवं सेवा को इसलिए शामिल किया जाता है, जिससे उनकी गणना एक बार से अधिक न हो।

**6** **निम्नलिखित में से किसका प्रयोग राष्ट्रीय आय लेखांकन में किया जाता है?** *(Chap 2, Class-XII, Tamil Nadu Board)*

1. सकल घरेलू उत्पाद
2. प्रयोज्य आय
3. प्रति व्यक्ति आय
4. सकल घरेलू उत्पाद अवस्फीतिक

**कूट**

(a) 1 और 3 (b) 2 और 4
(c) 1, 3 और 4 (d) 1, 2, 3 और 4

**उत्तर** *(d)*

**व्याख्या** राष्ट्रीय आय लेखांकन में सकल घरेलू उत्पाद (GDP), प्रयोज्य आय, प्रति व्यक्ति आय, सकल घरेलू उत्पाद अवस्फीतिक आदि का प्रयोग किया जाता है।

वर्तमान में बाजार कीमत पर GDP, राष्ट्रीय आय का सर्वाधिक महत्त्वपूर्ण मापक है। इसे वर्ष 2011-12 के आधार कीमतों पर निकाला जाता है।

राष्ट्रीय आय की गणना का कार्य राष्ट्रीय सांख्यिकीय कार्यालय (NSO) को सौंपा गया है।

**7 त्रि-क्षेत्रीय अर्थव्यवस्था में राष्ट्रीय आय की गणना में निम्नलिखित में से कौन-सी मद शामिल नहीं होती है?**

*(Chap 2, Class-XII, Tamil Nadu Board)*

(a) उपभोग व्यय (b) शुद्ध निर्यात व्यय
(c) निवेश व्यय (d) सरकारी व्यय

**उत्तर** *(b)*

**व्याख्या** त्रि-क्षेत्रीय अर्थव्यवस्था में राष्ट्रीय आय की गणना में शुद्ध निर्यात व्यय की मद शामिल नहीं होती है, बल्कि शुद्ध निर्यात व्यय (निर्यात-आयात) को चार-क्षेत्रीय अर्थव्यवस्था में राष्ट्रीय आय की गणना में शामिल किया जाता है।

जबकि उपभोग व्यय (C), निवेश व्यय (I) तथा सरकारी व्यय (G) को जोड़कर त्रि-क्षेत्रीय अर्थव्यवस्था में राष्ट्रीय आय की गणना की जाती है।

**8 सकल राष्ट्रीय उत्पाद तथा सकल घरेलू उत्पाद के अंतर को अभिव्यक्त करता है** *(Chap 2, Class-XII, New NCERT)*

(a) शेष विश्व में नियोजित उत्पादन के घरेलू कारकों के द्वारा अर्जित कारक आय
(b) विदेशों से प्राप्त निवल कारक आय
(c) घरेलू अर्थव्यवस्था में नियोजित शेष विश्व के उत्पादन के कारकों द्वारा अर्जित कारक आय
(d) उपर्युक्त में से कोई नहीं

**उत्तर** *(b)*

**व्याख्या** सकल राष्ट्रीय उत्पाद तथा सकल घरेलू उत्पाद के अंतर को विदेशों से प्राप्त निवल कारक आय द्वारा अभिव्यक्त किया जाता है।

सकल राष्ट्रीय उत्पाद में विदेशों से प्राप्त निवल कारक आय को शामिल किया जाता है, जबकि सकल घरेलू उत्पाद में विदेशों द्वारा अर्जित आय को शामिल नहीं किया जाता है।

**9 किसी देश की राष्ट्रीय आय निम्नलिखित में किसके समान होती है?**

*(Class-XII, Old NCERT)*

(a) बाजार कीमत पर सकल राष्ट्रीय उत्पाद
(b) साधन लागत पर निवल राष्ट्रीय उत्पाद
(c) साधन लागत पर सकल राष्ट्रीय उत्पाद
(d) बाजार कीमत पर निवल राष्ट्रीय उत्पाद

**उत्तर** *(b)*

**व्याख्या** किसी देश की राष्ट्रीय आय, साधन लागत पर निवल राष्ट्रीय उत्पाद के समान होती है।

साधन लागत पर निवल राष्ट्रीय उत्पाद, बाजार कीमत पर निवल राष्ट्रीय उत्पाद में से निवल अप्रत्यक्ष कर को घटाकर प्राप्त की जाती है।

बाजार कीमत पर निवल राष्ट्रीय उत्पाद में अप्रत्यक्ष कर सम्मिलित होता है। अप्रत्यक्ष कर वस्तुओं एवं सेवाओं पर आरोपित किए जाते हैं, जिसके कारण कीमत बढ़ जाती है, जो राष्ट्रीय आय का वास्तविक माप प्रस्तुत नहीं करती है। इसलिए साधन लागत पर निवल राष्ट्रीय उत्पाद को राष्ट्रीय आय कहा जाता है।

राष्ट्रीय आय और निवल अप्रत्यक्ष कर को निम्न विधियों से ज्ञात किया जाता है।

| राष्ट्रीय आय = साधन लागत पर राष्ट्रीय उत्पाद = बाजार कीमत पर राष्ट्रीय उत्पाद – निवल अप्रत्यक्ष कर<br>निवल अप्रत्यक्ष कर = अप्रत्यक्ष कर – उपदान |
|---|

**10 'वैयक्तिक प्रयोज्य आय' निरूपित करता है**

*(Chap 2, Class-XII, New NCERT)*

(a) राष्ट्रीय आय – अवितरित लाभ – परिवारों द्वारा की गई निवल ब्याज अदायगी – निगम कर + सरकार और फर्मों से परिवारों को की गई अंतरण अदायगी – वैयक्तिक कर
(b) राष्ट्रीय आय – अवितरित लाभ – परिवारों द्वारा की गई निवल ब्याज अदायगी + निगम कर – सरकार और फर्मों से परिवारों को की गई अंतरण अदायगी + वैयक्तिक कर
(c) राष्ट्रीय आय – अवितरित लाभ – परिवारों द्वारा की गई निवल ब्याज अदायगी – निगम कर
(d) राष्ट्रीय आय – अवितरित लाभ – परिवारों द्वारा की गई निवल ब्याज अदायगी – निगम कर + सरकार और फर्मों से परिवारों को की गई अंतरण अदायगी + वैयक्तिक कर

**उत्तर** *(a)*

**व्याख्या** 'वैयक्तिक प्रयोज्य आय (Personal Disposable Income)' को निम्न सूत्र द्वारा निरूपित किया जाता है

राष्ट्रीय आय – अवितरित लाभ – परिवारों द्वारा की गई निवल ब्याज अदायगी – निगम कर + सरकार और फर्मों से परिवारों को की गई अंतरण अदायगी – वैयक्तिक कर।

वैयक्तिक प्रयोज्य आय परिवारों की समस्त आय का अंश है। इसमें एक अंश का उपभोग करने का निर्णय लेते हुए शेष की बचत की जा सकती है।

**11 निम्नलिखित कथनों पर विचार कीजिए**

*(Chap 2, Class-XII, New NCERT)*

1. राष्ट्रीय आय भारत में उत्पादित सभी अंतिम वस्तुओं एवं सेवाओं का मौद्रिक मूल्य होता है।
2. निवल मूल्य प्राप्त करने के लिए मूल्यह्रास को सकल मूल्य से घटाया जाता है।

**उपर्युक्त कथनों में से कौन-सा/से कथन सही है/हैं?**

(a) केवल 1 (b) केवल 2
(c) 1 और 2 दोनों (d) न तो 1 और न तो 2

**उत्तर** *(c)*

**व्याख्या** दिए गए दोनों कथन सही हैं।

राष्ट्रीय आय, देश की घरेलू सीमा तथा इससे बाहर देश के निवासियों द्वारा उत्पादित सभी अंतिम वस्तुओं एवं सेवाओं के कुल मौद्रिक मूल्य का योग होती है।

मूल्यह्रास समय के साथ किसी संपत्ति के घटे हुए मौद्रिक मूल्य की माप है। शुद्ध मूल्य प्राप्त करने के लिए इसे सकल मूल्य से घटा दिया जाता है।

NNP(निवल राष्ट्रीय उत्पाद) = सकल राष्ट्रीय उत्पाद (GNP) – मूल्यह्रास

**12 नीचे दिए गए युग्मों में से सही युग्म का चयन करे**

*(Chap 2, Class-XII, New NCERT)*

| अवधारणाएँ | | प्रवृत्ति |
|---|---|---|
| (a) बाजार कीमतों पर शुद्ध घरेलू उत्पाद | – | $GDP_{MP}$ – DEP |
| (b) बाजार कीमतों पर सकल राष्ट्रीय उत्पाद | – | $GDP_{MP}$ + NFIA |
| (c) साधन लागत पर शुद्ध घरेलू उत्पाद | – | $GDP_{MP}$ – NIT |

(d) उपर्युक्त सभी

**उत्तर** *(d)*

***व्याख्या*** दिए गए सभी युग्म सही सुमेलित हैं।

बाजार कीमतों पर शुद्ध घरेलू उत्पाद (Net Domestic Product at Market Price-$NDP_{MP}$) का अभिप्राय एक वर्ष में एक देश की घरेलू सीमाओं में निवासियों द्वारा उत्पादित अंतिम वस्तुओं एवं सेवाओं के मौद्रिक मूल्य से है, जिसमें से स्थिर पूँजी के उपभोग (मूल्यह्रास) को घटा दिया जाता है।

अर्थात $NDP_{MP} = GDP_{MP} - DEP$ (Depreciation)

बाजार कीमतों पर सकल राष्ट्रीय उत्पाद, किसी अर्थव्यवस्था की घरेलू सीमा में एक लेखा वर्ष में सामान्य निवासियों द्वारा उत्पादित अंतिम वस्तुओं और सेवाओं के शुद्ध उत्पाद के बाजार मूल्य तथा विदेशों से प्राप्त शुद्ध साधन आय (Net Factor Income From Abroad-NFIA) का जोड़ है।

अर्थात NNP (Net National Product) = $GDP_{MP} + NFIA$

साधन लागत पर शुद्ध घरेलू उत्पाद ($NDP_{FC}$) एक लेखा वर्ष में एक देश की घरेलू सीमा में अर्जित साधन आय (लगान + मजदूरी + ब्याज + लाभ) के कुल जोड़ में से शुद्ध अप्रत्यक्ष कर (Net Indirect Tax-NIT) घटाने से प्राप्त होता है। अर्थात $NDP_{FC} = GDP - NIT$

**13 राष्ट्रीय आय के संदर्भ में 'आधार वर्ष' से क्या तात्पर्य है?**

*(Chap 4, Class-XII, New NCERT)*

(a) जिस वर्ष में सकल राष्ट्रीय उत्पाद का मूल्य जोड़ा जाता है
(b) जिस वर्ष की कीमतों का प्रयोग वास्तविक सकल घरेलू उत्पाद की गणना में किया जाता है
(c) जिस वर्ष में सकल घरेलू उत्पाद का मूल्य जोड़ा जाता है
(d) उपर्युक्त में से कोई नहीं

*उत्तर (b)*

***व्याख्या*** राष्ट्रीय आय के संदर्भ में 'आधार वर्ष (Base Year)' से तात्पर्य निर्धारित वर्ष की कीमतों का प्रयोग वास्तविक सकल घरेलू उत्पाद की गणना में करने से है। वर्तमान समय में आधार वर्ष 2011-12 निर्धारित है। वर्तमान समय में इसी आधार वर्ष के अनुसार, वास्तविक सकल घरेलू उत्पाद की गणना की जाती है। आधार वर्ष केंद्र सरकार के द्वारा निर्धारित किया जाता है। एडवायजरी कमिटी ऑन नेशनल एकाउंट्स स्टैटिस्टिक्स (Advisory Committee on National Accounts Statistics-ACNAS) ने वर्ष 2020-21 को आधार वर्ष बनाने का सुझाव दिया है।

**14 मौद्रिक सकल घरेलू उत्पाद और वास्तविक सकल घरेलू उत्पाद में अंतर होता है** *(Chap 2, Class-XII, New NCERT)*

(a) आधार वर्ष में कीमत में अंतर के कारण
(b) चालू वर्ष में कीमत में अंतर के कारण
(c) आधार वर्ष और चालू वर्ष की कीमत में अंतर के कारण
(d) सरकार द्वारा सहायिकी दिए जाने के कारण

*उत्तर (c)*

***व्याख्या*** आधार वर्ष एवं चालू वर्ष की कीमत में अंतर के कारण मौद्रिक सकल घरेलू उत्पाद और वास्तविक सकल घरेलू उत्पाद में अंतर होता है। मौद्रिक सकल घरेलू उत्पाद का संबंध कुल वस्तुओं व सेवाओं के मौद्रिक मूल्यों से है, जबकि वास्तविक सकल घरेलू उत्पाद का संबंध एक वित्तीय वर्ष में उत्पादित कुल वस्तुओं व सेवाओं की मात्रा से है।

**15 एक खुली अर्थव्यवस्था में, अर्थव्यवस्था की राष्ट्रीय आय (Y) है (C, I, G, X, M का क्रमशः अर्थ है- उपभोग, निवेश, सरकारी खर्च, कुल निर्यात और कुल आयात)**

*(Chap 2, Class-XII, Old NCERT) (IAS Pre 2000)*

(a) $Y = C + I + G - X + M$
(b) $Y = C + I + G + M$
(c) $Y = C + I + G + (X - M)$
(d) $Y = L + I + G + X + M$

*उत्तर (c)*

***व्याख्या*** एक खुली अर्थव्यवस्था में, अर्थव्यवस्था की राष्ट्रीय आय (Y) में उपभोग + निवेश + सरकारी खर्च + कुल निर्यात – कुल आयात को शामिल किया जाता है। इसमें कुल निर्यात एवं कुल आयात में अंतर को जोड़ा जाता है अर्थात् सही सूत्र है-(National Income) $Y = C + I + G + (X - M)$

खुली अर्थव्यवस्था में निवेश की संभावना प्रबल होती है, उपभोग के अनुरूप वृद्धि होने पर निवेश की संभावना तेजी से बढ़ती है, साथ ही आधारभूत संरचना को विकसित करने में सरकारी खर्च में भी वृद्धि होती है।

**16 अनेक वस्तुओं की कीमतें दो समुच्चयों में होती हैं एक कीमत वह है, जो उपभोक्ता वास्तव में अदा करता है। दूसरी कीमत पर बहुमात्रा में वस्तुओं का व्यापार होता है। बहुमात्रा में व्यापार की जाने वाली वस्तुओं (कच्चा माल अथवा अर्द्ध-निर्मित वस्तुएँ) का क्रय साधारण उपभोक्ता नहीं करते। इन कीमतों से बनने वाली कीमत सूचकांक को क्या कहते हैं?**

*(Chap 2, Class-XII, New NCERT)*

(a) उपभोक्ता कीमत सूचकांक
(b) थोक कीमत सूचकांक
(c) उत्पादक कीमत सूचकांक
(d) उपर्युक्त में से कोई नहीं

*उत्तर (b)*

***व्याख्या*** प्रश्न में वर्णित विवरण थोक कीमत सूचकांक को निरूपित करता है। भारत में दो प्रकार के कीमत सूचकांक हैं—पहला, उपभोक्ता कीमत सूचकांक तथा दूसरा, थोक कीमत सूचकांक। इन कीमत सूचकांकों से वस्तुओं की कीमतों के उतार-चढ़ाव को समझा जाता है। थोक-कीमत सूचकांक, उन वस्तुओं का कीमत सूचकांक है, जो सीधे उपभोक्ताओं तक नहीं पहुँचता है।

**17 निम्नलिखित में से कौन-सा समीकरण सकल राजकोषीय घाटे के सूत्र को दर्शाता है?** *(Chap 5, Class-XII, New NCERT)*

*(RAS/RTS Pre 2023)*

(a) सकल राजकोषीय घाटा = प्राथमिक घाटा + विदेशों से प्राप्त शुद्ध उधार
(b) सकल राजकोषीय घाटा = कुल व्यय – राजस्व प्राप्तियाँ
(c) सकल राजकोषीय घाटा = राजस्व घाटा + पूँजी व्यय
(d) सकल राजकोषीय घाटा = शुद्ध घरेलू उधार + आर. बी. आई. से उधार + विदेशी उधार

*उत्तर (d)*

***व्याख्या*** दिया गया विकल्प (d) सकल राजकोषीय घाटे के सूत्र को दर्शाता है अर्थात् सकल राजकोषीय घाटा = शुद्ध घरेलू उधार + आर. बी. आई. से उधार + विदेशी उधार

यद्यपि राजकोषीय घाटे को कई तरीकों से परिभाषित किया जाता है। राजकोषीय घाटे के उधार को छोड़कर कुल प्राप्तियों पर कुल व्यय की अधिकता के रूप में भी परिभाषित किया गया है।

सकल राजकोषीय घाटे को निम्न सूत्र द्वारा दर्शाते हैं

सकल राजकोषीय घाटा = कुल व्यय – (राजस्व प्राप्तियाँ + गैर-ऋण सृजन पूँजीगत प्राप्तियाँ)

**18 निम्नलिखित में कौन-कौन से कार्य-कलाप अर्थव्यवस्था में वास्तविक क्षेत्रक (रियल सेक्टर) का निर्माण करते हैं?**

*(Chap 2, Class-XII, New NCERT) (IAS Pre 2022)*

1. किसानों का अपनी फसलें काटना।
2. कपड़ा मिलों का कच्चे कपास को कपड़े में बदलना।
3. किसी वाणिज्यिक बैंक का किसी व्यापारी कम्पनी को धनराशि उधार देना।

4. किसी कॉर्पोरेट निकाय का विदेश में रुपया-अंकित मूल्य के बॉण्ड जारी करना।

**नीचे दिए गए कूट का प्रयोग कर सही उत्तर चुनिए**

(a) 1 और 2 (b) 2, 3 और 4
(c) 1, 3 और 4 (d) 1, 2, 3 और 4

*उत्तर (a)*

***व्याख्या*** किसानों का अपनी फसलें काटना तथा कपड़ा मिलों का कच्चे कपास को कपड़े में बदलना इत्यादि कार्य-कलाप अर्थव्यवस्था में वास्तविक क्षेत्रक (रियल सेक्टर) का निर्माण करते हैं।

किसी अर्थव्यवस्था के वास्तविक क्षेत्रक (Real Sector) से तात्पर्य फर्मों, घरों और वस्तुओं एवं सेवाओं के उत्पादन में लगी अन्य एजेंसियों से हैं।

जबकि किसी वाणिज्यिक बैंक का किसी व्यापारी कम्पनी को धनराशि उधार देना तथा किसी कॉर्पोरेट निकाय का विदेश में रुपया-अंकित मूल्य के बॉण्ड जारी करना वित्तीय क्षेत्र से सम्बन्धित हैं।

**19 सूची I को सूची II से सुमेलित कीजिए**

*(Chap 4, Class-XII, New NCERT)*

| सूची I (प्रवृत्ति) | सूची II (परिभाषा) |
|---|---|
| A. उपभोग सीमांत प्रवृत्ति | 1. प्रति आय इकाई उपभोग |
| B. सीमांत बचत प्रवृत्ति | 2. आय में प्रति इकाई परिवर्तन से बचत में होने वाला परिवर्तन |
| C. औसत उपभोग प्रवृत्ति | 3. आय में प्रति इकाई परिवर्तन से उपभोग में होने वाला परिवर्तन |
| D. औसत बचत प्रवृत्ति | 4. प्रति आय इकाई बचत |

**कूट**

| | A | B | C | D |
|---|---|---|---|---|
| (a) | 1 | 2 | 3 | 4 |
| (b) | 3 | 2 | 1 | 4 |
| (c) | 3 | 2 | 4 | 1 |
| (d) | 3 | 4 | 2 | 1 |

*उत्तर (b)*

***व्याख्या*** सही सुमेलन A-3, B-2, C-1, D-4 है।

आय में प्रति इकाई परिवर्तन से उपभोग में होने वाला परिवर्तन उपभोग सीमांत प्रवृत्ति को दर्शाता है। उपभोग सीमांत प्रवृत्ति को धनात्मक माना जाता है।

आय में प्रति इकाई परिवर्तन से बचत में होने वाला परिवर्तन सीमांत बचत प्रवृत्ति को दर्शाता है।

प्रति आय इकाई उपभोग, औसत उपभोग प्रवृत्ति को दर्शाता है, क्योंकि औसत उपभोग प्रवृत्ति कुल आय का वही भाग है, जो कुल उपभोग पर व्यय दिया जाता है।

प्रति आय इकाई बचत, औसत बचत प्रवृत्ति को प्रतिबिंबित करती है।

**20 निम्नलिखित में से कौन-सा/से किसी अर्थव्यवस्था की समग्र माँग का/के घटक नहीं है/हैं?** *(Chap 5, Class-XII, Old NCERT)*

1. उपभोग
2. सार्वजनिक व्यय
3. निवेश
4. शुद्ध आयात

**कूट**

(a) 1 और 2
(b) केवल 3
(c) 1, 2 और 4
(d) केवल 4

*उत्तर (d)*

***व्याख्या*** शुद्ध आयात किसी अर्थव्यवस्था की समग्र माँग का घटक नहीं है, जबकि किसी अर्थव्यवस्था की समग्र माँग के प्रमुख घटकों में उपभोग, सार्वजनिक व्यय, निवेश एवं शुद्ध निर्यात को शामिल किया जाता है।

समग्र माँग में वृद्धि तभी होती है, जब वस्तु व सेवाओं की उपयोगिता बढ़ती है, उपभोग में वृद्धि होने से ही माँग में वृद्धि होती है, इससे सार्वजनिक व्यय में बढ़ोतरी होती है और निवेश को प्रोत्साहन मिलता है तथा शुद्ध निर्यात में वृद्धि होती है।

**21 निवेश गुणक के संदर्भ में निम्नलिखित कथनों में से कौन-सा सही नहीं है?** *(Chap 6, Class-XII, Old NCERT)*

(a) निवेश व्यय में परिवर्तन पूँजी के स्तर में परिवर्तन द्वारा उत्पादन और रोजगार को प्रभावित करता है
(b) स्थिर व्यावसायिक पूँजी के बढ़ने पर रोजगार और उत्पादन क्षमता में वृद्धि होती है
(c) यह निवेश परिवर्तन के प्रभाव को उत्पादन स्तर पर बहुगुणित कर देता है
(d) इसके द्वारा उत्पादन में होने वाले परिवर्तन को ज्ञात नहीं किया जा सकता है

*उत्तर (d)*

***व्याख्या*** निवेश गुणक (Investment Multiplier) के संदर्भ में कथन (d) सही नहीं है, क्योंकि निवेश गुणक द्वारा उत्पादन में होने वाले परिवर्तन को ज्ञात किया जा सकता है। निवेश आय का वह भाग है, जो वास्तविक पूँजी-निर्माण के लिए खर्च किया जाता है। निवेश में वृद्धि होने के कारण कुल माँग में ही नहीं, अपितु कुल पूर्ति में भी वृद्धि होती है।

# अध्याय 03

# आर्थिक नियोजन

**आर्थिक नियोजन**

## भारतीय अर्थव्यवस्था में नियोजन

**परिचय**
- आयोजना तथा विकास से संबंधित
- दृष्टम उपयोग के लिए प्रक्रिया
- 7वीं अनुसूची के अंतर्गत समवर्ती सूची में शामिल
- वर्ष 1930 में वैश्विक महामंदी

**भारत में योजना का उद्देश्य**
- राष्ट्रीय आय और प्रति व्यक्ति आय में वृद्धि हासिल करना
- कृषि उत्पादन में सुधार

**भारत में योजना का इतिहास**
- **विश्वेश्वरैया योजना**
  - वर्ष 1934 से अस्तित्व में
  - एम. विश्वेश्वरैया ने 10 वर्ष की योजना बनाई
  - औद्योगिक उत्पादन बढ़ाने पर बल दिया
- **राष्ट्रीय योजना समिति**
  - वर्ष 1938 से अस्तित्व में
  - नेताजी सुभाषचंद्र ने इसकी शुरुआत की
  - अध्यक्ष जवाहरलाल नेहरू
- **गाँधीवादी रणनीति**
  - आचार्य श्रीमन नारायण द्वारा प्रस्तावित
  - आर्थिक विकेंद्रीकरण पर बल दिया
- **बम्बई योजना**
  - वर्ष 1944 से शुरुआत
  - सर पुरुषोत्तमदास ठाकुर, जेआरडी टाटा और छः अन्य द्वारा प्रकाशित
  - **मुख्य उद्देश्य** प्रति व्यक्ति आय दोगुनी करना
- **योजना आयोग**
  - वर्ष 1950 में गठित
  - पंचवर्षीय योजनाओं की नोडल एजेंसी

**नीति आयोग योजना**
- वर्ष 2015 में स्थापित
- इसका उद्देश्य अर्थव्यवस्था नीति निर्माण प्रक्रिया में तेजी से सहभागिता और भागीदारी करना
- 1 जनवरी, 2015 को लॉन्च किया गया

## भारत में पंचवर्षीय और उसका उन्मूलन

**पहली** (1951-1956)
- हेरोड डोमर मॉडल पर आधारित
- कृषि विकास पर मुख्य बल

**दूसरी** (1956-1961)
- पी.सी. महालनोबिस मॉडल पर आधारित
- औद्योगिक विकास पर मुख्य बल

**तीसरी** (1961-1966)
- **अन्य नाम** गाडगिल योजना
- अर्थव्यवस्था को आत्मनिर्भर बनाने पर मुख्य बल

**योजना अवकाश** (1966-1969)
- सरकार ने तीन वर्षीय (1966-69) की घोषणा की
- देश में निर्यात बढ़ाने के लिए

**चौथी** (1969-74)
- स्थिरता के साथ विकास, डी. आर. गाडगिल पर आधारित
- आत्मनिर्भरता की प्रगतिशील उपलब्धि
- 14 प्रमुख बैंकों का राष्ट्रीयकरण

**पाँचवीं** (1974-78)
- गरीबी हटाओ, रोजगार और न्याय पर बल
- वर्ष 1975 में एक 20 सूत्री कार्यक्रम शुरू किया गया

**रोलिंग योजना** (1978-1980)
- वर्ष 1980 में कांग्रेस ने इस योजना को खारिज कर दिया
- कई लाभ परियोजना का आवंटन

**छठी** (1980-1985)
- आर्थिक उदारीकरण
- निवेश योजना पर आधारित
- गरीबी तथा बेरोजगारी में कमी लाना
- आर्थिक विकास की दर में वृद्धि करना,
- ऊर्जा के घरेलू स्रोतों का तीव्रता से विकास

**सातवीं** (1985-1990)
- आत्मनिर्भर अर्थव्यवस्था की स्थापना
- पहली बार निजी क्षेत्र को सार्वजनिक क्षेत्र से अधिक प्राथमिकता

**आठवीं** (1992-1997)
- मानव संसाधन विकास को सर्वोच्च प्राथमिकता
- नरसिम्हा राव ने नई आर्थिक नीति का शुभारंभ किया
- उच्च विकास दर हासिल

**नौवीं** (1997-2002)
- सामाजिक न्याय और असमानता के विकास पर बल
- 6.5% की लक्षित विकास दर हासिल करने में असफल

**दसवीं** (2002-2007)
- अगले 10 वर्षों में भारत की प्रति व्यक्ति आय दोगुनी करने का लक्ष्य
- गरीबी अनुपात को 15% तक कम करना
- विकास दर 8% लक्षित थी, लेकिन 7.6% हासिल हुई

**ग्यारहवीं** (2007-12)
- सी. रंगराजन द्वारा तैयार
- **थीम** तीव्र और समावेशी विकास
- **विकास दर** 8% हासिल

**बारहवीं** (2012-17) अंतिम
- **थीम** तीव्र, अधिक समावेशी और सतत विकास
- विकास दर 8% लक्षित, परंतु 7.1% ही हासिल हुई
- आर्थिक विकास, गरीबी और रोजगार
- शिक्षा एवं स्वास्थ्य
- ग्रामीण अवसंरचना
- पर्यावरण और धारणीयता

**SOURCE** New NCERT Class IX संसाधन के रूप में लोग, Old NCERT Class IX राज्य एवं आर्थिक विकास, New NCERT Class XI भारतीय अर्थव्यवस्था Tamil Nadu Board Class XII, विकास और योजना का अर्थशास्त्र Tamil Nadu Board Class XI, उपभोग विश्लेषण NIOS Module-I, भारत में आर्थिक नियोजन

## भारत में नियोजन

**1 भारत में आर्थिक नियोजन के संबंध में निम्नलिखित कथनों पर विचार कीजिए** *(Chap 2, Class-XI, New NCERT)*

1. यह योजना व्याख्या करती है कि किसी देश के संसाधनों का प्रयोग किस प्रकार किया जाना चाहिए।
2. भारत में राष्ट्रीय नियोजन, नियोजन में अग्रणी देश पूर्व सोवियत संघ से प्रेरित है।
3. अल्पकालिक योजना को परिप्रेक्ष्यात्मक योजना कहते हैं।
4. वर्ष 1951 में प्रधानमंत्री अध्यक्षता में योजना आयोग की स्थापना की गई।

**उपर्युक्त कथनों में से कौन-सा/से कथन सही नहीं है/हैं?**

(a) 1, 2 और 3 (b) 1, 2 और 4
(c) 1, 2, 3 और 4 (d) 3 और 4

***उत्तर (d)***

***व्याख्या*** दिए गए कथनों में से कथन (3) और (4) सही नहीं हैं, क्योंकि दीर्घकालिक योजनाओं को परिप्रेक्ष्यात्मक योजना कहते हैं। इन योजनाओं में 20 वर्षों में प्राप्त किए जाने वाले उद्देश्यों का उल्लेख होता है। योजना आयोग की स्थापना मन्त्रिमंडल के एक प्रस्ताव द्वारा वर्ष 1950 में प्रधानमंत्री की अध्यक्षता में की गई। वर्तमान में योजना आयोग को समाप्त करके उसके स्थान पर 'नीति आयोग' का गठन (2015) किया गया है।

**2 भारत में आर्थिक नियोजन के उद्देश्य निर्धारित किए गए हैं** *(Chap 2, Economics-1, Module-1, NIOS)*

1. गरीबी में कमी
2. आय की विषमताओं में कमी
3. अर्थव्यवस्था का आधुनिकीकरण
4. समावेशी विकास
5. संपोषणीय विकास

**कूट**

(a) 1, 2 और 4 (b) 2, 3, 4 और 5
(c) 1, 2 और 3 (d) 1, 2, 3, 4 और 5

***उत्तर (c)***

***व्याख्या*** विकल्प (c) के अन्तर्गत दिए गए उद्देश्यों के अतिरिक्त भी भारत में आर्थिक नियोजन के निम्नलिखित उद्देश्य निर्धारित किए गए हैं

- गरीबी में कमी
- आय की विषमताओं में कमी
- अर्थव्यस्था का आधुनिकीकरण
- आर्थिक संवृद्धि
- रोजगार में वृद्धि
- सामाजिक न्याय तथा समानता को सुनिश्चित करना

यद्यपि आर्थिक नियोजन के उद्देश्यों में समावेशी विकास तथा संपोषणीय विकास को सम्मिलित नहीं किया गया है।

**3 निम्नलिखित में से कौन-सा विकल्प विभिन्न योजनाओं की स्थापना के क्रम में सही है?** *(Chap 2, Class-XI, Old NCERT)*

(a) बांबे प्लान > गाँधीवादी योजना > जन योजना > सर्वोदय योजना
(b) जन योजना > सर्वोदय योजना > बांबे प्लान > गाँधीवादी योजना
(c) सर्वोदय योजना > बांबे प्लान > गाँधीवादी योजना > जन योजना
(d) गाँधीवादी योजना > सर्वोदय योजना > बांबे प्लान > जन योजना

***उत्तर (a)***

***व्याख्या*** भारत में योजनाओं की स्थापना का सही क्रम — बांबे प्लान > गाँधीवादी योजना > जन योजना > सर्वोदय योजना है।

बांबे प्लान को वर्ष 1944 में बंबई के 8 उद्योगपतियों द्वारा बनाया गया। इसके अध्यक्ष जे आर डी टाटा (अध्यक्ष) तथा उपाध्यक्ष घनश्याम दास बिड़ला थे। इसे 15 वर्षों के लिए प्रस्तुत किया गया तथा इसके आधारभूत उद्योगों पर विशेष बल दिया गया।

गाँधीवादी योजना को वर्ष 1944 में श्रीमन्नारायण अग्रवाल द्वारा निर्मित किया गया। इसके अन्तर्गत कृषि के विकास तथा कुटीर उद्योग पर बल दिया गया

जन योजना को वर्ष 1945 में एम. एन. राय द्वारा निर्मित किया गया। इसके अन्तर्गत औद्योगिक क्षेत्रों में उपभोक्ता उत्पादों के निर्माण पर बल दिया गया।

सर्वोदय योजना को वर्ष 1950 में जयप्रकाश नारायण द्वारा निर्मित किया गया। यह योजना विनोबा भावे के सर्वोद्य विचार से प्रभावित थी। इसके अन्तर्गत कृषि तथा कुटीर उद्योगों की स्थापना पर बल दिया गया।

**4 सूची I को सूची II से सुमेलित कीजिए** *(Chap 11, Class-XII, Tamil Nadu Board)*

| सूची I (योजना) | सूची II (प्रारम्भ वर्ष) |
|---|---|
| A. विश्वेश्वरैया योजना | 1. 1945 |
| B. राष्ट्रीय नियोजन समिति | 2. 1950 |
| C. सर्वोदय योजना | 3. 1934 |
| D. जन योजना | 4. 1938 |

**कूट**

| | A | B | C | D | | A | B | C | D |
|---|---|---|---|---|---|---|---|---|---|
| (a) | 1 | 3 | 4 | 2 | (b) | 3 | 4 | 2 | 1 |
| (c) | 4 | 3 | 1 | 2 | (d) | 2 | 1 | 3 | 4 |

***उत्तर (b)***

***व्याख्या*** सही सुमेलन A-3, B-4, C-2, D-1 है।

सर एम. विश्वेश्वरैया ने वर्ष 1934 में अपनी पुस्तक 'प्लाड इकॉनॉमी ऑफ इंडिया' में एक 10 वर्षीय योजना प्रस्तुत की, जिसे विश्वेश्वरैया योजना कहा जाता है।

'राष्ट्रीय नियोजन समिति' का गठन कांग्रेस द्वारा वर्ष 1938 में किया गया। इसके अध्यक्ष जवाहरलाल नेहरू थे।

सर्वोदय योजना वर्ष 1950 में जयप्रकाश नारायण द्वारा शुरू की गई। यह योजना गाँधीवादी योजना (1944-एस. एन. अग्रवाल) तथा विनोबा भावे के विचारों से प्रभावित थी। इस योजना में कृषि के विकास तथा ग्रामीण लघु एवं कुटीर उद्योग पर बल दिया गया था।

एम. एन. राय ने वर्ष 1945 में जन योजना प्रारंभ की।

**5 निम्नलिखित में से कौन-सा/से कथन सही है/हैं?** *(Chap 2, Class-XI, New NCERT)*

1. पंचवर्षीय योजनाओं के लक्ष्य संवृद्धि, आधुनिकीकरण, आत्मनिर्भरता तथा समानता थे।
2. सीमित संसाधनों के कारण प्रत्येक योजना में पृथक् लक्ष्यों का निर्धारण किया गया।

**कूट**

(a) केवल 1 (b) केवल 2
(c) 1 और 2 (d) न तो 1 और न ही 2

***उत्तर (c)***

***व्याख्या*** दिए गए दोनों कथन सही हैं।

भारत में पंचवर्षीय योजनाओं के संचालन के साथ संवृद्धि, आधुनिकीकरण, आत्मनिर्भरता और समानता इत्यादि लक्ष्यों का निर्धारण किया गया। इन लक्ष्यों को अलग-अलग योजनाओं में महत्त्व दिया गया।

सीमित संसाधनों के साथ विकास की प्रतिबद्धता के कारण योजनाकारों ने प्रत्येक पंचवर्षीय योजना के लिए अलग लक्ष्यों का निर्धारण किया।

6 **नियोजन की आवश्यकता के संदर्भ में निम्नलिखित कथनों पर विचार कीजिए** *(Chap 5, Class-IX & X, Old NCERT)*

1. अर्थव्यवस्था का नियमित और तीव्र विकास करना।
2. लोगों के लिए बिना भेदभाव के आजीविका के पर्याप्त साधनों को सुनिश्चित करना।
3. देश के संसाधनों के प्रयोजन हेतु व्यवस्था का नियंत्रण एवं समन्वय करना।

**उपर्युक्त कथनों में से कितने कथन सही हैं?**

(a) केवल एक (b) केवल दो
(c) सभी तीनों (d) इनमें से कोई नहीं

**उत्तर (c)**

***व्याख्या*** नियोजन (Planning) की आवश्यकता के संदर्भ में दिए गए सभी कथन सत्य हैं। अर्थव्यवस्था के नियमित तथा तीव्र विकास के लिए 'नियोजन' एक अनिवार्य प्रक्रिया है। नियोजन के माध्यम से समानता को प्रभावी बनाते हुए लोगों के लिए समान रूप से रोजगार के अवसरों को सुनिश्चित किया जा सकता है। नियोजन, उस व्यवस्था को नियंत्रित करने का प्रक्रम हो सकता है, जिससे देश के संसाधनों का उचित उपयोग संभव होता है।

7 **योजना आयोग के कार्य के सम्बन्ध में निम्नलिखित कथनों पर विचार कीजिए** *(Chap 5, Class-IX & X, Old NCERT)*

1. भौतिक, पूँजीगत और मानवीय संसाधनों का निर्धारण करना।
2. निजी क्षेत्र तथा सार्वजनिक क्षेत्र में सरकार के प्रत्यक्ष प्रयत्नों तथा दोनों के माध्यम से संसाधनों के संतुलित उपयोग की योजना बनाना।
3. योजनाओं को लागू करने के लिए प्रशासकों की नियुक्ति करना।
4. प्रत्येक चरण पर योजना के क्रियान्वयन का मूल्यांकन करना तथा मूल्यांकन एवं समीक्षा से निकले सुधार उपायों के विषय में सुझाव देना।

**उपर्युक्त कथनों में से कितने कथन सही नहीं हैं?**

(a) केवल दो (b) केवल एक (c) केवल तीन (d) ये सभी

**उत्तर (b)**

***व्याख्या*** दिए गए कथनों में से केवल एक कथन (3) सही नहीं है, क्योंकि योजना आयोग योजनाओं के क्रियान्वयन के लिए किसी 'प्रशासक' की नियुक्ति नहीं करता। 15 मार्च, 1950 को योजना आयोग का गठन किया गया था। इसका गठन केंद्रीय मंत्रिमंडल द्वारा पारित प्रस्ताव के द्वारा किया गया था। कार्यपालिका के व्यवस्थित तंत्र के माध्यम से ही योजना आयोग अपने कार्यों को लागू करता था।

## पंचवर्षीय योजना

8 **पंचवर्षीय योजना के उद्देश्य निम्नलिखित में से कौन-से थे?** *(Chap 2, Class-XI, New NCERT) (BPSC Pre 2023)*

1. विकास 2. आधुनिकीकरण 3. आत्मनिर्भरता 4. साहित्य

**कूट**

(a) 1, 2 और 4 (b) 1, 3 और 4
(c) 2, 3 और 4 (d) इनमें से कोई नहीं

**उत्तर (d)**

***व्याख्या*** पंचवर्षीय योजना के उद्देश्य के सम्बन्ध में दिए गए कोई भी विकल्प सही नहीं है। पंचवर्षीय योजना देश के विकास के लिए आरम्भ की गई। इसका मुख्य उद्देश्य विकास की दर को बढ़ाना है, जिससे देश में निवेश को बढ़ाया जा सके।

इसके अतिरिक्त सामाजिक, न्याय, गरीबी हटाना, पूर्ण रोजगार एवं आधुनिकीकरण इत्यादि को बढ़ाना देना भी इसका उद्देश्य था। पंचवर्षीय योजना के उद्देश्य में साहित्य का विकास शामिल नहीं है। पंचवर्षीय योजनाओं के संचालन के लिए 15 मार्च, 1950 को भारतीय योजना आयोग का गठन किया गया था।

देश की प्रथम पंचवर्षीय योजना की शुरुआत वर्ष 1951 में हुई, जिसका कार्यकाल 5 वर्ष के लिए (वर्ष 1956 तक) था तथा अन्तिम 12वीं पंचवर्षीय योजना वर्ष 2012-2017 तक थी। इसके पश्चात् भाजपा शासित सरकार ने वर्ष 2015 में नीति आयोग का गठन किया।

9 **निम्नलिखित कथनों पर विचार कीजिए** *(Chap 2, Class-XI, New NCERT)*

1. द्वितीय पंचवर्षीय योजना महालनोबिस के विचारों पर आधारित थी।
2. महालनोबिस ने कोलकाता में भारतीय सांख्यिकी संस्थान की स्थापना की तथा 'सांख्य' नामक एक जर्नल निकाला।

**उपर्युक्त कथनों में से कौन-सा/से कथन सही है/हैं?**

(a) केवल 1 (b) केवल 2
(c) 1 और 2 दोनों (d) न तो 1 और न ही 2

**उत्तर (c)**

***व्याख्या*** दिए गए दोनों कथन सही नहीं हैं।

द्वितीय पंचवर्षीय योजना महालनोबिस के विचारों पर आधारित थी अर्थात् इसे महालनोबिस मॉडल के नाम से जाना जाता है। महालनोबिस को भारतीय योजना का निर्माता माना जाता है।

महालनोबिस ने कोलकाता में भारतीय सांख्यिकी संस्थान (Indian Standards Institution, ISI) की स्थापना की तथा 'सांख्य' नामक एक जर्नल निकाला, जो आज भी सांख्यिकीविदों के लिए परस्पर विचार-विमर्श के लिए एक प्रतिष्ठित मंच बना हुआ है।

10 **कथन** (A) **योजनाओं के दौरान कृषि क्षेत्र में मुख्य पहल भूमि सुधार तथा हरित क्रांति थी।**

**कारण** (R) **भूमि सुधार तथा हरित क्रांति से भारत खाद्यान्न उत्पादन में आत्मनिर्भर बन सका।** *(Chap 2, Class-XI, New NCERT)*

**नीचे दिए गए कूट की सहायता से सही उत्तर चुनिए**

(a) A और R दोनों सही हैं तथा R, A की सही व्याख्या है
(b) A और R दोनों सही हैं, परंतु R, A की सही व्याख्या नहीं है
(c) A सही है, किंतु R गलत है
(d) A गलत है, किंतु R सही है

**उत्तर (a)**

***व्याख्या*** A और R दोनों सही हैं तथा R, A की सही व्याख्या है।

भारत में पंचवर्षीय योजनाओं में भूमि सुधार तथा हरित क्रांति महत्त्वपूर्ण पहल थी। इसका उद्देश्य खाद्यान्न क्षेत्र में उत्पादन में वृद्धि कर देश को इस क्षेत्र में व्यापक रूप से आत्मनिर्भर बनाना था।

भूमि सुधार तथा हरित क्रांति ने खाद्यान्न उत्पादन को अत्यधिक उत्प्रेरित किया। भूमि सुधार के अंतर्गत देश में मध्यस्थों के उन्मूलन तथा वास्तविक कृषकों को ही भूमि का स्वामी बनाने जैसे कदम उठाए गए। इसके अतिरिक्त हरित क्रांति प्रौद्योगिकी के प्रसार से भारत को खाद्यान्न उत्पादन में आत्मनिर्भरता प्राप्त हुई।

11 **निम्नलिखित में से गलत युग्म का चयन कीजिए** *(Chap 5, Class-IX & X, Old NCERT)*

| | पंचवर्षीय योजना | | आरंभ वर्ष |
|---|---|---|---|
| (a) | पाँचवीं पंचवर्षीय योजना | – | 1974 |
| (b) | द्वितीय पंचवर्षीय योजना | – | 1957 |
| (c) | आठवीं पंचवर्षीय योजना | – | 1992 |
| (d) | सातवीं पंचवर्षीय योजना | – | 1997 |

**उत्तर (b)**

***व्याख्या*** दिए गए युग्मों में से युग्म (d) गलत है, क्योंकि सातवीं पंचवर्षीय योजना को वर्ष 1984 में प्रारंभ किया गया। इसका मुख्य उद्देश्य समग्र रूप से उत्पादकता को बढ़ाना तथा रोजगार के अधिक अवसर जुटाना था।

**12** **भारत में पहली पंचवर्षीय योजना से लेकर सातवीं पंचवर्षीय योजना तक की अवधि में धीमी गति से ही आर्थिक विकास हो पाया। आर्थिक विकास की धीमी गति के मुख्य कारण थे**

*(Chap 5, Class-IX & X, Old NCERT)*

1. रोजगार की स्थिति लगभग स्थिर रही।
2. सकल घरेलू उत्पाद में वृद्धि होने के पश्चात् भी रोजगार में वृद्धि दर काफी धीमी रही।
3. जनसंख्या के साथ-साथ श्रम शक्ति में रोजगार की तुलना में अधिक तीव्र गति से वृद्धि हुई।

**कूट**

(a) केवल 3 (b) 2 और 3 (c) 1 और 2 (d) 1, 2 और 3

*उत्तर (d)*

***व्याख्या*** भारत में पहली पंचवर्षीय योजना से लेकर सातवीं पंचवर्षीय योजना तक की अवधि में धीमी गति से आर्थिक विकास संभव हो पाया।

आर्थिक विकास के धीमी गति से होने के उपर्युक्त दिए गए सभी मुख्य कारण थे, जिनका विवरण निम्न है

- रोजगार की स्थिति लगभग स्थिर रही, इसलिए बेरोजगारी की समस्या निरंतर बनी रही।
- इस दौरान सकल घरेलू उत्पाद में वृद्धि होने के बाद भी रोजगार में वृद्धि दर काफी धीमी रही।
- जनसंख्या के साथ-साथ श्रम शक्ति में रोजगार की तुलना में अधिक तीव्र गति से वृद्धि हुई। जनसंख्या के निरंतर बढ़ने के समानुपाती क्रम में रोजगार के अवसर में वृद्धि होने के कारण आर्थिक विकास नहीं हो पाया, इसके परिणामस्वरूप समस्याएँ हमेशा की तरह बनी रहीं।

**13** **निम्नलिखित कथनों पर विचार कीजिए**

*(Chap 5, Class-IX & X Old NCERT)*

1. अप्रैल, 1992 से मार्च, 1997 के बीच आठवीं पंचवर्षीय योजना संचालित की गई थी।
2. आठवीं पंचवर्षीय योजना का मुख्य बल रोजगार सृजन पर था।
3. रोजगार सृजन के माध्यम से आर्थिक संतुलन बनाए रखने का प्रयास किया गया।
4. आठवीं पंचवर्षीय योजना में राजकोषीय घाटे को नियंत्रित करने का प्रयास शामिल नहीं था।

**आठवीं पंचवर्षीय योजना के संदर्भ में कितने कथन सही है?**

(a) केवल एक (b) केवल दो (c) केवल तीन (d) सभी चारों

*उत्तर (c)*

***व्याख्या*** आठवीं पंचवर्षीय योजना के संदर्भ में केवल तीन कथन (1, 2 और 3) सही हैं। अप्रैल, 1992 से मार्च, 1997 के दौरान भारत में आठवीं पंचवर्षीय योजना चालू रही थी।

आठवीं पंचवर्षीय योजना का मुख्य बल रोजगार सृजन पर था। इस योजना के अंतर्गत यह माना गया कि सकल घरेलू उत्पाद की वृद्धि दर के साथ-साथ अर्थव्यवस्था के विभिन्न क्षेत्रों में रोजगार के अवसरों का तेजी से सृजन किया जाए, जिससे आर्थिक संतुलन बनाया जा सके।

कथन (4) सही नहीं है, क्योंकि आठवी पंचवर्षीय योजना में राजकोषीय घाटे (Fiscal Deficit) को भी नियंत्रित करने का पूर्ण प्रयास किया गया।

**14** **भारतीय योजना के संदर्भ में निम्नलिखित कथनों पर विचार कीजिए** *(Chap 2, Class-XI New NCERT) (IAS Pre 2009)*

1. द्वितीय पंचवर्षीय योजना ने भारी उद्योगों की स्थापना पर बल दिया।
2. तृतीय पंचवर्षीय योजना ने औद्योगिकीकरण की रणनीति के रूप में 'आयात प्रतिस्थापन' की अवधारणा को प्रारंभ किया।

**उपर्युक्त कथनों में से कौन-सा/से कथन सही है/हैं?**

(a) केवल 1 (b) केवल 2
(c) 1 और 2 दोनों (d) न तो 1 और न ही 2

*उत्तर (c)*

***व्याख्या*** भारतीय योजना के संदर्भ में दिए गए दोनों कथन सही हैं।

द्वितीय पंचवर्षीय योजना का आधार औद्योगिक नीति प्रस्ताव 1956 था। इसमें भारी उद्योगों की स्थापना पर बल दिया गया। इस योजना में उद्योगों की स्थापना के लिए निजी क्षेत्र को लाइसेंस प्रदान करने की प्रक्रिया आरंभ की गई।

औद्योगिकीकरण को बढ़ावा देने की आयात प्रतिस्थापन (Import Substitution) अवधारणा तीसरी पंचवर्षीय योजना में अपनाई गई। इसका उद्देश्य आयात के बदले घरेलू उत्पादन की ओर ध्यान देना था।

इस योजना के माध्यम से आयातित वस्तुओं पर प्रशुल्क लगाकर उसकी जगह अपने देश में निर्मित वस्तुओं को प्रोत्साहित किया गया।

**15** **पंचवर्षीय योजनाओं के संदर्भ में निम्नलिखित कथनों पर विचार कीजिए** *(Chap 2, Class-XI, New NCERT)*

1. पंचवर्षीय योजना के वर्ष 2017 तक के प्रलेखों में केवल पाँच वर्ष की योजना अवधि में प्राप्त किए जाने वाले उद्देश्यों का ही उल्लेख नहीं किया गया, बल्कि उनमें आगामी 20 वर्षों में प्राप्त किए जाने वाले उद्देश्यों का भी उल्लेख होता है।
2. इस दीर्घकालिक योजना को परिप्रेक्ष्यात्मक योजना कहते हैं।
3. भारत की पंचवर्षीय योजनाओं में इसका उल्लेख होता था कि प्रत्येक वस्तु और सेवा का उत्पादन कितना किया जाएगा।

**उपर्युक्त कथनों में से कौन-सा/से कथन सही नहीं है/हैं?**

(a) केवल 1 (b) केवल 2
(c) केवल 3 (d) इनमें से कोई नहीं

*उत्तर (c)*

***व्याख्या*** पंचवर्षीय योजनाओं के संदर्भ में कथन (3) सही नहीं है, क्योंकि पंचवर्षीय योजनाओं में इस तथ्य का उल्लेख नहीं होता है कि निर्धारित वर्ष के दौरान वस्तु और सेवाओं का कितना उत्पादन किया जाएगा, बल्कि इसमें उत्पाद का लक्ष्य निर्धारित किया जाता है, जिसमें धनात्मक या ऋणात्मक परिवर्तन हो सकते हैं।

**16** **निम्नलिखित कथनों पर विचार कीजिए**

*(Chap 2, Class-XI, New NCERT)*

1. कोई राष्ट्र आधुनिकीकरण और आर्थिक संवृद्धि अन्य राष्ट्रों से आयातित संसाधनों के प्रयोग के द्वारा कर सकता है।
2. भारत में प्रथम सात पंचवर्षीय योजनाओं में आत्मनिर्भरता को महत्त्व दिया गया।

**उपर्युक्त कथनों में से कौन-सा/से कथन सही है/हैं?**

(a) केवल 1 (b) केवल 2
(c) 1 और 2 दोनों (d) न तो 1 और न ही 2

*उत्तर (c)*

***व्याख्या*** दिए गए दोनों कथन सही हैं।

कोई भी राष्ट्र आधुनिकीकरण और आर्थिक संवृद्धि अन्य राष्ट्रों से आयातित संसाधनों के प्रयोग के द्वारा कर सकता है। भारत में प्रथम सात पंचवर्षीय योजनाओं में आत्मनिर्भरता को महत्त्व दिया गया, ताकि भारत आर्थिक रूप से आत्मनिर्भर बन सके। इस नीति को विशेषकर खाद्यान्न के लिए अन्य देशों पर निर्भरता कम करने के लिए आवश्यक समझा गया। आत्मनिर्भरता का अर्थ था कि उन वस्तुओं के आयात से बचा जाए, जिनका देश में उत्पादन संभव है। प्रथम पंचवर्षीय योजना के अंतर्गत जो पाँच उद्देश्य शामिल किए गए थे, उनमें से आत्मनिर्भरता भी एक था।

# अध्याय 04

# निर्धनता एवं बेरोजगारी

## निर्धनता एवं बेरोजगारी

### निर्धनता

**परिचय**
- ऐसी स्थिति जहाँ व्यक्ति या समुदाय के पास वित्तीय संसाधनों का अभाव हो
- **गरीबी की अवधारणा** अमर्त्य सेन

**वर्ग**
- पीढ़ीगत या दीर्घकालिक गरीब, भूमिहीन किसान, आकस्मिक श्रमिक आदि
- **निर्धनता की श्रेणी**
  - परिस्थितिजन्य गरीब बेरोजगार
  - कभी गरीब नहीं व्यवसायी
  - ग्रामीण गरीब गैर-महानगरीय क्षेत्रों में पाए जाते हैं
  - शहरी गरीब भीड़भाड़ के कारण तनावग्रस्त स्थिति में रहते हैं

**निर्धनता के प्रकार**
- **निरपेक्ष गरीबी** बुनियादी जीवन स्तर को बनाए रखने के लिए आय कम होना
- **सापेक्ष गरीबी** विभिन्न देशों की प्रति व्यक्ति आय की तुलना में उपभोग, आय व संपत्ति का अभाव

**निर्धनता का स्तर**
- हेड काउंट अनुपात, निर्धनता अनुपात द्वारा मापा जाता है
- विश्व बैंक के अनुसार, यदि व्यक्ति प्रतिदिन $ 1.9 से कम में जीवन-यापन करता है

**निर्धनता आकलन का अंतर्राष्ट्रीय मानक**
- लॉरेंज कर्व देशों के बीच आय को मापता है, जिसे वर्ष 1905 में मैक्स ओ लॉरेंज द्वारा विकसित किया गया

**भारत में गरीबी आकलन से जुड़ी समितियाँ**
- रंगराजन समिति (2012)
- एसआर हाशिम (2010)
- तेंदुलकर समिति (2005)
- लकड़ावाला समिति (1989)

### बेरोजगारी

**परिचय**
- रोजगार की तलाश कर रहे व्यक्ति को काम नहीं मिलना
- बेरोजगारी दर, बेरोजगार लोगों की संख्या से मापा जाता है
- एनएसएसओ इसे काम करने, काम माँगने पर परिभाषित करता है
- बेरोजगारी दर उस श्रम शक्ति का प्रतिशत है, जो बिना काम के है

**बेरोजगारी के प्रकार**
- **ग्रामीण बेरोजगारी**
  - **प्रच्छन्न** ऐसी स्थिति जहाँ एक कार्य करने के लिए अधिक व्यक्तियों को नियोजित किया जाता है, वहाँ वास्तव में बेरोजगार मिलना संभव नहीं है
  - **मौसमी** किसी निश्चित मौसम के दौरान होने वाली बेरोजगारी
- **शहरी बेरोजगारी**
  - पढ़े-लिखे द्वारा रोजगार न प्राप्त कर पाना
  - **औद्योगिक और प्रौद्योगिकी** उद्योगों में तकनीकी परिवर्तन के कारण नौकरी की क्षति, श्रम को अपनाना
- **ग्रामीण और शहरी दोनों क्षेत्रों में बेरोजगारी**
  - स्वैच्छिक बेरोजगारी
  - अनैच्छिक बेरोजगारी
  - रोजगार के अन्तर्गत
  - संचनात्मक बेरोजगारी
  - चक्रीय बेरोजगारी
  - प्रतिरोधात्मक बेरोजगारी

**बेरोजगारी की माप**
- एनएसएसओ भारत में दिए गए दृष्टिकोण पर माप करता है,
  - सामान्य स्थिति दृष्टिकोण
  - साप्ताहिक स्थिति दृष्टिकोण
  - दैनिक स्थिति दृष्टिकोण

### निर्धनता एवं बेरोजगारी से संबंधित सरकारी कार्यक्रम और योजनाएँ

**आत्मनिर्भर भारत**
- पीएम मोदी ने वर्ष 2020 के लिए के ₹ 20 लाख करोड़ के आर्थिक पैकेज की घोषणा की
- कुटीर उद्योग, एमएसएसई, मध्यम वर्ग सहित विभिन्न वर्गों को पूरा करने के लिए

**प्रधानमंत्री गरीब कल्याण अन्न योजना**
- गरीबों को कोविड-19 से लड़ने में मदद करने के लिए 26 मार्च, 2020 को लॉन्च की गई।
- इसका लक्ष्य एनएफएसए 2013 के तहत प्रत्येक व्यक्ति को सुविधा प्रदान करना

**अटल पेंशन योजना**
- एक सार्वभौमिक सामाजिक सुरक्षा प्रणाली बनाने के लिए वर्ष 2015 में लॉन्च की गई
- पीएफआरडीए द्वारा प्रशासित

**पीएम स्वनिधि योजना**
- 1 जून, 2020 को आवास मंत्रालय द्वारा लॉन्च की गई
- महामारी से प्रभावित सड़क विक्रेताओं को औपचारिक मदद करना
- 1000 रुपये तक पूँजी सुविधा प्रदान करना

**प्रधानमंत्री कौशल विकास योजना**
- वर्ष 2015 में भारतीय युवाओं को सक्षम बनाने के लिए लॉन्च की गई
- MSDE ने भारत के युवाओं को सशक्त बनाने के लिए अद्यतन PMKVY लॉन्च की

**प्रधानमंत्री जन धन योजना**
- इसका लक्ष्य सब्सिडी, पेंशन का प्रत्यक्ष लाभ हस्तांतरण करना
- वर्ष 2014 में विभिन्न वित्तीय सेवाओं तक पहुँच सुनिश्चित करने के लिए राष्ट्रीय मिशन के रूप में लॉन्च की गई नए खाता धारकों के लिए जनधन योजना के तहत ₹ 1 लाख का दुर्घटना बीमा को बढ़ाकर ₹ 2 लाख किया गया

**SOURCE** New NCERT Class IX संसाधन के रूप में लोग, निर्धनता : एक चुनौती , भारत में खाद्य सुरक्षा, New NCERT Class X विकास, New NCERT Class XI स्वतंत्रता की पूर्व संध्या पर भारतीय अर्थव्यवस्था, निर्धनता, रोजगार, संवृद्धि, अनौपचारीकरण एवं अन्य मुद्दे, आधारिक संरचना, भारत और उसके पड़ोसी देशों का तुलनात्मक विकास, Tamil Nadu Board, Class XII रोजगार और आय का सिद्धांत, NIOS, Module-2 (ECO-1) बेरोजगारी, निर्धनता और असमानता की समस्या

## जनांकिकीय तथ्य

**1 निम्नलिखित में से कौन-सा एक कथन सही नहीं है?** *(Chap 1, Class-XI, New NCERT)*

(a) ब्रिटिश काल से ही जनगणना प्रत्येक दस वर्ष के अंतराल पर की जाती है
(b) वर्ष 1921 के पूर्व का भारत जनांकिकीय संक्रमण के प्रथम सोपान में था
(c) स्वतंत्रता प्राप्ति के समय भारत की साक्षरता 16% से भी कम थी
(d) स्वतंत्रता प्राप्ति के समय भारत में महिला साक्षरता दर केवल 5% थी

**उत्तर** *(d)*

***व्याख्या*** दिए गए कथनों में से कथन (d) सही नहीं है, क्योंकि स्वतंत्रता प्राप्ति के समय भारत में महिला साक्षरता दर 7% थी। जबकि शेष कथन सही हैं।

**2 शिशु मृत्यु दर से आशय है** *(Chap 1, Class-X, New NCERT)*

(a) किसी वर्ष में जन्मे 1000 जीवित बच्चों में से दो वर्ष की आयु से पहले मृत्यु हो जाने वाले बच्चों की संख्या से
(b) किसी वर्ष में जन्मे 1000 जीवित बच्चों में से एक वर्ष की आयु से पहले मृत्यु हो जाने वाले बच्चों की संख्या से
(c) किसी वर्ष में जन्मे 100 जीवित बच्चों में से एक वर्ष की आयु से पहले मृत्यु हो जाने वाले बच्चों की संख्या से
(d) किसी वर्ष में जन्मे 100 जीवित बच्चों में से एक वर्ष की आयु से पहले मृत्यु हो जाने वाले बच्चों की संख्या से

**उत्तर** *(b)*

***व्याख्या*** शिशु मृत्यु दर (Infant Death Rate) का आशय किसी वर्ष में जन्मे 1000 जीवित बच्चों में से एक वर्ष की आयु से पहले मृत्यु हो जाने वाले बच्चों की संख्या से है। वर्तमान समय में शिशु मृत्यु दर 33 प्रति हजार हो गई है। स्वतंत्रता से पूर्व यह 218 प्रति हजार थी। चिकित्सीय क्षेत्र में व्यापक सुधार आने के कारण अनेक राज्यों में शिशु मृत्यु दर में कमी आई है।

**3 2011 की जनगणना के अनुसार, निम्नलिखित कथनों पर विचार कीजिए** *(Chap 1, Class-X, New NCERT)*

1. केरल 82% साक्षरता दर के साथ भारत का शीर्ष साक्षरता दर वाला राज्य है।
2. बिहार की साक्षरता दर 62% है।
3. हरियाणा में 94% साक्षरता है।

**उपर्युक्त में से कितने कथन सही हैं?**

(a) केवल एक (b) केवल दो
(c) सभी तीन (d) इनमें से कोई भी नहीं

**उत्तर** *(a)*

***व्याख्या*** दिए गए कथनों में से कथन (2) सही है।

2011 की जनगणना के अनुसार, बिहार 62% साक्षरता के साथ भारत का न्यूनतम साक्षरता दर वाला राज्य है।

कथन (1) और (3) सही नहीं हैं, क्योंकि केरल की साक्षरता 94% है, न कि 82%। हरियाणा की साक्षरता दर 82% है, न कि 94%।

2011 की जनगणना के अनुसार भारत के शीर्ष पाँच साक्षरता दर वाले राज्य-केरल (94%), मिजोरम (91.3%), गोवा (88.7%), त्रिपुरा (87.2%), हिमाचल प्रदेश (82.8%) हैं।

**4 निम्नलिखित कथनों पर विचार कीजिए** *(Chap 1, Class-XI, New NCERT)*

1. भारत की शिशु मृत्यु दर में वर्ष 1947-2020 की अवधि में छः गुना से अधिक कमी हुई है।
2. भारत की जीवन प्रत्याशा में वर्ष 1947-2020 की अवधि में डेढ़ गुना की वृद्धि हुई है।

**उपर्युक्त कथनों में से कौन-सा/से कथन सही है/हैं?**

(a) केवल 1
(b) केवल 2
(c) 1 और 2 दोनों
(d) न तो 1 और न ही 2

**उत्तर** *(c)*

***व्याख्या*** दिए गए दोनों कथन सही हैं।

भारत में शिशु मृत्यु दर में वर्ष 1947-2020 की अवधि में छः गुना से अधिक कमी हुई है। वर्ष 1947 में शिशु मृत्यु दर 218 प्रति हजार थी, वहीं यह वर्तमान में घटकर 33 प्रति हजार हो गई है।

भारत की जीवन प्रत्याशा में वर्ष 1947-2020 की अवधि में डेढ़ गुना वृद्धि हुई है। वर्तमान समय में जीवन प्रत्याशा स्तर 69 वर्ष है, जबकि वर्ष 1947 में जीवन प्रत्याशा दर 44 वर्ष ही थी, जो काफी कम थी।

**5 निम्नलिखित कथनों में से कौन-सा कथन सही नहीं है?** *(Chap 8, Class-XI, New NCERT)*

(a) भारत की लगभग 70% जनसंख्या ग्रामीण क्षेत्रों में निवास करती है
(b) वर्ष 2001 की जनगणनानुसार, भारत का शिशु लिंगानुपात 927 है, जो वर्ष 2011 में घटकर 919 हो गया
(c) 15 से 49 आयु वर्ग में 50% से अधिक महिलाएँ रक्ताभाव तथा रक्तक्षीणता से ग्रसित हैं
(d) भारत में स्वास्थ्य क्षेत्रक पर व्यय सकल घरेलू उत्पाद का 14% है।

**उत्तर** *(d)*

***व्याख्या*** दिए गए कथनों में से कथन (d) सही नहीं है, क्योंकि भारत में स्वास्थ्य क्षेत्रक पर व्यय सकल घरेलू उत्पाद का 2.1% (वित्तीय वर्ष 2021) है, जबकि विश्व बैंक के अनुसार वर्ष 2020 में यह लगभग 3.0% था।

**6 निम्नलिखित कथनों पर विचार कीजिए और नीचे दिए गए कूट की सहायता से सही उत्तर चुनिए** *(Chap 2, Class-IX, New NCERT)*

1. जन्म दर से अभिप्राय एक विशेष अवधि में प्रति एक हजार व्यक्तियों के पीछे जन्म लेने वाले शिशुओं की संख्या से है।
2. 5 वर्ष और उससे अधिक आयु के लोगों की साक्षर जनसंख्या का अनुपात साक्षरता दर कहलाता है।
3. एक विशेष अवधि में प्रति एक हजार व्यक्तियों के पीछे मरने वाले लोगों की संख्या मृत्यु दर कहलाती है।

**कूट**

(a) 1 और 3 (b) 1 और 2
(c) 2 और 3 (d) केवल 1

**उत्तर** *(a)*

***व्याख्या*** दिए गए कथनों में से कथन (1) और (3) सही हैं। जन्म दर से अभिप्राय एक विशेष अवधि में प्रति एक हजार व्यक्तियों के पीछे जन्म लेने वाले शिशुओं की कुल संख्या से है। जबकि एक विशेष अवधि में प्रति एक हजार व्यक्तियों के पीछे मरने वाले लोगों की संख्या मृत्यु दर कहलाती है।

कथन (2) सही नहीं है, क्योंकि 7 वर्ष और उससे अधिक आयु के लोगों की साक्षर जनसंख्या के अनुपात को साक्षरता दर कहते हैं।

## निर्धनता/गरीबी

**7 अध्ययनकर्ता शाहीन रफी खान और डैमियन किल्लेन ने निर्धनता की स्थिति को किन रूपों में व्यक्त किया है?** *(Chap 4, Class-XI, New NCERT)*

1. भूख 2. बीमारी
3. बेरोजगारी 4. स्वतंत्रता की हीनता

कूट

(a) 1, 2 और 3 (b) 1 और 2
(c) 1 और 3 (d) 1, 2, 3 और 4

उत्तर (d)

*व्याख्या* अध्ययनकर्ता शाहीन रफी खान और डैमियन किल्लेन ने निर्धनता की स्थिति को निम्नलिखित रूपों में व्यक्त किया है

- निर्धनता भूख है।
- निर्धनता बीमार होना है और डॉक्टर से न दिखा पाने की विवशता है।
- निर्धनता स्कूल न जा पाने तथा निरक्षर रह जाने का नाम है।
- निर्धनता बेरोजगारी है।
- निर्धनता भविष्य के प्रति भय है, दिन में एक बार भोजन पाना है।
- निर्धनता शक्ति, प्रतिनिधित्व हीनता और स्वतंत्रता की हीनता का नाम है।

8 **''एक देश निर्धन है, क्योंकि वह निर्धन है।'' गरीबी के दुष्चक्र संबंधी उपर्युक्त विचार किस अर्थशास्त्री द्वारा दिया गया है?** *(Chap 4, Module-2, NIOS)*

(a) अमर्त्य सेन (b) एडम स्मिथ
(c) जगदीश भगवती (d) रैग्नर फ्रिश

उत्तर (d)

*व्याख्या* ''एक देश निर्धन है, क्योंकि वह निर्धन है'' गरीबी के दुष्चक्र संबंधी उपर्युक्त विचार अर्थशास्त्री रैग्नर फ्रिश द्वारा दिया गया था। फ्रिश के इस विचार को 'गरीबी के दुष्चक्र' के नाम से भी जाना जाता है।

फ्रिश के अनुसार, निर्धनता की स्थिति में किसी अर्थव्यवस्था में निवेश का स्तर निम्न होता है। निवेश का निम्न स्तर होने से अर्थव्यवस्था में आय का सृजन नहीं हो पाता, जिसके कारण निर्धनता का चक्र अनिश्चित काल तक चलता रहता है।

9 **निम्नलिखित में से कौन-सा/से निर्धनता का/के प्रकार है/हैं?** *(Chap 4, Class-XI, New NCERT) (UPPSC Pre 2023)*

1. पूर्ण (परम) निर्धनता
2. सापेक्ष निर्धनता
3. व्यक्तिपरक निर्धनता
4. प्रकार्यात्मक निर्धनता

कूट

(a) 1 और 4 (b) 1 और 2
(c) 3 और 4 (d) 1, 2 और 3

उत्तर (b)

*व्याख्या* पूर्ण (परम) निर्धनता तथा सापेक्ष निर्धनता निर्धनता के प्रकार हैं। पूर्ण (परम) निर्धनता एक ऐसी स्थिति है, जहाँ घरेलू आय बुनियादी जीवन स्तर (भोजन, आश्रय, आवास) को बनाए रखने के लिए एक आवश्यक स्तर से नीचे की स्थिति है। सापेक्ष निर्धनता एक ऐसी स्थिति है, जहाँ घरेलू आय औसत आय से कुछ प्रतिशत कम होती है अपेक्षाकृत गरीबी को पीछे छोड़ देने वाली आबादी का प्रतिशत दर्शाने के लिए सापेक्ष निर्धनता उपयोगी है। यह गरीबी के तुलनात्मक रूप को प्रदर्शित करती है।

10 **निर्धनता की व्याख्या किसी अर्थव्यवस्था में व्याप्त किन समस्याओं के कारण की जा सकती है?** *(Chap 4, Class-XI, New NCERT)*

1. निम्न पूँजी निर्माण
2. जनसंख्या का दबाव
3. माँग का अभाव
4. आधारिक संरचनाओं का अभाव
5. सामाजिक/कल्याण व्यवस्था का अभाव

कूट

(a) 2, 4 और 5 (b) 1, 2 और 3
(c) 1, 2 और 4 (d) ये सभी

उत्तर (d)

*व्याख्या* निर्धनता की व्याख्या किसी अर्थव्यवस्था में व्याप्त निम्न पूंजी निर्माण, जनसंख्या का दबाव, माँग का अभाव, आधारिक संरचनाओं का अभाव तथा सामाजिक या कल्याण व्यवस्था का अभाव आदि समस्याओं के कारण की जा सकती है। जब तक किसी देश की अर्थव्यवस्था में इनका प्रभाव होता है, तब तक आर्थिक समस्याएँ निरंतर बनी रहती हैं।

विकासशील एवं अल्प विकसित देशों की लगभग ऐसी ही स्थिति है। पर्याप्त संसाधनों के उपलब्ध होने के पश्चात् भी ऐसे राष्ट्रों की अर्थव्यवस्था अत्यंत पिछड़ी होती है।

11 **सरकारी विधियों की सीमाओं के कारण अनेक विद्वानों ने वैकल्पिक विधियों का प्रयोग करने के प्रयास किए हैं। इनमें से एक विधि का निर्माण भारतीय मूल के अर्थशास्त्री तथा नोबेल पुरस्कार विजेता अमर्त्य सेन ने किया है, जिसे 'सेन सूचकांक' नाम दिया जाता है। इस सूचकांक का संबंध किस सामाजिक-संक्रिया के आकलन के लिए किया जाता है?** *(Chap 4, Class-XI, New NCERT)*

(a) शिक्षा स्तर (b) स्वास्थ्य
(c) निर्धनता आकलन (d) बेरोजगारी

उत्तर (c)

*व्याख्या* 'सेन सूचकांक' का संबंध निर्धनता आकलन से है। नोबेल पुरस्कार विजेता डॉ. अमर्त्य सेन ने इस सूचकांक को विकसित किया। निर्धनता आकलन के लिए अतिरिक्त निर्धनता अंतराल सूचकांक और वर्णित निर्धनता अंतराल उपकरणों का भी प्रयोग किया जाता है।

भारत सरकार स्वयं भी निर्धनता के आकलन के लिए अलग-अलग मापदंडों का प्रयोग करती है। साथ ही समय-समय पर इसमें संशोधन भी करती रहती है।

12 **निम्नलिखित कथनों पर विचार कीजिए** *(Chap 3 Class-IX, New NCERT)*

1. भारत में निर्धनता रेखा का आकलन खाद्य आवश्यकता के कैलोरी प्रतिमान पर आधारित है।
2. भारत में स्वीकृत कैलोरी आवश्यकता, ग्रामीण क्षेत्रों में 2100 कैलोरी तथा नगरीय क्षेत्रों में 2400 कैलोरी निर्धारित है।
3. निर्धनता रेखा का निर्धारण करते समय जीवन निर्वाह के लिए खाद्य आवश्यकता, कपड़ों, जूतों, ईंधन और प्रकाश, शैक्षिक तथा चिकित्सा संबंधी आवश्यकताओं पर विचार किया जाता है।

**उपर्युक्त में से कितने कथन सही हैं?**

(a) केवल एक
(b) केवल दो
(c) उपर्युक्त तीनों
(d) उपर्युक्त में से कोई नहीं

उत्तर (b)

*व्याख्या* दिए गए कथनों में से केवल दो कथन (1) और (3) सही हैं। भारत में निर्धनता रेखा का आकलन कैलोरी प्रतिमान पर आधारित है। निर्धनता रेखा का निर्धारण करते समय जीवन निर्वाह हेतु खाद्य आवश्यकताओं, कपड़ों, जूतों, ईंधन और प्रकाश, शिक्षा तथा चिकित्सा संबंधी उपभोग व्यय पर भी विचार किया जाता है।

कथन (2) सही नहीं है, क्योंकि कैलोरी की न्यूनतम स्वीकृत आवश्यकता ग्रामीण क्षेत्रों में 2400 तथा नगरीय क्षेत्रों में 2100 निर्धारित है।

तेंदुलकर समिति के अनुसार वर्ष 2011-12 में देश के कुल 22 (21.9%) लोग गरीब थे, जिसमें ग्रामीण क्षेत्रों में 26% तथा शहरी क्षेत्र में 14% निर्धनता व्याप्त थी।

**13** **भारत में निर्धनों की कुल संख्या को जानना, उनके लिए चलाए जाने वाले कल्याणकारी कार्यों के संचालन के लिए जरूरी है। निर्धनों की कुल संख्या, उनके निवास इत्यादि की जानकारी तथा तुलनात्मक अनुपातों को प्रतिशत रूप में देखा जाता है। निर्धनों की संख्या का अनुमान निर्धनता रेखा से नीचे के जनानुपात द्वारा किया जाता है। इसे क्या कहा जाता है?** *(Chap 4, Class-XI, New NCERT)*

(a) निर्धनता रेखा अनुपात (b) गरीबी उन्मूलन सूचकांक
(c) व्यक्ति गणना अनुपात (d) रोजगार-जनसंख्या अनुपात

*उत्तर (c)*

***व्याख्या*** जब निर्धनों की संख्या का अनुमान निर्धनता रेखा से नीचे के जनानुपात द्वारा लगाया जाता है, तो उसे व्यक्ति गणना अनुपात कहते हैं। 'व्यक्ति गणना अनुपात' विधि का संबंध निर्धनता-रेखा से नीचे के जनानुपात से माना जाता है। तुलनात्मक दृष्टिकोण से इसमें अंतर पाया जाता है, चाहे वह प्रांतीय स्तर पर हो या क्षेत्रीय स्तर पर हो, लेकिन विभिन्नता उत्पन्न होती है।

**14** **निर्धनता के संदर्भ में निम्नलिखित कथनों पर विचार कीजिए** *(Chap 4, Class-XI, New NCERT)*

1. भारत में निर्धनता विषयक आधिकारिक आँकड़े नीति आयोग उपलब्ध कराता है।
2. निर्धनता संबंधी आँकड़े राष्ट्रीय प्रतिदर्श सर्वेक्षण संगठन (अब राष्ट्रीय सांख्यिकीय कार्यालय) द्वारा उपभोग व्यय के आधार पर आकलित किए जाते हैं।

**उपर्युक्त कथनों में से कौन-सा/से कथन सही है/हैं?**

(a) केवल 1 (b) केवल 2
(c) 1 और 2 दोनों (d) न तो 1 और न ही 2

*उत्तर (c)*

***व्याख्या*** निर्धनता के संदर्भ में दिए गए दोनों कथन सही हैं।

भारत में निर्धनता विषयक आधिकारिक आँकड़े नीति आयोग उपलब्ध कराता है। नीति आयोग का गठन योजना आयोग के स्थान पर मंत्रिमंडल द्वारा पारित एक प्रस्ताव के माध्यम से किया गया था। इसके अध्यक्ष प्रधानमंत्री होते हैं। निर्धनता संबंधी आँकड़े राष्ट्रीय प्रतिदर्श सर्वेक्षण संगठन (वर्तमान में राष्ट्रीय सांख्यिकीय कार्यालय) द्वारा उपभोग व्यय के आधार पर आकलित किए जाते हैं।

**15** **निर्धनता के कई पहलू हैं तथा उसे विभिन्न सूचकों के माध्यम से देखा जाता है। निम्नलिखित में से कौन-सा सामाजिक सूचक के अंतर्गत आता है?** *(Chap 4, Class-XI, New NCERT)*

1. आय का स्तर 2. स्वास्थ्य सेवाओं का अभाव
3. निरक्षरता स्तर
4. सुरक्षित पेयजल एवं स्वच्छता तक पहुँच का अभाव

**कूट**

(a) 1, 2 और 3 (b) 2 और 3
(c) 1, 2 और 4 (d) 2, 3 और 4

*उत्तर (d)*

***व्याख्या*** निर्धनता के सामाजिक सूचक के अंतर्गत स्वास्थ्य सेवाओं का अभाव, निम्न निरक्षरता स्तर तथा सुरक्षित पेयजल एवं स्वच्छता तक पहुँच का अभाव इत्यादि को शामिल किया जाता है। जबकि निर्धनता के आकलन में आय का स्तर आर्थिक सूचक माना जाता है।

वर्तमान में निर्धनता में निरक्षरता स्तर, कुपोषण के कारण रोग प्रतिरोधी क्षमता की कमी, स्वास्थ्य सेवाओं की कमी तथा रोजगार के अवसरों की कमी को भी सम्मिलित किया जाता है।

**16** **कथन** (A) सामाजिक अपवर्जन-एक प्रक्रिया है, जिसके माध्यम से व्यक्ति या समूह उन सुविधाओं, लाभों और अवसरों से अपवर्जित रहते हैं, जिनका उपभोग दूसरे उनसे अधिक अच्छे से करते हैं।

**कारण** (R) सामाजिक अपवर्जन निर्धनता का एक कारण और परिणाम दोनों हो सकता है। *(Chap 3, Class-IX, New NCERT)*

**नीचे दिए गए कूट की सहायता से सही उत्तर चुनिए**

(a) A और R दोनों सही हैं तथा R, A की सही व्याख्या है
(b) A और R दोनों सही हैं, परंतु R, A की सही व्याख्या नहीं है
(c) A सही है, किंतु R गलत है
(d) A गलत है, किंतु R सही है

*उत्तर (a)*

***व्याख्या*** A और R दोनों सही हैं तथा R, A की सही व्याख्या करता है।
सामाजिक अपवर्जन (Social Exclusion) एक प्रक्रिया है, जिसके माध्यम से व्यक्ति या समूह उन सुविधाओं, लाभों और अवसरों से अपवर्जित रहते हैं, जिनका उपभोग दूसरे उनसे अधिक अच्छे से करते हैं, क्योंकि सामाजिक अपवर्जन निर्धनता का एक कारण और परिणाम दोनों हो सकता है।

इस अवधारणा के अनुसार निर्धनता को इस संदर्भ में देखा जाना चाहिए कि निर्धनों को अच्छा वातावरण और अधिक अच्छे वातावरण में रहने वाले संपन्न लोगों की सामाजिक समता से अपवर्जित रहकर केवल निकृष्ट वातावरण में दूसरे निर्धनों के साथ रहना पड़ता है।

**17** **भारत में निर्धनता के कारणों के संदर्भ में निम्नलिखित कथनों पर विचार कीजिए** *(Chap 3, Class-IX, New NCERT)*

1. आय और परिसंपत्तियों के वितरण की विषमताएँ निर्धनता की समस्या को बनाए रखने में योगदान करती हैं।
2. ऋणग्रस्तता निर्धनता का एक महत्त्वपूर्ण कारक है।
3. ब्रिटिश औपनिवेशिक काल में आर्थिक प्रगति को बढ़ावा और जनसंख्या नियंत्रण दोनों स्तरों पर असफलता के कारण निर्धनता का चक्र बना रहा।

**उपर्युक्त कथनों में से कौन-सा/से कथन सही है/हैं?**

(a) 1 और 2 (b) 2 और 3
(c) 1 और 3 (d) ये सभी

*उत्तर (d)*

***व्याख्या*** भारत में निर्धनता के कारणों के संदर्भ में दिए गए सभी कथन सही हैं। आय और परिसंपत्तियों के वितरण की विषमताएँ निर्धनता की समस्या को बनाए रखने में योगदान करती हैं। ऋणग्रस्तता निर्धनता का एक महत्त्वपूर्ण कारक है। निर्धनता चक्र के निर्माण में यह महत्त्वपूर्ण भूमिका निभाता है। ब्रिटिश औपनिवेशिक काल में आर्थिक प्रगति को बढ़ावा और जनसंख्या नियंत्रण दोनों स्तरों पर असफलता के कारण निर्धनता चक्र बना रहा।

**18** **भारत में गरीबी रेखा से नीचे (तेंदुलकर समिति के अनुसार) रहने वाले लोगों का प्रतिशत है** *(Chap 3, Class-IX, New NCERT) (UPPSC Pre 2012)*

(a) 23% (b) 22%
(c) 24% (d) 26%

*उत्तर (b)*

***व्याख्या*** भारत में गरीबी रेखा से नीचे (तेंदुलकर समिति के अनुसार) रहने वाले लोगों का प्रतिशत लगभग 22% है। इस समिति का गठन वर्ष 2009 में किया गया था। तेंदुलकर समिति ने अपनी रिपोर्ट में शहरी क्षेत्र में रह रहे परिवारों के संदर्भ में गरीबी रेखा को ₹ 1000 (प्रतिव्यक्ति प्रतिमाह) और ग्रामीण परिवारों के लिए इसे ₹ 816 (प्रतिव्यक्ति प्रतिमाह) निर्धारित किया था।

**19** **निर्धनता के संदर्भ में निम्नलिखित कथनों पर विचार कीजिए**

*(Chap 3, Class-IX, New NCERT)*

1. निर्धनता रेखा से नीचे के लोगों का अनुपात भारत में सभी सामाजिक समूहों और आर्थिक वर्गों में एक समान नहीं है।
2. अनुसूचित जाति और अनुसूचित जनजाति, सामाजिक समूह निर्धनता के प्रति सर्वाधिक असुरक्षित हैं।

**उपर्युक्त कथनों में से कौन-सा/से कथन सही है/हैं?**

(a) केवल 1 (b) केवल 2
(c) 1 और 2 (d) न तो 1 और न ही 2

उत्तर (d)

*व्याख्या* दिए गए दोनों कथन सही हैं।

निर्धनता रेखा से नीचे के लोगों का अनुपात भारत में सभी सामाजिक समूहों एवं आर्थिक वर्गों में एक समान नहीं है, क्योंकि इनमें अधिक असमानताएँ पाई जाती हैं। देश में कुछ सामाजिक समूह ऐसे हैं, जो निर्धनता के प्रति सर्वाधिक असुरक्षित हैं, उनमें अनुसूचित जाति तथा अनुसूचित जनजाति प्रमुख हैं।

**20** **निम्नलिखित में से (गरीबी रेखा से नीचे की जनसंख्या का प्रतिशत वर्ष 2011-12 में) कौन-सा युग्म सही सुमेलित है?**

*(Chap 4, Class-XI, New NCERT)*

| राज्य | | प्रतिशत |
|---|---|---|
| 1. ओडिशा | — | 36 |
| 2. गुजरात | — | 25 |
| 3. राजस्थान | — | 16 |

**कूट**

(a) केवल 1 (b) 1 और 2
(c) 2 और 3 (d) 1 और 3

उत्तर (d)

*व्याख्या* दिए गए युग्मों में से युग्म (1) और (3) सही सुमेलित हैं।

वर्ष 2011-12 के अनुसार, ओडिशा राज्य में गरीबी रेखा से नीचे रहने वाले लोगों का जनसंख्या प्रतिशत 36% है तथा राजस्थान में 16% है।

युग्म (2) सही नहीं है, क्योंकि गुजरात राज्य में गरीबी रेखा से नीचे रहने वाले लोगों का जनसंख्या प्रतिशत 22% है। मध्य प्रदेश एवं ओडिशा दो ऐसे राज्य हैं, जहाँ 36% लोग गरीबी रेखा से नीचे निवास करते हैं।

## बेरोजगारी

**21** **निम्नलिखित कथनों पर विचार कीजिए**

*(Chap 2, Class-IX, New NCERT)*

1. बेरोजगारी उस समय विद्यमान होती है, जब प्रचलित मजदूरी की दर पर कार्य करने के इच्छुक व्यक्ति को रोजगार नहीं मिल पाता है।
2. श्रमबल जनसंख्या में वे लोग शामिल किए जाते हैं, जिनकी आयु 15 वर्ष से 60 वर्ष के बीच होती है।

**उपर्युक्त कथनों में से कौन-सा/से कथन सही नहीं है/हैं?**

(a) केवल 1
(b) केवल 2
(c) 1 और 2
(d) न तो 1 और न ही 2

उत्तर (b)

*व्याख्या* दिए गए कथनों में से कथन (2) सही नहीं है, क्योंकि श्रमबल जनसंख्या में उन लोगों को शामिल किया जाता है, जिनकी आयु 15 से 59 वर्ष के बीच होती है।

**22** **निम्नलिखित में से कौन-सा/से कथन सही नहीं है/हैं?**

*(Chap 7, Class-XI, New NCERT)*

(a) वे व्यक्ति जो आर्थिक क्रियाओं में संलग्न होते हैं, श्रमिक कहलाते हैं
(b) ग्रामीण श्रमबल का अनुपात शहरी श्रमबल से कम है
(c) भारत में श्रम-शक्ति में पुरुषों की बहुलता है
(d) ग्रामीण क्षेत्र में महिला श्रमिक कुल श्रमबल का एक-तिहाई हैं

उत्तर (b)

*व्याख्या* दिए गए कथनों में से कथन (b) सही नहीं है, क्योंकि ग्रामीण श्रमबल का अनुपात शहरी श्रमबल की अपेक्षा अधिक है। वर्ष 2011-12 (आधार वर्ष) के अनुसार, भारत में श्रम शक्ति का आकार लगभग 473 मिलियन था। इनमें से 3/4 ग्रामीण श्रमबल हैं, जो गाँवों में निवास करते हैं। शहरों में केवल 20% महिलाएँ ही श्रमबल में भागीदार हैं।

**23** **अर्थव्यवस्था में समग्र माँग में कमी के कारण उत्पन्न बेरोजगारी को कहते हैं?**

*(Class-XI, Old NCERT)*

(a) चक्रीय बेरोजगारी (b) मौसमी बेरोजगारी
(c) संरचनात्मक बेरोजगारी (d) घर्षणात्मक बेरोजगारी

उत्तर (a)

*व्याख्या* अर्थव्यवस्था में समग्र माँग में कमी के कारण उत्पन्न बेरोजगारी को चक्रीय बेरोजगारी कहते हैं। चक्रीय बेरोजगारी अवसाद या मंदी में होती है। जब अर्थव्यवस्था में वस्तुओं और सेवाओं की माँग में कमी होती है, तो लोगों को रोजगार से निकालने की क्रिया शुरू हो जाती है और उसी के अनुरूप बेरोजगारी में वृद्धि होती है।

**24** **निम्नलिखित कथनों पर विचार कीजिए** *(Class-XI, Old NCERT)*

1. संघर्षात्मक बेरोजगारी उस समय होती है, जब कोई व्यक्ति एक रोजगार को छोड़कर दूसरे रोजगार की तलाश में होता है।
2. चक्रीय तथा संरचनात्मक बेरोजगारी के योग को बेरोजगारी की प्राकृतिक दर कहते हैं।
3. बेरोजगारी जो प्रत्यक्ष रूप से दिखाई न दे, प्रच्छन्न बेरोजगारी कहलाती है।
4. संरचनात्मक बेरोजगारी उस समय होती है, जब किसी व्यक्ति की योग्यता उसके कार्य की आवश्यकता के लिए पर्याप्त नहीं होती है।

**उपर्युक्त कथनों में से कौन-सा/से कथन सही नहीं है/हैं?**

(a) 1 और 2 (b) केवल 2 (c) 1 और 4 (d) 2 और 3

उत्तर (b)

*व्याख्या* दिए गए कथनों में से कथन (2) सही नहीं है, क्योंकि संघर्षात्मक तथा संरचनात्मक बेरोजगारी के योग को बेरोजगारी की प्राकृतिक दर कहते हैं। इसमें चक्रीय बेरोजगारी शामिल नहीं होती है।

**25** **बेरोजगारी के निम्नलिखित प्रकारों पर विचार कीजिए**

*(Chap 3, Class-XII, Tamil Nadu Board)*

1. चक्रीय बेरोजगारी
2. मौसमी बेरोजगारी
3. घर्षणात्मक बेरोजगारी
4. शैक्षिक बेरोजगारी
5. तकनीकी बेरोजगारी
6. संरचनात्मक बेरोजगारी
7. अदृश्य/प्रच्छन्न बेरोजगारी

**उपर्युक्त में से कौन-सा/से बेरोजगारी के प्रकार है/हैं?**

(a) 1, 2, 3, 6 और 7
(b) 2, 3, 4, 6 और 7
(c) 1, 2, 6 और 7
(d) उपर्युक्त सभी

उत्तर (d)

***व्याख्या*** दिए गए सभी विकल्प बेरोजगारी के प्रकार हैं।

शैक्षिक बेरोजगारी यह विशेष शैक्षिक योग्यता प्राप्त व्यक्तियों को उनके योग्यता के अनुरूप रोजगार प्राप्त न होने की स्थिति होती है।

तकनीकी बेरोजगारी यह आधुनिक तकनीकी के विकास के कारण उत्पन्न होने वाली बेरोजगारी है। नई मशीनरी के आने से कम श्रमिकों की आवश्यकता होती है।

बेरोजगारी के अन्य प्रकार हैं–चक्रीय बेरोजगारी, मौसमी बेरोजगारी, घर्षणात्मक संरचनात्मक तथा प्रच्छन्न बेरोजगारी।

**26 बेरोजगारी के संदर्भ में निम्नलिखित कथनों पर विचार कीजिए**

*(Chap 2, Class-IX, New NCERT)*

1. मौसमी बेरोजगारी विशेष रूप से कृषि क्षेत्र में पाई जाती है।
2. शहरी क्षेत्रों में शिक्षित बेरोजगारी एक सामान्य परिघटना बन गई है।
3. स्नातक और स्नातकोत्तर की तुलना में मैट्रिक युवकों में बेरोजगारी अधिक है।

**उपर्युक्त कथनों में से कितने कथन सही नहीं है/हैं?**

(a) केवल एक (b) केवल दो
(c) सभी तीनों (d) इनमें से कोई नहीं

**उत्तर** *(a)*

***व्याख्या*** बेरोजगारी के संदर्भ में केवल एक कथन (3) सही नहीं है, क्योंकि एक अध्ययन के अनुसार, मैट्रिक की तुलना में स्नातक और स्नातकोत्तर युवकों में बेरोजगारी अधिक तेजी से बढ़ी है।

**27 कथन** (A) **बेरोजगारी से आर्थिक बोझ में वृद्धि होती है।**

**कारण** (R) **बेरोजगारी में वृद्धि मंदीग्रस्त अर्थव्यवस्था का सूचक है।**

*(Chap 2, Class-IX, New NCERT)*

**नीचे दिए गए कूट की सहायता से सही उत्तर चुनिए**

(a) A और R दोनों सही हैं तथा R, A की सही व्याख्या है
(b) A और R दोनों सही हैं, परंतु R, A की सही व्याख्या नहीं है
(c) A सही है, किंतु R गलत है
(d) A गलत है, किंतु R सही है

**उत्तर** *(b)*

***व्याख्या*** A और R दोनों सही हैं, परंतु R, A की सही व्याख्या नहीं है। बेरोजगारी से आर्थिक बोझ में वृद्धि होती है। कार्यरत् जनसंख्या पर बेरोजगारों की निर्भरता बढ़ती है।

किसी व्यक्ति और साथ-ही-साथ समाज के जीवन की गुणवत्ता पर एवं अर्थव्यवस्था के समग्र विकास पर बेरोजगारी का अहितकर प्रभाव पड़ता है। बेरोजगारी में वृद्धि मंदीग्रस्त अर्थव्यवस्था का सूचक है। यह संसाधनों की बर्बादी भी करती है, जिन्हें उपयोगी ढंग से नियोजित किया जा सकता था।

**28 निम्नलिखित में से कौन एक श्रमिक जनसंख्या अनुपात को निरूपित करता है?** *(Chap 7, Class-XI, New NCERT)*

(a) $\frac{\text{कार्यशील श्रमिकों की संख्या}}{\text{देश की जनसंख्या}} \times 100$

(b) $\frac{\text{देश की जनसंख्या}}{\text{कार्यशील श्रमिकों की संख्या}} \times 100$

(c) $\frac{\text{कार्यशील श्रमिकों की संख्या}}{\text{देश की जनसंख्या}}$

(d) $\frac{\text{देश की जनसंख्या}}{\text{कार्यशील श्रमिकों की संख्या}}$

**उत्तर** *(a)*

***व्याख्या*** एक श्रमिक जनसंख्या अनुपात को निम्न प्रकार से निरूपित किया जाता है

$$\text{श्रमिक जनसंख्या अनुपात} = \frac{\text{कार्यशील श्रमिकों की संख्या}}{\text{देश की जनसंख्या}} \times 100$$

अर्थात् भारत में श्रमिक जनसंख्या अनुपात का आकलन किया जाए, तो हमें भारत में कार्य कर रहे सभी श्रमिकों की संख्या को देश की जनसंख्या से भाग कर उसे 100 से गुणा करना होगा। इस प्रकार हमें श्रमिक जनसंख्या अनुपात ज्ञात हो जाता है। यह एक सूचक है, जिसका प्रयोग देश में रोजगार की स्थिति के विश्लेषण करने के लिए किया जाता है। इसके द्वारा यह ज्ञात होता है कि जनसंख्या का कितना अनुपात वस्तुओं और सेवाओं में संलग्न है।

**29 निम्नलिखित युग्मों पर विचार कीजिए**

*(Chap 7, Class-XI, New NCERT)*

1. अनियमित मजदूरी — निर्माण कार्य में कार्यरत् मजदूर
2. स्वनियोजित — जो अपने उद्यम के स्वामी और संचालक होते हैं
3. नियमित वेतन भोगी कर्मचारी — जब किसी श्रमिक को कोई व्यक्ति या उद्यम नियमित रूप से काम पर रखकर उसे मजदूरी देता है

**उपर्युक्त युग्मों मे से कौन-सा/से युग्म सुमेलित है/हैं?**

(a) केवल 1 (b) 1 और 2
(c) 2 और 3 (d) ये सभी

**उत्तर** *(d)*

***व्याख्या*** दिए गए सभी युग्म सही सुमेलित हैं।

निर्माण कार्यों में संलग्न/कार्यरत् मजदूर अनियमित मजदूर होते हैं, ये दैनिक मजदूरी पर कार्य करते हैं।

जो व्यक्ति स्वयं अपने उद्यम का स्वामी होता है तथा अपने उद्यम का संचालन स्वयं करता है, उसे स्वनियोजित कहा जाता है।

जब किसी श्रमिक को कोई व्यक्ति या उद्यम नियमित रूप से काम पर रखकर उसे मजदूरी देता है, तो उसे नियमित वेतन भोगी कर्मचारी कहते हैं। ये स्थायी या अस्थायी दोनों प्रकार के हो सकते हैं।

**30 श्रमबल के अनियतीकरण से तात्पर्य है**

*(Chap 7, Class-XI, New NCERT)*

(a) एक रोजगार को छोड़कर दूसरे रोजगार में जाना
(b) स्वरोजगार तथा नियमित वेतन से अनियत श्रम रोजगार की ओर जाने की प्रक्रिया
(c) श्रमिकों की पलायन करने की प्रवृत्ति
(d) अधिक वेतन की अपेक्षा रोजगार परिवर्तित करना

**उत्तर** *(b)*

***व्याख्या*** श्रमबल के अनियतीकरण से तात्पर्य स्वरोजगार तथा नियमित वेतन से अनियत श्रम रोजगार की ओर जाने की प्रक्रिया से है। इससे मजदूरों की दशा बहुत कमजोर हो जाती है, बेरोजगारी का स्तर बढ़ने लगता है तथा प्रतिव्यक्ति आय में कमी आती है। इससे लोगों की कार्यक्षमता घट जाती है।

कोरोना काल में अनेक स्वरोजगार तथा नियमित वेतन पाने वाले मजदूरों को ऐसी ही आर्थिक समस्याओं से जूझना पड़ा। लाखों लोगों को अनियतीकरण का शिकार होना पड़ा, जिसके परिणामस्वरूप अनेक श्रमिकों को पैदल ही बड़े शहरों से पलायन करना पड़ा।

**31 भारत में छिपी हुई बेरोजगारी (प्रच्छन्न बेरोजगारी) मुख्य रूप से संबंधित है** *(Chap 7, Class-XI, New NCERT) (UPPSC Mains 2017)*

1. कृषि क्षेत्र 2. ग्रामीण क्षेत्र
3. विनिर्माण क्षेत्र 4. शहरी क्षेत्र

नीचे दिए गए कूट की सहायता से सही उत्तर चुनिए

(a) 1 और 3 (b) 2 और 4 (c) 3 और 4 (d) 1 और 2

उत्तर (d)

**व्याख्या** भारत में छिपी हुई बेरोजगारी (प्रच्छन्न बेरोजगारी) मुख्य रूप से कृषि क्षेत्र तथा ग्रामीण क्षेत्र से संबंधित है। भारत में कृषि क्षेत्र में सबसे बड़ी समस्या प्रच्छन्न बेरोजगारी की उपस्थिति है। भारत में एक-तिहाई कृषि श्रमिक प्रच्छन्न रूप से बेरोजगार हैं।

प्रच्छन्न बेरोजगारी ग्रामीण क्षेत्रों की अर्थव्यवस्था को सर्वाधिक प्रभावित करती है। यह बेरोजगारी निर्धनता के दुश्चक्र को बढ़ावा देती है।

**32** निम्नलिखित कथनों पर विचार कीजिए

*(Chap 7, Class-XI, New NCERT)*

1. बेरोजगारी संबंधी आँकड़े राष्ट्रीय प्रतिदर्श सर्वेक्षण कार्यालय की रिपोर्ट से प्राप्त किए जा सकते हैं।
2. असंगठित क्षेत्रक के कर्मचारियों की आय संगठित क्षेत्र के कर्मचारियों की तुलना में कम होती है।
3. श्रमिक संघों का गठन बेहतर मजदूरी एवं सामाजिक सुरक्षा संबंधी उपायों की प्राप्ति के उद्देश्य से किया जाता है।
4. किसी अर्थव्यवस्था में रोजगार सृजन के बिना अधिक वस्तुओं एवं सेवाओं का उत्पादन रोजगारहीन संवृद्धि कहलाता है।

उपर्युक्त कथनों में से कौन-सा/से कथन सही है/हैं?

(a) 1 और 3 (b) 1, 2 और 3 (c) 2, 3 और 4 (d) ये सभी

उत्तर (d)

**व्याख्या** दिए गए सभी कथन सही हैं।

भारत में बेरोजगारी संबंधित आँकड़े राष्ट्रीय प्रतिदर्श सर्वेक्षण कार्यालय (अब राष्ट्रीय सांख्यिकीय कार्यालय) की रिपोर्ट से प्राप्त किए जाते रहे हैं। इसकी स्थापना सांख्यिकीय मामलों में नीतियाँ तैयार करने तथा प्राथमिकताएँ और मानक तय करने के उद्देश्य से की गई थी।

असंगठित क्षेत्रक के कर्मचारियों की आय संगठित क्षेत्र के कर्मचारियों की तुलना में काफी कम होती है।

श्रमिक संघों का गठन बेहतर मजदूरी एवं सामाजिक सुरक्षा संबंधी उपायों की प्राप्ति के उद्देश्य से किया जाता है।

अर्थव्यवस्था में रोजगार सृजन के बिना अधिक वस्तुओं एवं सेवाओं का उत्पादन रोजगारहीन संवृद्धि कहलाता है।

**33** सामान्यत: आर्थिक क्रियाओं को निम्नलिखित में से किन औद्योगिक वर्गों में विभाजित किया जाता है? *(Chap 7, Class-XI, New NCERT*

1. खनन और उत्खनन
2. विद्युत गैस एवं जलापूर्ति
3. परिवहन एवं भंडारण
4. वाणिज्य
5. सेवाएँ
6. विनिर्माण

कूट

(a) 2 और 4 (b) 2, 4 और 6

(c) 2, 3, 4, 5 और 6 (d) ये सभी

उत्तर (d)

**व्याख्या** सामान्यत: आर्थिक क्रियाओं को खनन और उत्खनन, विद्युत गैस, जलापूर्ति, परिवहन एवं भंडारण वाणिज्य, सेवाएँ विनिर्माण, कृषि तथा निर्माण कार्य इत्यादि औद्योगिक वर्गों में विभाजित किया जाता है

सरलता हेतु सभी कार्ययुक्त व्यक्तियों को तीन प्रमुख भागों प्राथमिक, द्वितीयक तथा तृतीयक क्षेत्रक में विभाजित किया जाता है। वर्तमान में कृषि, खनन, मत्स्यन, पशुपालन इत्यादि रोजगार के मुख्य स्रोत नहीं रह गए हैं, बल्कि सेवा क्षेत्रक में 60% शहरी लोग कार्यरत् हैं तथा लगभग 1/3 शहरी श्रमिक द्वितीयक क्षेत्रक में नियोजित हैं।

**34** निम्नलिखित कथनों पर विचार कीजिए

*(Chap 3, Class-IX, New NCERT)*

1. अंतर्राष्ट्रीय निर्धनता रेखा ($ 1.9 प्रतिदिन से नीचे की जनसंख्या की परिभाषा के अनुसार) विभिन्न देशों में निर्धनता रेखा से नीचे रहने वाले लोगों का अनुपात दर्शाती है।
2. संयुक्त राष्ट्र के सतत विकास लक्ष्य के अंतर्गत वर्ष 2030 तक सभी प्रकार की गरीबी को समाप्त करने का प्रस्ताव रखा गया।

उपर्युक्त कथनों में से कौन-सा/से कथन सही है/हैं?

(a) केवल 1 (b) केवल 2

(c) 1 और 2 दोनों (d) न तो 1 और न ही 2

उत्तर (c)

**व्याख्या** दिए गए दोनों कथन सही हैं। अंतर्राष्ट्रीय निर्धनता रेखा ($ 1.9 प्रतिदिन से नीचे की जनसंख्या की परिभाषा के अनुसार) विभिन्न देशों में निर्धनता रेखा से नीचे रहने वाले लोगों का अनुपात दर्शाती है।

संयुक्त राष्ट्र (United Nations) के सतत विकास लक्ष्य के अंतर्गत वर्ष 2030 तक सभी प्रकार की गरीबी को समाप्त करने का प्रस्ताव रखा गया है। एशिया एवं अफ्रीका महाद्वीप के अनेक देशों में फैली इस निर्धनता को समाप्त करने के लिए वैश्विक स्तर पर अनेक प्रयास किए जा रहे हैं तथा आर्थिक सहायता प्रदान की जा रही है। इसके लिए रोजगार के अवसर उत्पन्न करना सबसे बड़ी चुनौती है।

## निर्धनता एवं बेरोजगारी उन्मूलन संबंधी उपाय

**35** सरकार द्वारा निर्धनता निवारण के लिए अपनाई गई त्रि-आयामी नीतियों में निम्नलिखित में कौन-सा/से शामिल है/हैं?

*(Chap 4, Class-XI, New NCERT)*

(a) सकल घरेलू उत्पाद और प्रतिव्यक्ति आय में तीव्र वृद्धि

(b) अतिरिक्त परिसंपत्तियाँ और कार्य सृजन

(c) लोगों को न्यूनतम आधारभूत सुविधाएँ उपलब्ध कराना

(d) उपर्युक्त सभी

उत्तर (d)

**व्याख्या** सरकार द्वारा निर्धनता निवारण के लिए अपनाई गई त्रि-आयामी नीतियों में सकल घरेलू उत्पाद और प्रतिव्यक्ति आय में तीव्र वृद्धि करना, अतिरिक्त परिसंपत्तियाँ और कार्य सृजन करना तथा लोगों को न्यूनतम आधारभूत सुविधाएँ उपलब्ध कराना इत्यादि शामिल हैं। सरकार इन प्रयासों के माध्यम से निर्धनता को समाप्त करना चाहती है। निर्धनों की आय की बढ़ोतरी किए बिना तथा रोजगार के अवसर उपलब्ध करवाए बिना इन्हें आर्थिक रूप से संपन्न नहीं बनाया जा सकता है।

**36** निम्नलिखित कथनों में से कौन-सा कथन सही नहीं है?

*(Chap 2, Class-IX, New NCERT)*

(a) 6-14 वर्ष आयु वर्ग के सभी स्कूली बच्चों को प्राथमिक शिक्षा प्रदान करने हेतु सर्वशिक्षा अभियान (समग्र शिक्षा अभियान) प्रारंभ किया गया है

(b) प्राथमिक शिक्षा में गुणवत्ता/सुधार हेतु 'सेतु-पाठ्यक्रम' और 'स्कूल लौटो शिविर' प्रारंभ किए गए हैं

(c) कक्षा में बच्चों की उपस्थिति को बढ़ावा देने, बच्चों के धारण और उनकी पोषण स्थिति में सुधार हेतु दोपहर के भोजन की योजना कार्यान्वित की जा रही है

(d) उपर्युक्त में से कोई नहीं

उत्तर (b)

**व्याख्या** दिए गए कथनों में से कथन (b) सही नहीं है, क्योंकि प्राथमिक शिक्षा में नामांकन बढ़ाने हेतु 'सेतु-पाठ्यक्रम' और 'स्कूल लौटो शिविर' प्रारंभ किए गए हैं।

**37 निर्धनता निवारण हेतु स्वरोजगार सृजन के प्रमुख कार्यक्रम हैं** *(Chap 4, Class-XI, New NCERT)*

(a) ग्रामीण रोजगार सृजन कार्यक्रम
(b) प्रधानमंत्री रोजगार योजना
(c) स्वर्ण जयंती शहरी रोजगार योजना
(d) उपर्युक्त सभी

*उत्तर (d)*

***व्याख्या*** दिए गए तीनों कार्यक्रम निर्धनता निवारण हेतु स्वरोजगार सृजन के प्रमुख कार्यक्रम हैं। ग्रामीण रोजगार सृजन कार्यक्रम का उद्देश्य ग्रामीण क्षेत्रों तथा छोटे कस्बों में स्वरोजगार के अवसरों का सृजन करना है। इसे खादी ग्रामोद्योग आयोग के माध्यम से क्रियान्वित किया जा रहा है।

प्रधानमंत्री रोजगार योजना के अंतर्गत ग्रामीण और शहरी क्षेत्रों में निम्न आय वर्ग के परिवारों के शिक्षित बेरोजगार किसी भी प्रकार के उद्यम को शुरू करने के लिए वित्तीय सहायता प्राप्त कर सकते थे। स्वर्ण जयंती शहरी रोजगार योजना का उद्देश्य शहरी क्षेत्रों में स्वरोजगार तथा मजदूरी पर रोजगार के अधिक अवसरों का सृजन है।

**38 ग्रामीण रोजगार सृजन कार्यक्रम का उद्देश्य था** *(Chap 3, Class-IX, New NCERT)*

(a) ग्रामीण क्षेत्रों एवं छोटे शहरों में छोटे उद्योग लगाने हेतु बैंक ऋणों के माध्यम से वित्तीय सहयोग उपलब्ध कराना
(b) ग्रामीण एवं शहरी क्षेत्रों में निम्न आय वर्ग परिवारों के शिक्षित बेरोजगारों को किसी भी प्रकार के उद्यम शुरू करने हेतु वित्तीय सहायता उपलब्ध कराना
(c) शहरी क्षेत्रों में स्वरोजगार तथा मजदूरी पर रोजगार के अधिक अवसरों का सृजन करना
(d) ग्रामीण क्षेत्रों में सृजनात्मक कार्य करना

*उत्तर (a)*

***व्याख्या*** ग्रामीण रोजगार सृजन कार्यक्रम (Rural Employment Generation Programme, REGP) का उद्देश्य ग्रामीण क्षेत्रों एवं छोटे शहरों में छोटे उद्योग लगाने हेतु बैंक ऋणों के माध्यम से वित्तीय सहयोग उपलब्ध कराना था। खादी और ग्रामोद्योग आयोग ने 1 अप्रैल, 1995 को यह योजना प्रारंभ की थी। इस कार्यक्रम का मुख्य उद्देश्य ग्रामीण क्षेत्रों में रोजगार के अवसर उपलब्ध कराना था।

**39 सूची I को सूची II से सुमेलित कीजिए तथा नीचे दिए गए कूट की सहायता से सही उत्तर चुनिए** *(Chap 4, Class-XI, New NCERT)*

| सूची I (कार्यक्रम/योजना) | सूची II (उद्देश्य/लक्ष्य) |
|---|---|
| A. प्रधानमंत्री रोजगार योजना | 1. सहायता प्राप्त निर्धन परिवारों को स्वयं सहायता समूहों में संगठित कर ऋण प्रदान करना |
| B. स्वर्ण जयंती शहरी स्वरोजगार योजना | 2. शिक्षित बेरोजगारों को वित्तीय सहायता उपलब्ध कराना |
| C. काम के बदले अनाज कार्यक्रम | 3. प्राथमिक शिक्षा, स्वास्थ्य, पेयजल की सुविधा को बढ़ाना |
| D. प्रधानमंत्री ग्रामोदय योजना | 4. खाद्यान्न उपलब्ध कराना |

**कूट**

| | A | B | C | D | | A | B | C | D |
|---|---|---|---|---|---|---|---|---|---|
| (a) | 2 | 1 | 4 | 3 | (b) | 2 | 1 | 3 | 4 |
| (c) | 1 | 2 | 3 | 4 | (d) | 1 | 2 | 4 | 3 |

*उत्तर (a)*

***व्याख्या*** सही सुमेलन A-2, B-1, C-4, D-3 है।

प्रधानमंत्री रोजगार योजना (1993) ग्रामीण क्षेत्रों और छोटे शहरों में शिक्षित बेरोजगार युवाओं को स्वरोजगार के अवसर सृजित कर वित्तीय सहायता प्रदान करने हेतु शुरू की गई।

स्वर्ण जयंती शहरी स्वरोजगार योजना (1999) सहायता प्राप्त निर्धन परिवारों को स्वयं सहायता समूहों में संगठित कर बैंक ऋण प्रदान करने हेतु प्रारंभ की गई।

काम के बदले अनाज कार्यक्रम (1977-78) देश के सबसे पिछड़े 150 जिलों में खाद्यान्न उपलब्ध कराने हेतु प्रारंभ किया गया था।

प्रधानमंत्री ग्रामोदय योजना (2000) स्वास्थ्य, प्राथमिक शिक्षा, ग्रामीण आश्रय, ग्रामीण पेयजल एवं ग्रामीण विद्युतीकरण जैसी मूलभूत सुविधाएँ प्रदान करने हेतु प्रारंभ की गई।

**40 भारत में निर्धनों के खाद्य उपभोग और पोषण स्तर में सुधार हेतु अनेक कार्यक्रम चलाए गए हैं। निम्नलिखित में इससे संबंधित कार्यक्रम हैं** *(Chap 4, Class-XI, New NCERT)*

1. सार्वजनिक वितरण व्यवस्था
2. एकीकृत बाल विकास योजना
3. मध्याह्न भोजन योजना

**कूट**

(a) केवल 2 (b) 1 और 3
(c) 2 और 3 (d) ये सभी

*उत्तर (d)*

***व्याख्या*** भारत में निर्धनों के खाद्य उपभोग और पोषण स्तर में सुधार हेतु अनेक कार्यक्रम चलाए गए हैं। इससे सम्बन्धित सार्वजनिक वितरण व्यवस्था (Public Distribution System, PDS), एकीकृत बाल विकास योजना (Integrated Child Development Scheme, ICDS) एवं मध्याह्न भोजन योजना (Mid Day Meal, MDM) इत्यादि क्रार्यक्रम हैं। सार्वजनिक वितरण व्यवस्था के अंतर्गत लोगों को सुनिश्चित कीमतों पर खाद्यान्न उपलब्ध कराया जाता है।

एकीकृत बाल विकास योजना वर्ष 1975 में आरंभ की गई थी। इस योजना का मुख्य उद्देश्य समग्र निर्धन बालकों का संपूर्ण विकास करना था। मध्याह्न भोजन योजना (1995) का मुख्य उद्देश्य स्कूली विद्यार्थियों को आवश्यक पोषक तत्त्व उपलब्ध करवाना था।

**41 राष्ट्रीय ग्रामीण आजीविका मिशन के संबंध में निम्नलिखित कथनों पर विचार कीजिए** *(Class-XI, Old NCERT)*

1. इसकी स्थापना अप्रैल, 2001 में की गई।
2. इसका उद्देश्य शहरी बेरोजगार या अल्प रोजगार व्यक्तियों को स्वरोजगार, साहसिक कार्य स्थापित करने के लिए प्रोत्साहन देकर अथवा वेतन रोजगार के अवसर प्रदान करके लाभप्रद रोजगार उपलब्ध कराना है।

**उपर्युक्त में से कौन-सा/से कथन सही नहीं है/हैं?**

(a) केवल 1 (b) केवल 2
(c) 1 और 2 दोनों (d) न तो 1 और न तो 2

*उत्तर (c)*

***व्याख्या*** राष्ट्रीय ग्रामीण आजीविका मिशन से संबंधित उपर्युक्त दोनों कथन सही नहीं हैं, क्योंकि राष्ट्रीय ग्रामीण आजीविका मिशन की स्थापना अप्रैल, 1999 में की गई थी, न कि वर्ष 2001 में।

इसका उद्देश्य ग्रामीण क्षेत्रों में ग्रामीण निर्धन परिवारों को स्वरोजगार या आय सृजक परिसंपत्तियाँ उपलब्ध कराकर निर्धनता रेखा से ऊपर उठाना है। यह शहरी बेरोजगारी से संबंधित नहीं है।

**42 महात्मा गाँधी राष्ट्रीय ग्रामीण रोजगार गारंटी अधिनियम के संदर्भ में निम्नलिखित कथनों पर विचार कीजिए**

*(Chap 7, Class-XI, New NCERT)*

1. प्रत्येक ग्रामीण परिवार के एक इच्छुक वयस्क को वर्ष में 100 दिनों तक अकुशल शारीरिक श्रम कार्य उपलब्ध कराने की गारंटी देना।
2. यदि आवेदक को 15 दिन के अंदर रोजगार उपलब्ध नहीं कराया गया, तो वह दैनिक बेरोजगार भत्ते का अधिकारी होगा।
3. इसका उद्देश्य सतत विकास में सहायता करना है, ताकि सूखा, वन कटाई एवं मिट्टी के कटाव से बचा जा सके।
4. इसके अंतर्गत एक-तिहाई रोजगार महिलाओं के लिए सुरक्षित किए गए हैं।

**उपर्युक्त कथनों में से कौन-सा/से कथन सही है/हैं?**

(a) 1 और 4 (b) 1 और 2
(c) 1, 2 और 3 (d) ये सभी

**उत्तर (d)**

***व्याख्या*** महात्मा गाँधी राष्ट्रीय ग्रामीण रोजगार गारंटी अधिनियम के संदर्भ में सभी कथन सही हैं। इस अधिनियम के अंतर्गत प्रत्येक ग्रामीण परिवार के एक इच्छुक वयस्क को वर्ष में 100 दिनों तक अकुशल शारीरिक श्रम कार्य उपलब्ध कराने की गारंटी का प्रावधान है।

इसके अंतर्गत यदि आवेदक को 15 दिनों के अंदर रोजगार उपलब्ध नहीं कराया गया, तो उसे दैनिक बेरोजगार भत्ता देने का प्रावधान है। इस अधिनियम का उद्देश्य सतत विकास में सहायता करना है, ताकि सूखा, वन कटाई एवं मिट्टी के कटाव से बचा जा सके। इसके अंतर्गत एक-तिहाई रोजगार महिलाओं के लिए सुरक्षित किए गए हैं। इस योजना के अंतर्गत अनुसूचित जाति, अनुसूचित जनजाति एवं महिलाओं का भाग क्रमश: 23%, 17% एवं 57% है।

**43 स्वयं सहायता समूहों के संबंध में निम्नलिखित कथनों पर विचार कीजिए और नीचे दिए गए कूट की सहायता से सही उत्तर चुनिए**

*(Chap 4, Class-XI, New NCERT)*

1. भारत में 1990 के दशक के पश्चात् स्वयं सहायता समूहों के गठन को प्रेरित किया गया।
2. प्रारंभ में इन समूहों को अपनी बचतों को एकत्र कर परस्पर उधार देने के लिए प्रोत्साहित किया जाता है।
3. सरकार बैंकों के माध्यम से इन समूहों को आंशिक वित्तीय सहायता उपलब्ध कराती है।
4. ये समूह यह निश्चय करते हैं कि स्वरोजगार कार्यक्रम के लिए किसे ऋण दिया जाए।

**कूट**

(a) 2 और 3 (b) 1 और 2
(c) 2, 3 और 4 (d) ये सभी

**उत्तर (d)**

***व्याख्या*** स्वयं सहायता समूहों के संबंध में सभी कथन सही हैं। भारत में स्वयं सहायता समूहों का गठन 1990 के दशक में आरंभ हुआ। ऐसे समूह नियमित रूप से अपनी आमदनी में बचत कर व्यक्तिगत राशि को सामूहिक विधि से जमा करने में योगदान के लिए परस्पर सहमत रहते हैं। इससे उधार देने में सहायता मिलती है।

स्वयं सहायता समूहों को वाणिज्यिक बैंकों से जोड़ने का कार्यक्रम नाबार्ड, सहकारी बैंकों तथा क्षेत्रीय ग्रामीण बैंकों द्वारा समय-समय पर चलाया जाता रहा है।

स्वयं सहायता समूहों द्वारा स्वरोजगार के लिए दी गई धनराशि का लेखा भी रखा जाता है, जिस पर ब्याज की रकम न्यूनतम होती है। ये समूह यह भी निश्चित करते हैं कि स्वरोजगार कार्यक्रम के लिए किसे ऋण दिया जाएगा।

**44 सार्वजनिक वितरण प्रणाली के संदर्भ में निम्नलिखित कथनों पर विचार कीजिए**

*(Chap 4, Class-IX, New NCERT)*

1. सरकार इसके माध्यम से समाज के गरीब वर्गों में खाद्यान्न का वितरण करती है।
2. इसके अंतर्गत खाद्यान्न बाजार कीमत से कम कीमत पर लोगों को बेचा जाता है।
3. इसके अंतर्गत कोई भी व्यक्ति निकटवर्ती राशन की दुकान से खाद्यान्न खरीद सकता है।

**उपर्युक्त कथनों में से कौन-सा/से कथन सही नहीं है/हैं?**

(a) केवल 1 (b) केवल 2 (c) केवल 3 (d) इनमें से कोई नहीं

**उत्तर (c)**

***व्याख्या*** सार्वजनिक वितरण प्रणाली के संदर्भ में दिए गए कथनों में से कथन (3) सही नहीं है, क्योंकि इसके अंतर्गत कोई भी व्यक्ति जिसे राशन कार्ड उपलब्ध करवाया गया है, वह निर्धारित आवंटित दुकान से राशन खरीद सकता है। इसके लिए यह आवश्यक नहीं है कि व्यक्ति निकटवर्ती दुकान से ही राशन खरीदे।

**45 राशन कार्ड के संबंध में निम्नलिखित युग्मों पर विचार कीजिए**

*(Chap 4, Class-IX, New NCERT)*

1. अंत्योदय कार्ड — निर्धनों में भी निर्धन
2. एपीएल कार्ड — निर्धनता रेखा से नीचे के लोग
3. बीपीएल कार्ड — अन्य लोग

**उपर्युक्त में से कौन-सा/से युग्म सही सुमेलित है/हैं?**

(a) 1 और 2 (b) 2 और 3 (c) केवल 1 (d) केवल 2

**उत्तर (c)**

***व्याख्या*** राशन कार्ड के संदर्भ में युग्म (1) सही सुमेलित है। अंत्योदय कार्ड समाज के अति निर्धन परिवारों को उपलब्ध करवाया गया है। इसके अंतर्गत समाज के सबसे अंतिम व्यक्ति तक सहायता पहुँचाई जाती है। अंत्योदय अन्न योजना दिसंबर, 2002 में शुरू की गई थी। इसके अंतर्गत अति निर्धन परिवारों को ₹ 2 प्रति किग्रा गेहूँ और ₹ 3 प्रति किग्रा चावल उपलब्ध करवाया जाता है। युग्म (2) और (3) सही सुमेलित नहीं हैं, क्योंकि एपीएल (Above Poverty Line-APL) का संपूर्ण रूप निर्धनता रेखा से ऊपर तथा बीपीएल (Below Poverty Line-BPL) का संपूर्ण रूप निर्धनता रेखा से नीचे होता है।

**46 राष्ट्रीय खाद्य सुरक्षा अधिनियम के संदर्भ में निम्नलिखित कथनों पर विचार कीजिए**

*(Chap 4, Class-IX, New NCERT)*

1. इसे खाद्य एवं पोषण संबंधी सुरक्षा सस्ती कीमतों पर उपलब्ध कराने हेतु वर्ष 2013 में अधिनियमित किया गया।
2. इस अधिनियम के अंतर्गत 75% ग्रामीण जनसंख्या एवं 50% शहरी जनसंख्या को योग्य परिवार में वर्गीकृत किया गया है।

**उपर्युक्त कथनों में से कौन-सा/से कथन सही है/हैं?**

(a) केवल 1 (b) केवल 2
(c) 1 और 2 (d) न तो 1 और न ही 2

**उत्तर (d)**

***व्याख्या*** राष्ट्रीय खाद्य सुरक्षा अधिनियम के संदर्भ में दिए गए दोनों कथन सही हैं।

भारतीय खाद्य सुरक्षा अधिनियम को खाद्य व पोषण संबंधी सुरक्षा सस्ती कीमतें पर उपलब्ध करवाने के लिए वर्ष 2013 में अधिनियमित किया गया था।

इस अधिनियम के अंतर्गत 75% ग्रामीण जनसंख्या एवं 50% शहरी जनसंख्या को योग्य परिवार में वर्गीकृत किया गया है। इसके अंतर्गत 5 किग्रा प्रति व्यक्ति अनाज (₹ 2 प्रति किग्रा गेहूँ व ₹ 3 प्रति किग्रा चावल) उपलब्ध करवाया जाता है।

**47** **नीचे दिए गए युग्मों में से गलत युग्म का चयन कीजिए**
*(Chap 4, Class-IX, New NCERT)*

| | सूची I | | सूची II |
|---|---|---|---|
| (a) | सार्वजनिक वितरण प्रणाली | – | 1992 |
| (b) | अन्नपूर्णा योजना | – | 2000 |
| (c) | काम के बदले अनाज कार्यक्रम | – | 1977 |
| (d) | लक्षित सार्वजनिक वितरण प्रणाली | – | 1999 |

*उत्तर (d)*
***व्याख्या*** दिए गए युग्मों में से युग्म (d) गलत है, क्योंकि लक्षित सार्वजनिक वितरण प्रणाली वर्ष 1997 में निर्धन एवं गैर-निर्धन परिवारों के लिए आरंभ की गई थी। इसके अंतर्गत 35 किग्रा खाद्यान्न उपलब्ध करवाया जाता है।

**48** **कथन (A) आर्थिक संवृद्धि और निर्धनता उन्मूलन के मध्य एक घनिष्ठ संबंध है।**
**कारण (R) विकास की उच्च दर ने निर्धनता को कम करने में महत्त्वपूर्ण भूमिका निभाई है।** *(Chap 3, Class-IX, New NCERT)*
**नीचे दिए गए कूट की सहायता से सही उत्तर चुनिए**
(a) A और R दोनों सही हैं तथा R, A का सही स्पष्टीकरण है
(b) A और R दोनों सही हैं, परंतु R, A का सही स्पष्टीकरण नहीं है
(c) A सही है, किंतु R गलत है
(d) A गलत है, किंतु R सही है

*उत्तर (a)*
***व्याख्या*** A और R दोनों सही हैं तथा R, A का सही स्पष्टीकरण है।
आर्थिक संवृद्धि और निर्धनता उन्मूलन के मध्य एक घनिष्ठ संबंध होता है, क्योंकि विकास की उच्च दर निर्धनता को कम करने में महत्त्वपूर्ण भूमिका निभाती है। आर्थिक संवृद्धि अवसरों को व्यापक बना देती है और मानव विकास में निवेश के लिए आवश्यक संसाधन उपलब्ध कराती है।

**49** **प्रधानमंत्री जन-धन योजना के संदर्भ में निम्नलिखित कथनों पर विचार कीजिए** *(Chap 4, Class-XI, New NCERT)*
1. इसे वर्ष 2014 में शुरू किया गया।
2. इसके अंतर्गत लोगों को बैंक खाता खोलने के लिए प्रोत्साहित किया जाता है।
3. इसका उद्देश्य बचत को बढ़ावा देने के साथ सरकारी योजनाओं के अंतर्गत मिलने वाले लाभों तथा आर्थिक सहायता को सीधे खाताधारियों को हस्तांतरित करना है।

**उपर्युक्त कथनों में से कौन-सा/से कथन सही है/हैं?**
(a) 1 और 2
(b) केवल 3
(c) 2 और 3
(d) ये सभी

*उत्तर (d)*
***व्याख्या*** प्रधानमंत्री जन-धन योजना के संदर्भ में दिए गए सभी कथन सही हैं। प्रधानमंत्री जन-धन योजना वर्ष 2014 में आरंभ की गई थी। इस योजना के अंतर्गत लोगों को बैंक खाता खोलने के लिए प्रोत्साहित किया जाता है।
इसका उद्देश्य बचत को बढ़ावा देने के साथ सरकारी योजनाओं के अंतर्गत मिलने वाले लाभों तथा आर्थिक सहायता को सीधे खाताधारियों को हस्तांतरित करना है। इस योजना के अंतर्गत प्रत्येक खाताधारी को ₹1 लाख का जीवन बीमा तथा ₹ 30,000 का जीवन बीमा रक्षा का अधिकार प्रदान किया गया है।

**50** **1991 के आर्थिक उदारीकरण के बाद की भारतीय अर्थव्यवस्था के सम्बन्ध में, निम्नलिखित कथनों पर विचार कीजिए**
*(Class-XI, Old NCERT)*
1. शहरी क्षेत्रों में श्रमिक की उत्पादकता (2004-05 की कीमतों पर प्रति श्रमिक ₹) में वृद्धि हुई जबकि ग्रामीण क्षेत्रों में इसमें कमी हुई।
2. कार्यबल में ग्रामीण क्षेत्रों की प्रतिशत हिस्सेदारी में सतत् वृद्धि हुई।
3. ग्रामीण क्षेत्रों में गैर-कृषि अर्थव्यवस्था में वृद्धि हुई।
4. ग्रामीण रोजगार की वृद्धि दर में कमी आई।

**उपरोक्त कथनों में से कौन -सा/से कथन सही है/हैं?**
(a) 1 और 2
(b) 3 और 4
(c) केवल 3
(d) 1, 2 और 4

*उत्तर (b)*
***व्याख्या*** 1991 के आर्थिक उदारीकरण के बाद की भारतीय अर्थव्यवस्था के सम्बन्ध में कथन (3) और (4) सही हैं। भारत में आर्थिक सुधार की नीति को वर्ष 1991 में अपनाया गया। इस नीति के अन्तर्गत उदारीकरण, निजीकरण और वैश्वीकरण पर बल दिया गया, जिसके पश्चात् अर्थव्यवस्था में अनेक परिवर्तन हुए, जिसमें ग्रामीण क्षेत्रों में गैर-कृषि अर्थव्यवस्था में वृद्धि हुई है और ग्रामीण रोजगार की वृद्धि सकारात्मक रही, किन्तु वर्ष 1991 के उदारीकरण के पश्चात् वृद्धि दर में कमी हुई।
कथन (1) और (2) सही नहीं हैं, क्योंकि उदारीकरण के पश्चात् शहरी और ग्रामीण दोनों क्षेत्रों में श्रमिकों की उत्पादकता में वृद्धि हुई, किन्तु शहरी क्षेत्रों में वृद्धि की दर ग्रामीण क्षेत्रों की तुलना में अधिक रही। इसी प्रकार कार्यबल में ग्रामीण क्षेत्रों की प्रतिशत हिस्सेदारी में पुरुषों की सतत वृद्धि हुई, किन्तु महिलाओं में कमी हुई।

# अध्याय 05

# ग्रामीण एवं नगरीय विकास (आधारभूत संरचना)

## ग्रामीण एवं नगरीय विकास (आधारभूत संरचना)

### ग्रामीण विकास

**अवधारणा**
- जीवन की गुणवत्ता और कल्याण में सुधार की प्रक्रिया
- समग्र समाज के कमजोर वर्गों की जीवन दशाओं में सुधार

**ग्रामीण विकास मंत्रालय**
- कृषि एवं खाद्य मंत्रालय के अंतर्गत स्थापित
- 20 जनवरी, 1980 को गठित
- भारत सरकार की एक शाखा

**ग्रामीण विकास के प्रमुख मुद्दे**
- **ग्रामीण साख**
  - अल्पकालीन ऋण -15 महीने से कम अवधि
  - मध्यकालीन ऋण - 15 महीने से 5 वर्ष
  - दीर्घकालीन ऋण - 5 वर्ष से अधिक

**ग्रामीण विकास योजनाएँ**
- **जल जीवन मिशन**
  - 15 अगस्त, 2019 को आरंभ
  - स्वच्छ और पर्याप्त पेयजल उपलब्ध कराएँ
- **सांसद आदर्श ग्राम योजना**
  - वर्ष 2014 में जय प्रकाश नारायण के जन्म दिवस (11 अक्टूबर) को आरंभ
  - योजना में सांसद को एक ग्राम पंचायत विकसित करने के लिए कहा गया

**प्रधानमंत्री आवास योजना**
- सभी को वर्ष 2022 तक आवास सुनिश्चित करने के लिए शुरू
- गरीबी रेखा के नीचे के ग्रामीणों की मदद करना

**दीनदयाल उपाध्याय ग्रामीण कौशल्य योजना**
- वर्ष 2011 में शुरू, एक प्रशिक्षु को बैंक क्रेडिट में सक्षम बनाना; वेतन के लिए रोजगार से जुड़ा कौशल विकास कार्यक्रम शामिल

### नगरीय विकास

**अवधारणा**
- शहरी क्षेत्र को समावेशी आर्थिक विकास के इंजन के रूप में मान्यता दी गई
- भारत की जनगणना
- न्यूनतम जनसंख्या 5000 व्यक्ति
- जनसंख्या का घनत्व कम-से-कम 400 व्यक्ति प्रति वर्ग मीटर
- वैधानिक नगर स्थानों में नगर पालिका निगम, छावनी बोर्ड या अधिसूचित नगर क्षेत्र समिति होती है।

**शहरी विकास की चुनौतियाँ**
- पर्यावरणीय चुनौतियाँ
- स्वास्थ्य समस्याएँ
- रोजगार के अवसरों का अभाव

**शहरी विकास योजनाएँ**
- **स्मार्ट सिटी मिशन**
  - वर्ष 2015 में शुरू
  - शहरों को प्रभावी बुनियादी ढाँचा प्रदान करना
  - 100 शहरों को स्मार्ट सिटी के रूप में विकसित करने के लिए चुना गया
- **कायाकल्प और शहरी परिवर्तन के लिए अटल मिशन (अमृत)**
  - जून 2015 में पुनः शुरू; सीवेज नेटवर्क बनाने के लिए बुनियादी ढाँचा स्थापित करना
  - भौतिक घटकों में कुछ स्मार्ट सुविधा शामिल 500 शहरों में सुविधा तैयार की गई
- **स्वच्छ भारत मिशन-शहरी**
  - 2 अक्टूबर, 2014 को शुरू
  - उद्देश्य शहरी भारत को मुक्त बनाना
  - खुले में शौच से मुक्ति दिलाना
  - भूमि का संसाधन के रूप में उपयोग करना

### स्वास्थ्य एवं शिक्षा संबंधी योजनाएँ

**स्वास्थ्य संबंधी योजनाएँ**
- **प्रधानमंत्री सुरक्षा बीमा योजना**
  - 9 मई, 2015 को आरंभ
  - **उद्देश्य** गरीबों को सस्ता बीमा योजना प्रदान करना
  - 2 लाख रुपये का जोखिम कवरेज प्रदान
- **आयुष्मान भारत योजना**
  - 23 सितंबर, 2018 को आरम्भ
  - 5 लाख रुपये तक का बीमा कवर प्रदान करना
  - योजना का लाभ उठाने के लिए परिवार के आकार और आयु की कोई सीमा नहीं
  - गरीब और कमजोर परिवारों की सुरक्षा करना
- **मिशन इंद्रधनुष**
  - 25 दिसंबर, 2014 को शुरू
  - **लक्ष्य** 89 लाख से अधिक का पूर्ण टीकाकरण
  - टीकाकरण के लिए 2 वर्ष से कम आयु के बच्चों और गर्भवती महिलाओं को लक्षित किया गया

**शिक्षा संबंधी योजनाएँ**
- समग्र शिक्षा अभियान
- राष्ट्रीय माध्यमिक शिक्षा अभियान
- सर्व शिक्षा अभियान
- मध्याह्न भोजन कार्यक्रम
- कस्तूरबा गाँधी बालिका शिक्षा योजना
- प्रधानमंत्री ग्रामीण डिजिटल साक्षरता अभियान

**SOURCE** New NCERT Class XI स्वतंत्रता की पूर्व संध्या पर भारतीय अर्थव्यवस्था, ग्रामीण विकास, आधारिक संरचना, Tamil Nadu Board Class XI ग्रामीण अर्थव्यवस्था, New NCERT Class IX भारत में खाद्य सुरक्षा

## ग्रामीण एवं नगरीय विकास

**1 निम्नलिखित कथनों पर विचार कीजिए** *(Class-XI, Old NCERT)*

1. ग्रामीण अर्थव्यवस्था मुख्यत: कृषि पर आधारित होती है।
2. ग्रामीण अर्थव्यवस्था में जनसंख्या घनत्व अत्यंत कम होता है।
3. ग्रामीण अर्थव्यवस्था में असमानता का निम्न स्तर पाया जाता है।

**उपर्युक्त कथनों में से कितने कथन सही हैं?**

(a) केवल एक (b) केवल दो
(c) सभी तीनों (d) इनमें से कोई नहीं

*उत्तर (b)*

***व्याख्या*** दिए गए कथनों में से केवल दो कथन (1 और 2) सही हैं।

ग्रामीण अर्थव्यवस्था मुख्यत: प्रकृति तथा कृषि गतिविधियों पर आधारित होती है। कृषि तथा सहायक गतिविधियाँ ग्रामीण क्षेत्र के लोगों का मुख्य व्यवसाय होता है।

ग्रामीण क्षेत्रों में जनसंख्या घनत्व निम्न होता है तथा घर समस्त गाँवों में दूर-दूर बिखरे होते हैं।

कथन (3) सही नहीं है, क्योंकि ग्रामीण अर्थव्यवस्था में असमानता (भेदभाव) का उच्च स्तर पाया जाता है। आय, धन तथा संपत्ति का विषमतामूलक वितरण होता है। भूमि तथा संपत्तियों पर कुछ लोगों का ही अधिकार होता है।

**2 राष्ट्रीय कृषि और ग्रामीण विकास बैंक (नाबार्ड) के संदर्भ में निम्नलिखित कथनों पर विचार कीजिए** *(Chap 6, Class-XI, New NCERT)*

1. इसकी स्थापना वर्ष 1982 में की गई।
2. यह संपूर्ण ग्रामीण वित्त व्यवस्था के समन्वय के लिए एक शीर्ष संस्थान है।

**उपर्युक्त कथनों में से कौन-सा/से कथन सही है/हैं?**

(a) केवल 1 (b) केवल 2
(c) 1 और 2 दोनों (d) न तो 1 और न ही 2

*उत्तर (c)*

***व्याख्या*** राष्ट्रीय कृषि और ग्रामीण विकास बैंक (नाबार्ड) के संदर्भ में दोनों कथन सही हैं। नाबार्ड की स्थापना वर्ष 1982 में शिवरामन समिति द्वारा पेश की गई रिपोर्ट के आधार पर की गई थी।

यह संपूर्ण ग्रामीण वित्त व्यवस्था के समन्वय के लिए एक शीर्ष संस्थान है। यह प्रत्यक्ष रूप से किसानों को ऋण उपलब्ध नहीं करवाता है, बल्कि यह ग्रामीण क्षेत्रीय वित्तीय संस्थान, भूमि विकास बैंकों तथा विकास बैंकों के माध्यम से ऋण प्रदान करता है।

**3 महिलाओं की ओर उन्मुख एक निर्धनता निवारक सामुदायिक कार्यक्रम 'कुटुंब श्री' (निर्धन महिलाओं का बैंक) चलाया जा रहा है। वर्ष 1995 में सरकारी बचत एवं साख सोसायटी के रूप में गरीब महिलाओं के लिए इस बचत बैंक की स्थापना की गई थी। इस बचत एवं साख सोसायटी ने अत्यधिक विकास किया है। यह योजना भारत के किस राज्य में संचालित है?** *(Chap 6, Class-XI, New NCERT)*

(a) पश्चिम बंगाल (b) केरल
(c) तमिलनाडु (d) आंध्र प्रदेश

*उत्तर (b)*

***व्याख्या*** केरल राज्य में महिलाओं की ओर उन्मुख एक निर्धनता निवारक सामुदायिक कार्यक्रम 'कुटुंब श्री' (निर्धन महिलाओं का बैंक) चलाया जा रहा है। वर्ष 1995 में सरकारी बचत एवं साख सोसायटी के रूप में गरीब महिलाओं के लिए इस बचत बैंक की स्थापना की गई थी।

संगठनात्मक रूप से यह वित्तीय संस्थान इतना बड़ा हो गया है कि संगठन बचत के आधार पर यह एशिया का विशालतम अनौपचारिक बैंक माना जाता है।

**4 निम्नलिखित में से किस प्रक्रिया को कृषि विपणन के अंतर्गत शामिल किया जाता है?** *(Chap 6, Class-XI, New NCERT)*

1. उत्पादित कृषि पदार्थों का संग्रह एवं भंडारण
2. उत्पादित कृषि पदार्थों का प्रसंस्करण
3. उत्पादित कृषि पदार्थों का परिवहन
4. उत्पादित कृषि पदार्थों का वर्गीकरण और वितरण

**कूट**

(a) 1 और 2
(b) 1, 2 और 4
(c) 1, 3 और 4
(d) उपर्युक्त सभी

*उत्तर (d)*

***व्याख्या*** कृषि विपणन वह प्रक्रिया है, जिससे देश में उत्पादित पदार्थों का संग्रह एवं भंडारण, प्रसंस्करण, उत्पादित कृषि पदार्थों का परिवहन के साथ ही कृषि पदार्थों का वर्गीकरण और वितरण इत्यादि को शामिल किया जाता है।

भारत में कृषि विपणन प्रणाली को मजबूत बनाने हेतु अनेक प्रयास किए गए हैं। भारत जैसे कृषि प्रधान देश में कृषि विपणन व्यवस्था अति प्रासंगिक मानी जाती है, जिससे किसानों को आर्थिक नुकसान का सामना न करना पड़े। कालाबाजारी रोकना, अवैध भंडारण को रोकना, न्यूनतम समर्थन मूल्य निर्धारित करना, कृषि विपणन व्यवस्था के अंतर्गत आते हैं।

**5 निम्नलिखित कथनों पर विचार कीजिए** *(Chap 6, Class-XI, New NCERT)*

1. सरकार की मध्यस्थता ने कृषि विपणन व्यवस्था को कई रूपों में प्रभावित किया है।
2. कृषि उत्पादों के लिए न्यूनतम समर्थन मूल्य निश्चित करने के साथ सुरक्षित भंडार के रख-रखाव को प्रभावी बनाया गया है।
3. सार्वजनिक वितरण प्रणाली द्वारा उचित मूल्य पर खाद्यान्नों का वितरण कर गरीबों की सहायता की गई है।

**उपर्युक्त कथनों में से कौन-सा/से कथन सही है/हैं?**

(a) 1 और 2 (b) 1 और 3 (c) 2 और 3 (d) 1, 2 और 3

*उत्तर (d)*

***व्याख्या*** दिए गए तीनों कथन सही हैं। सरकार ने अनेक कार्यक्रमों के साथ कृषि विपणन की प्रणाली को प्रभावी रूप दिया है। सरकार की मध्यस्थता ने कृषि विपणन व्यवस्था को कई रूपों में प्रभावित किया है। नीतिगत निर्णयों के साथ कृषि विपणन में सुधार करने के लिए न्यूनतम समर्थन मूल्य के माध्यम से अनाजों की खरीद की जाती है तथा इनके भंडार हेतु उचित प्रबंध किया जाता है। इन खाद्यान्नों का वितरण गरीबों को सार्वजनिक वितरण प्रणाली के माध्यम से किया जाता है।

**6 सांसद आदर्श ग्राम योजना (SAGY) के संदर्भ में निम्नलिखित कथनों पर विचार कीजिए** *(Chap 6, Class-XI, New NCERT)*

1. इस योजना के अंतर्गत भारत के सांसदों को एक गाँव की पहचान करने और विकसित करने का प्रावधान है।
2. इस योजना के अनुसार कोई सांसद स्वयं का अथवा पति/पत्नी के गाँव को गोद नहीं ले सकता।

**उपर्युक्त कथनों में से कौन-सा/से कथन सही है/हैं?**

(a) केवल 1
(b) केवल 2
(c) 1 और 2 दोनों
(d) न तो 1 और न ही 2

*उत्तर (c)*

***व्याख्या*** सांसद आदर्श ग्राम योजना (SAGY) के संदर्भ में दोनों कथन सही हैं। इस योजना के अंतर्गत भारत के सांसदों को एक गाँव की पहचान करने और विकसित करने का प्रावधान है।

इस योजना के अनुसार, कोई भी सांसद स्वयं का अथवा पति/पत्नी के गाँव को गोद नहीं ले सकता है। इस योजना को अक्टूबर, 2014 में प्रारंभ किया गया था। इस योजना के अनुसार, सांसद ऐसे गाँवों का चयन कर सकते हैं, जिसकी जनसंख्या 3000-5000 (मैदानी भागों में) एवं 1000-3000 (पहाड़ी क्षेत्रों में) हो।

## आधारिक संरचना

**7 राष्ट्रीय ग्रामीण स्वास्थ्य मिशन (NRHM) से संबंधित निम्नलिखित कथनों पर विचार कीजिए** *(Chap 10, Class-XI, Tamil Nadu Board)*

1. इसे वर्ष 2006 में प्रारंभ किया गया।
2. इसका उद्देश्य ग्रामीण जनसंख्या, विशेष रूप से संवेदनशील वर्ग को सार्वभौमिक, वहनीय तथा गुणवत्तापूर्ण स्वास्थ्य देखभाल उपलब्ध कराना था।

**उपर्युक्त में से कौन-सा/से कथन सही नहीं है/हैं?**

(a) केवल 1
(b) केवल 2
(c) 1 और 2 दोनों
(d) न तो 1 और न ही 2

***उत्तर (a)***

***व्याख्या*** राष्ट्रीय ग्रामीण स्वास्थ्य मिशन (NRHM) से संबंधित कथन (1) सही नहीं है, क्योंकि राष्ट्रीय ग्रामीण स्वास्थ्य मिशन को 12 अप्रैल, 2005 को प्रारंभ किया गया था। राष्ट्रीय ग्रामीण स्वास्थ्य मिशन (NHRM) मुख्यत: प्रजनन, मातृत्व, नवजात, बच्चों तथा किशोर स्वास्थ्य सेवाओं (RMNCH+A) पर केंद्रित है।

**8 सूची I को सूची II से सुमेलित कीजिए** *(Chap 10, Class-XI, Tamil Nadu Board)*

| सूची I (योजना) | सूची II (प्रारंभ वर्ष) |
|---|---|
| A. 20-सूत्री कायक्रम | 1. 2005 |
| B. जवाहर रोजगार योजना | 2. 1975 |
| C. भारत निर्माण योजना | 3. 2011 |
| D. राष्ट्रीय ग्रामीण आजीविका मिशन | 4. 1989 |

**कूट**

| | A | B | C | D |
|---|---|---|---|---|
| (a) | 2 | 4 | 3 | 1 |
| (b) | 1 | 3 | 4 | 2 |
| (c) | 3 | 2 | 1 | 4 |
| (d) | 2 | 4 | 1 | 3 |

***उत्तर (d)***

***व्याख्या*** सही सुमेलन A-2, B-4, C-1, D-3 है।

20-सूत्री कार्यक्रम को वर्ष 1975 में प्रारंभ किया गया था। इस कार्यक्रम का मूल उद्देश्य गरीबी उन्मूलन और विशेष रूप से देश के गरीबों और वंचित जनसंख्या के जीवन की गुणवत्ता में सुधार करना है। इसे वर्ष 1982, 1986 तथा 2006 में पुनर्गठित किया गया।

जवाहर रोजगार योजना 1 अप्रैल, 1989 को, केंद्र सरकार ने राष्ट्रीय ग्रामीण रोजगार कार्यक्रम और ग्रामीण भूमिहीन रोजगार कार्यक्रम को एक साथ मिलाकर शुरू किया। इसका मुख्य उद्देश्य देश के ग्रामीण तथा पिछड़े क्षेत्रों के लोगों को रोजगार उपलब्ध कराना था।

भारत निर्माण योजना को ग्रामीण आधारिक संरचना के विकास के लिए वर्ष 2005 में शुरू किया गया था। इसके केंद्र में पेयजल, सड़कें, सिंचाई, टेलीफोन कनेक्टिविटी, बिजली तथा आवास थे।

राष्ट्रीय ग्रामीण आजीविका मिशन को जून, 2011 में ग्रामीण विकास मंत्रालय द्वारा शुरू किया गया। यह भारत सरकार का फ्लैगशिप गरीबी उन्मूलन कार्यक्रम है। इसके नाम को परिवर्तित करके वर्तमान में दीनदयाल अंत्योदय योजना-राष्ट्रीय ग्रामीण आजीविका मिशन कर दिया गया है।

**9 नीचे दो कथन दिए गए हैं** *(Chap 4, Class-IX, New NCERT)* *(HPSC Pre 2023)*

**कथन I** भारत का राष्ट्रीय खाद्य सुरक्षा मिशन (NFSM) अक्टूबर, 2009 में शुरू किया गया था।

**कथन II** ग्यारहवीं योजना (2011-12) के अन्त तक चावल के वार्षिक उत्पादन में 10 मिलियन टन तक की, गेहूँ में 8 मिलियन टन तक की और दालों में 4 मिलियन टन तक की वृद्धि करने के उद्देश्य से मिशन को शुरू किया गया था।

**नीचे दिए गए कूट से सही उत्तर का चयन कीजिए**

(a) कथन I और II दोनों सही हैं
(b) कथन I और II दोनों गलत हैं
(c) कथन I सही है, किंतु कथन II गलत है
(d) कथन I गलत है, किंतु कथन II सही है

***उत्तर (b)***

***व्याख्या*** कथन I और II दोनों गलत हैं।

भारत का राष्ट्रीय खाद्य सुरक्षा मिशन (NFSM) अक्टूबर, 2007 में शुरू किया गया था। 11वीं योजना के अंत तक चावल के वार्षिक उत्पादन में 10 मिलियन टन, गेहूँ में 8 मिलियन टन और दलहन में 2 मिलियन टन तक (न कि 4 मिलियन टन तक) की वृद्धि करने के उद्देश्य से इस मिशन को शुरू किया गया था। कालान्तर में इस योजना को अधिक प्रभावी बनाने हेतु विस्तारपूर्वक लागू किया गया है।

**10 औपनिवेशिक शासनकाल में भारत में हुए आधारिक संरचना के विकास के संदर्भ में निम्नलिखित में से कौन-सा कथन सही नहीं है?** *(Chap 1, Class-XI, New NCERT)*

(a) औपनिवेशिक शासनकाल के अंतर्गत भारत में रेलों, पत्तनों, जल परिवहन व डाक-तार का विकास हुआ
(b) इसका ध्येय जनसामान्य को अधिक सुविधाएँ प्रदान करना था
(c) रेल के विकास से भारतीय कृषि के व्यावसायीकरण को बढ़ावा मिला
(d) सड़कों तथा रेलों के विकास के साथ-साथ औपनिवेशिक व्यवस्था ने आंतरिक व्यापार तथा समुद्री जलमार्गों के विकास पर भी ध्यान दिया

***उत्तर (b)***

***व्याख्या*** औपनिवेशिक शासनकाल में भारत में हुए आधारिक संरचना के विकास के संदर्भ में कथन (b) सही नहीं है, क्योंकि औपनिवेशिक काल में आधारिक संरचना को विकसित करने का एकमात्र उद्देश्य जनसामान्य को अधिक सुविधाएँ प्रदान करना नहीं, बल्कि कच्चे माल की ढुलाई करना तथा उसे बंदरगाहों तक पहुँचाना था, ताकि कच्चे माल का आसानी से निर्यात किया जा सके।

ब्रिटिश अधिकारियों ने अपनी इन गतिविधियों के माध्यम से न केवल कच्चे माल को बाहर भेजा, बल्कि भारतीयों का आर्थिक शोषण भी किया।

**11 निम्नलिखित कथनों पर विचार कीजिए** *(Chap 8, Class-XI, New NCERT)*

1. भारत का आधारिक संरचना पर निवेश सकल घरेलू उत्पाद की दृष्टि से चीन व इंडोनेशिया से कम है।
2. अल्प आय वाले देशों के लिए सिंचाई, परिवहन और बिजली जैसी बुनियादी आधारिक संरचना सेवाएँ अधिक महत्त्वपूर्ण हैं।
3. उच्च आय वाले देशों में बिजली और दूरसंचार की आधारिक संरचना का हिस्सा अधिक होता है।

उपर्युक्त कथनों में से कितने कथन सही हैं?

(a) केवल एक
(b) केवल दो
(c) सभी तीनों
(d) उपर्युक्त में से कोई नहीं

**उत्तर** *(c)*

***व्याख्या*** दिए गए कथनों में से केवल तीन कथन (1, 2 और 3) सही हैं। भारत का आधारिक संरचना पर निवेश सकल घरेलू उत्पाद का 30% है, जबकि चीन व इंडोनेशिया में निवेश का योगदान क्रमश: 34% एवं 44% है। किसी भी देश में आय में वृद्धि के साथ-साथ आधारिक संरचना के गठन में महत्त्वपूर्ण परिवर्तन आते हैं।

अल्प आय वाले देशों के लिए सिंचाई, परिवहन और बिजली जैसी बुनियादी आधारिक संरचना सेवाएँ अधिक महत्त्वपूर्ण हैं।

सेवा क्षेत्र से संबंधित संरचनाओं की मजबूती, उच्च आय वाले देशों में बिजली व दूरसंचार की आधारिक संरचना का विकास और आर्थिक विकास साथ-साथ होते हैं। इसलिए इनकी आधारिक संरचना का हिस्सा अधिक होता है।

**12 निम्न कथनों पर विचार कीजिए** *(Chap 8, Class-XI, New NCERT)*

1. आधारिक संरचना को दो श्रेणियों-सामाजिक तथा आर्थिक श्रेणी में विभाजित किया जाता है।
2. ऊर्जा, परिवहन तथा संचार आर्थिक श्रेणी में आते हैं।
3. शिक्षा, स्वास्थ्य तथा आवास सामाजिक आधारिक संरचना की श्रेणी में आते हैं।

**उपर्युक्त कथनों में से कौन-सा/से कथन सही है/हैं?**

(a) 1, 2 और 3
(b) 2 और 3
(c) 1 और 2
(d) केवल 1

**उत्तर** *(a)*

***व्याख्या*** दिए गए तीनों कथन सही हैं। आधारिक संरचना को विशेषज्ञों ने दो श्रेणियों में विभाजित किया है—सामाजिक और आर्थिक।

शिक्षा, स्वास्थ्य तथा आवास सामाजिक आधारिक संरचना की श्रेणी में आते हैं, जबकि ऊर्जा, परिवहन तथा संचार आर्थिक श्रेणी में शामिल हैं।

सामाजिक आधारिक संरचनाओं का आर्थिक संक्रियाओं से सीधा संबंध नहीं होता है, जबकि आर्थिक आधारिक संरचनाएँ प्रत्यक्ष रूप से आर्थिक संक्रियाओं से जुड़ी हैं।

**13 ऊर्जा बचत के संदर्भ में निम्नलिखित कथनों पर विचार कीजिए** *(Chap 8, Class-XI, New NCERT)*

1. कॉम्पेक्ट फ्लोरोसेंट लैंप (सीएफएल) सामान्य बल्बों की अपेक्षा 80% कम बिजली की खपत करते हैं।
2. एलईडी बल्ब ताप्तदीप्त बल्बों की केवल 10% तथा सीएफएल बल्बों से आधी ऊर्जा का प्रयोग करता है।

**उपर्युक्त कथनों में से कौन-सा/से कथन सही है/हैं?**

(a) केवल 1
(b) केवल 2
(c) 1 और 2 दोनों
(d) न तो 1 और न ही 2

**उत्तर** *(c)*

***व्याख्या*** ऊर्जा बचत के संदर्भ में दिए गए दोनों कथन सही हैं।

**कॉम्पेक्ट फ्लोरोसेंट लैंप** (सीएफएल) सामान्य बल्बों की अपेक्षा 80% कम बिजली की खपत करते हैं। भारत सरकार द्वारा ऊर्जा बचत को बढ़ावा देने के लिए वर्ष 2015 में 'उजाला योजना' की शुरुआत की गई। इसके अंतर्गत कम कीमत पर एलईडी बल्ब का वितरण किया जाता है।

एलईडी बल्ब ताप्तदीप्त बल्बों की केवल 10% तथा सीएफएल बल्बों से आधी ऊर्जा का प्रयोग करता है। इसलिए वर्तमान देश में एलईडी लैंपों के प्रयोग को ऊर्जा बचत के लिए प्रोत्साहित किया जा रहा है।

**14 स्वास्थ्य आधारिक संरचना के संबंध में निम्नलिखित में से कौन-सा कथन सही है?** *(Chap 8, Class-XI, New NCERT)*

(a) सरकार पर यह संवैधानिक जिम्मेदारी है कि वह स्वास्थ्य, शिक्षा, भोजन में मिलावट, चिकित्सा व्यवसाय व मानसिक अक्षमता जैसे मुद्दों को निदेशित व विनियमित करे
(b) केंद्र सरकार केंद्रीय स्वास्थ्य एवं परिवार कल्याण परिषद् की सहायता से विस्तृत नीतियाँ एवं योजनाएँ विकसित करती है
(c) भारत की स्वास्थ्य आधारिक संरचना और स्वास्थ्य सुविधाओं की दो स्तरीय व्यवस्था है
(d) 'a' और 'b' दोनों

**उत्तर** *(d)*

***व्याख्या*** स्वास्थ्य आधारिक संरचना के संबंध में कथन (a) और (b) सही हैं। सरकार पर यह संवैधानिक जिम्मेदारी है कि वह स्वास्थ्य, शिक्षा, भोजन में मिलावट, चिकित्सा व्यवसाय, मानसिक अक्षमता जैसे मुद्दों को निदेशित व विनियमित करें। केंद्र सरकार केंद्रीय स्वास्थ्य एवं परिवार कल्याण परिषद् की सहायता से विस्तृत नीतियाँ एवं योजनाएँ विकसित करती है।

कथन (c) सही नहीं है, क्योंकि भारत की स्वास्थ्य आधारिक संरचना और स्वास्थ्य सुविधाओं की तीन स्तरीय (प्राथमिक, द्वितीयक और तृतीयक) व्यवस्था है, न कि दो स्तरीय।

**15 चिकित्सा पर्यटन से जुड़े कथनों पर विचार कीजिए** *(Chap 8, Class-XI, New NCERT)*

1. भारत ने चिकित्सा पर्यटन के क्षेत्र में महत्त्वपूर्ण प्रगति की है।
2. स्वास्थ्य सेवा क्षेत्र में आधुनिक चिकित्सा प्रौद्योगिकी के कारण विदेशी नागरिकों का आकर्षण भारत की ओर बढ़ा है।

**उपर्युक्त कथनों में से कौन-सा/से कथन सही है/हैं?**

(a) केवल 1
(b) केवल 2
(c) 1 और 2 दोनों
(d) न तो 1 और न ही 2

**उत्तर** *(c)*

***व्याख्या*** चिकित्सा पर्यटन के संबंध में दोनों कथन सही हैं। चिकित्सा पर्यटन के क्षेत्र में भारत ने महत्त्वपूर्ण अभिवृद्धि की है। चिकित्सा के लिए भारत में आने वाले लोगों की संख्या प्रतिवर्ष 15% की दर से बढ़ रही है।

विदेशियों का भारत में चिकित्सा पाने की इच्छा का कारण भारत में उत्कृष्ट चिकित्सा सेवा का बहुत कम दरों पर उपलब्ध होना है। भारत ने स्वास्थ्य सेवाओं में आधुनिकतम चिकित्सा प्रौद्योगिकी का प्रयोग करने में विशेषज्ञता प्राप्त की है।

# अध्याय 06

# कृषि

## कृषि

### परिचय, महत्त्व एवं खाद्य सुरक्षा

**प्राथमिक क्षेत्र**
- भारतीय अर्थव्यवस्था में अहम भूमिका
- कुल जीडीपी में 19.9% का योगदान

**भारतीय कृषि में सुधार**
- वर्ष 1951 में बदलाव लाने की पहली कोशिश
- इस समस्या के समाधान के लिए भूमि सुधार और हरित क्रांति की नीतियाँ बनाई गईं

**भारतीय अर्थव्यवस्था में कृषि का महत्त्व**
- ग्रामीण क्षेत्र में आजीविका का स्रोत
- राष्ट्रीय आय में कृषि का योगदान
- सरकारी राजस्व में कृषि का योगदान
- उद्योगों में कृषि का योगदान
- विदेशी व्यापार में कृषि का योगदान

**कृषि संबंधी आगत**
- तकनीकी जानकारी
- श्रम
- पशुधन
- कृषि उपकरण
- सिंचाई
- बीज
- उर्वरक एवं कीटनाशी
- भंडारण

**खाद्य सुरक्षा**
- सभी लोगों को हर समय अपनी खाद्य प्राथमिकताओं को पूरा करने के लिए पर्याप्त सुरक्षित और पौष्टिक भोजन मिलता है
- **तत्त्व** भोजन की उपलब्धता, भोजन की पहुँच, भोजन की सामर्थ्य
- **योजनाएँ** राष्ट्रीय खाद्य सुरक्षा मिशन (2007), सार्वजनिक वितरण प्रणाली, राष्ट्रीय खाद्य सुरक्षा अधिनियम, 2013

### कृषि विपणन और जैविक खेती

**कृषि विपणन**
- विभिन्न विपणन विधियाँ
- ग्रामीण प्राथमिक पद्धति
- सहकारी विपणन
- अनुबंध खेती
- वस्तु बाजार
- भविष्य का बाजार

**कृषि विपणन नीतियाँ**
- विभिन्न प्रायोजनों के लिए, कृषि उपज बाजार समिति अधिनियम कृषि के क्षेत्र में सरकार के प्रयास
- इलेक्ट्रॉनिक राष्ट्रीय कृषि बाजार एक ऑनलाइन ट्रेडिंग प्लेटफॉर्म है।

**जैविक खेती**
- फॉर्म डिजाइन और प्रबंधन की प्रणाली कृषि में पारिस्थितिकी तंत्र बनाती है।
- जैविक खेती के संबंध में भारतीय परिदृश्य
- पहला पूर्ण जैविक कृषि राज्य सिक्किम
- जैविक उत्पाद- अलसी का बीज, सोयाबीन, चाय आदि
- जैविक खेती के क्षेत्र में सरकार की सक्रियता
- उत्तर-पूर्व क्षेत्र के लिए मिशन जैविक मूल्य शृंखला विकास

**जैविक खेती से संबंधित समिति**
- किसान रेल
- कृषि उपज मंडी समिति
- कृषि विपणन सूचना नेटवर्क
- द्रव्य मुद्रा केंद्र
- मृदा स्वास्थ्य कार्ड योजना
- कृषि निर्यात नीति, 2018
- प्रधानमंत्री कृषि सिंचाई योजना
- किसान ऊर्जा सुरक्षा एवं उत्थान महाअभियान
- मेघदूत ऐप

### न्यूनतम समर्थन मूल्य और कृषि संबद्ध क्षेत्र

**न्यूनतम समर्थन मूल्य** (एमएसपी)
- वह दर जिस पर सरकार किसान से फसल खरीदती है।
- एमएसपी के लिए सरकार के कदम
- प्रधानमंत्री अन्नदाता आय संरक्षण अभियान
- प्रधानमंत्री किसान सम्मान निधि

**न्यूनतम समर्थन मूल्य**

भारत सरकार द्वारा न्यूनतम समर्थन मूल्य (MSP-Minimum Support Price) कृषि उपजों के मूल्यों में तीव्र गिरावट के विरुद्ध सुरक्षित उपाय के रूप में कृषि उत्पादकों को प्रदान किया जाता है। इसका मुख्य उद्देश्य किसानों को विवश होकर सस्ती कीमतों पर फसल बिक्री से बचाना है।

**कृषि संबद्ध क्षेत्र**
- पशुधन/पशुपालन
- मत्स्य पालन क्षेत्र
- बागवानी
- फूलों की खेती

**कृषि संबद्ध अनुभाग से संबंधित सरकारी कदम**
- बागवानी क्लस्टर विकास कार्यक्रम
- किसान सारथी
- प्रधानमंत्री मत्स्य संपदा योजना
- कृषि अवसंरचना निधि
- बायोटेक किसान कार्यक्रम
- सुगंध मिशन और पुष्पकृषि मिशन
- राष्ट्रीय जीन बैंक
- कृषि संस्थान
- कृषि परिषद् के लिए भारतीय अनुसंधान
- खाद्य एवं कृषि संगठन
- लोगों की कार्रवाई और ग्रामीण तकनीकी के लिए परिषद्
- राष्ट्रीय सहकारी विकास निगम

**SOURCE** New NCERT Class IX पालमपुर गाँव की कहानी, भारत में खाद्य सुरक्षा, Old NCERT Class IX & X, आर्थिक विकास की ओर, New NCERT Class XI स्वतंत्रता की पूर्व संध्या पर भारतीय अर्थव्यवस्था, भारतीय अर्थव्यवस्था (1950-90), ग्रामीण विकास, Tamil Nadu Board Class-XI, स्वतंत्रता के पहले और बाद की भारतीय अर्थव्यवस्था, भारत में विकास/अनुभव

# भारतीय अर्थव्यवस्था में कृषि

**1** **कृषि के संदर्भ में निम्नलिखित में कौन-सा कथन सही है?**

*(Chap 1, Class-XI, New NCERT)*

(a) ब्रिटिश औपनिवेशिक शासन के अंतर्गत भारत मूलत: एक कृषि अर्थव्यवस्था थी

(b) औपनिवेशिक शासन के दौरान भारतीय किसानों को खाद्यान्न की खेती के स्थान पर नकदी फसलों का उत्पादन करना पड़ता था, जिनका प्रयोग इंग्लैंड के कारखानों में किया जाता था

(c) औपनिवेशिक शासन के दौरान कृषि क्षेत्र की गतिहीनता का मुख्य कारण भू-व्यवस्था प्रणाली को माना जाता है

(d) उपर्युक्त सभी

*उत्तर (d)*

***व्याख्या*** कृषि के संदर्भ में दिए गए सभी कथन सही हैं।

ब्रिटिश औपनिवेशिक शासन के अंतर्गत भारत मूलत: एक कृषि प्रधान अर्थव्यवस्था वाला देश था।

औपनिवेशिक शासन के दौरान भारतीय किसानों को खाद्यान्न की खेती के स्थान पर नकदी फसलों का उत्पादन करना पड़ता था, जिनका प्रयोग इंग्लैंड के कारखानों में किया जाता था।

इसके अतिरिक्त औपनिवेशिक शासन के दौरान कृषि क्षेत्र की गतिहीनता का मुख्य कारण भू-व्यवस्था प्रणाली को माना जाता है। इस व्यवस्था से भारतीय किसानों विशेषकर सीमांत किसानों की आर्थिक स्थिति अत्यंत दयनीय हो गई। भारत में खाद्यान्न संकट की स्थिति गंभीर होने लगी। इससे भुखमरी की समस्या उत्पन्न हो गई।

**2** **निम्नलिखित कथनों पर विचार कीजिए**

*(Chap 2, Class-XI, New NCERT)*

1. भारत में कृषि क्षेत्र का योगदान 'सकल घरेलू उत्पाद' में लगातार बढ़ा है।
2. कृषि पर लोगों की निर्भरता घट रही है तथा गैर-कृषि क्षेत्र की ओर रूझान बढ़ा है।

**उपर्युक्त कथनों में से कौन-सा/से कथन सही नहीं है/हैं?**

(a) केवल 1

(b) केवल 2

(c) 1 और 2 दोनों

(d) न तो 1 और न ही 2

*उत्तर (a)*

***व्याख्या*** दिए गए कथनों में से कथन (1) सही नहीं है, क्योंकि भारत में कृषि क्षेत्र का योगदान 'सकल घरेलू उत्पाद' (GDP) में लगातार घटा है। वर्ष 1950-51 में यह 54% था, जबकि वर्ष 2019-20 में यह अनुपात 18% रह गया।

**3** **भारतीय कृषि के तुलनात्मक रूप से पिछड़ी हुई अवस्था के कारण नहीं हैं**

*(Chap 4, Class-IX & X, Old NCERT)*

1. ग्रामीण क्षेत्र की सामान्य गरीबी
2. भू-धारण की अन्यायपूर्ण प्रणाली
3. उत्पादन के नए तरीकों का प्रचलन

**कूट**

(a) केवल 1 (b) केवल 2

(c) केवल 3 (d) 2 और 3

*उत्तर (c)*

***व्याख्या*** भारतीय कृषि के तुलनात्मक रूप से पिछड़ी हुई अवस्था के मुख्य कारणों में उत्पादन के नए तरीकों का प्रचलन शामिल नहीं है।

भारतीय कृषि तुलनात्मक रूप से पिछड़ी हुई है, इसके अनेक कारण हैं; जैसे—ग्रामीण क्षेत्र की सामान्य गरीबी, भू-धारण की अन्यायपूर्ण प्रणाली जो किसानों को एक काफी बड़ी संख्या में उनकी खेती की जमीन के स्वामित्व अथवा निर्णय लेने के अधिकारों से वंचित कर देती है। भारत में आज भी उत्पादन के पुराने तरीके जो देश के अनेक भागों में प्रचलित हैं, उपयोग किए जाते हैं।

**4** **निम्नलिखित कथनों पर विचार कीजिए**

*(Chap 10, Class-XI, New NCERT) (IAS Pre 2023)*

1. चीन की तुलना में भारत के पास अधिक कृषि योग्य क्षेत्र हैं।
2. चीन की तुलना में भारत में सिंचित क्षेत्र का अनुपात अधिक है।
3. चीन की तुलना में भारत की कृषि में प्रति हेक्टेयर औसत उत्पादकता अधिक है।

**उपर्युक्त कथनों में से कितने कथन सही है/हैं?**

(a) केवल एक (b) केवल दो

(c) सभी तीनों (d) इनमें से कोई नहीं

*उत्तर (b)*

***व्याख्या*** दिए गए कथनों में से केवल दो कथन (1 और 2) सही हैं।

चीन की तुलना में भारत के पास अधिक कृषि योग्य क्षेत्र हैं। कृषि योग्य क्षेत्र के मामले में भारत (15.97 करोड़ हेक्टेयर) विश्व में अमेरिका (17.44 करोड़ हेक्टेयर) के बाद दूसरे स्थान पर है, जबकि चीन में कृषि योग्य क्षेत्र 10.3 करोड़ हेक्टेयर है।

यद्यपि भौगोलिक क्षेत्रफल की दृष्टि से चीन, भारत से लगभग तीन गुना है, किंतु यहाँ पर कृषि योग्य भूमि भारत की तुलना में कम पाई जाती है। चीन की तुलना में भारत में सिंचित क्षेत्र का अनुपात अधिक है। सिंचित क्षेत्र का अनुपात भारत में लगभग 48% और चीन में 40-41% है।

कथन (3) सही नहीं है, क्योंकि चीन की तुलना में भारत की कृषि में प्रति हेक्टेयर औसत उत्पादकता कम है।

**5** **निम्नलिखित में से कौन-सा भारत में भूमि सुधार का हिस्सा नहीं है?**

*(Chap 4, Class-IX & X, Old NCERT)*

(a) मध्यस्थों की समाप्ति

(b) भू-जोत की अधिकतम सीमा का निर्धारण

(c) काश्तकारी सुधार

(d) बहुफसली योजना

*उत्तर (d)*

***व्याख्या*** बहुफसली योजना को भारत में भूमि सुधार का हिस्सा नहीं माना जाता है। मध्यस्थों की समाप्ति, भू-जोत की अधिकतम सीमा का निर्धारण एवं काश्तकारी सुधार को भूमि सुधार का हिस्सा माना जाता है। मध्यस्थों की समाप्ति का तात्पर्य भूमि पर प्रत्यक्ष रूप से किसानों के अधिकारों से संबंधित है। जमींदारी व्यवस्था इसी के परिणामस्वरूप उत्पन्न हुई। जमीन पर इन्हीं का आधिपत्य होता था।

मध्यस्थों की समाप्ति के साथ ही भू-जोत की अधिकतम सीमा निर्धारित करके भी भूमि सुधार किया जा सकता है।

इस व्यवस्था के माध्यम से न केवल मध्यस्थता की समाप्ति होगी, बल्कि सभी भूमिहीन किसानों को भूमि आवंटित की जा सकती है।

काश्तकारी सुधार के द्वारा भी किसानों की दयनीय स्थिति में परिवर्तन लाया जा सकता है, परंतु इसके लिए भूमि सुधार अधिनियमों को सख्ती से लागू करना अनिवार्य है। किसानों की आर्थिक स्थिति में सुधार लाकर ही काश्तकारों के जीवन में बदलाव लाया जा सकता है।

**6 भू-सुधार के संदर्भ में निम्नलिखित कथनों पर विचार कीजिए**
*(Chap 2, Class-XI, New NCERT)*

1. स्वतंत्रता प्राप्ति के समय देश की भू-धारण पद्धति में जमींदार-जागीरदार आदि का वर्चस्व था।
2. भू-सुधार कृषि में समानता लाने के लिए किया गया।
3. भू-सुधार का मुख्य उद्देश्य जोतों के स्वामित्व में परिवर्तन करना था।

**उपर्युक्त कथनों में से कितने कथन सही है/हैं?**

(a) केवल एक (b) केवल दो
(c) सभी तीनों (d) इनमे से कोई नहीं

**उत्तर** *(c)*

**व्याख्या** भू-सुधार के संदर्भ में दिए गए सभी कथन सही हैं।
स्वतंत्रता प्राप्ति के समय देश की भू-धारण पद्धति में जमींदार-जागीरदार आदि का वर्चस्व था। ये खेतों में बिना कुछ सुधार किए मात्र लगान की वसूली किया करते थे। भारतीय कृषि क्षेत्रक की निम्न उत्पादकता के कारण भारत को संयुक्त राज्य अमेरिका से अनाज आयात करना पड़ता था।
कृषि में समानता लाने के लिए भू-सुधारों की आवश्यकता हुई, जिसका मुख्य उद्देश्य जोतों के स्वामित्व में परिवर्तन करना था। स्वतंत्रता के एक वर्ष बाद ही देश में बिचौलियों के उन्मूलन तथा वास्तविक कृषकों को ही भूमि का स्वामी बनाने जैसे कदम उठाए गए। इसका उद्देश्य भूमि का स्वामित्व किसानों को सौंपने से संबंधित था।

**7 भारत में काश्तकारी सुधार के संबंध में कौन-सा/से कथन सही है/हैं?**
*(Chap 4, Class-IX & X, Old NCERT)*

1. काश्तकारों को सुरक्षा प्रदान करने के लिए।
2. लगान के नियमन के लिए।
3. जमीन के स्वामित्व के अधिकार देने के लिए।
4. सिंचाई सुविधा का अल्प विकास।

**कूट**

(a) 1, 2 और 3 (b) 2, 3 और 4 (c) 1 और 4 (d) 2 और 4

**उत्तर** *(a)*

**व्याख्या** भारत में काश्तकारी सुधार के संबंध में कथन (1), (2) और (3) सही हैं। भारत में काश्तकारी सुधार करने का मुख्य उद्देश्य काश्तकारों को विशेष सुरक्षा प्रदान करना था, जिससे काश्तकारों को आर्थिक एवं सामाजिक सुरक्षा प्रदान की जा सके। इसके लिए लगान का नियमन किया गया, ताकि काश्तकारों से बलपूर्वक तथा मनमाने ढंग से लगान की वसूली न की जा सके।
जमीन के स्वामित्व के अधिकार के अंतर्गत काश्तकारों को जमीन का मालिकाना हक प्रदान किया जाता है, जिससे काश्तकार किसी के प्रभाव में बलपूर्वक कार्य करने के लिए विवश न हो।

**8 निम्न कथन (A) व कारण (R) को पढ़िए और नीचे दिए गए कूट की सहायता से सही उत्तर का चयन कीजिए**
*(Chap 2, Class-XI, New NCERT)*

**कथन** (A) भूमि की अधिकतम सीमा निर्धारण नीति का उद्देश्य कुछ लोगों में भू-स्वामित्व के संकेंद्रण को कम करना था।

**कारण** (R) इससे कृषि उत्पादन में वृद्धि हुई, किंतु बिचौलियों का उन्मूलन कर समानता के लक्ष्य की पूर्ण प्राप्ति नहीं हो पाई।

**कूट**

(a) A और R दोनों सही हैं तथा R, A का सही स्पष्टीकरण है
(b) A और R दोनों सही हैं, परंतु R, A का सही स्पष्टीकरण नहीं है
(c) A सही है, किंतु R गलत है
(d) A गलत है, किंतु R सही है

**उत्तर** *(b)*

**व्याख्या** A और R दोनों सही हैं, परंतु R, A का सही स्पष्टीकरण नहीं है। भू-सुधार के अंतर्गत भूमि की अधिकतम सीमा निर्धारण नीति का उद्देश्य कुछ लोगों में भू-स्वामित्व के संकेंद्रण को कम करना या पूरी तरह से समाप्त करना था। इससे कृषि उत्पादन में वृद्धि हुई, किंतु बिचौलियों का उन्मूलन कर समानता के लक्ष्य की पूर्ण प्राप्ति नहीं हो पाई। कानून की कमियों का लाभ उठाकर पूर्ववर्ती जमींदारों ने कुछ क्षेत्रों में बहुत बड़े-बड़े भूखंडों पर अपना स्वामित्व बनाए रखा। काश्तकारों को भूमि से बेदखल कर दिया गया और भूमि पर बलपूर्वक स्वामित्व स्थापित कर लिया गया।

**9 निम्नलिखित में से भारत के किन प्रांतों में भू-सुधार कार्यक्रम को विशेष सफलता मिली?**
*(Chap 2, Class-XI, New NCERT)*

(a) मध्य प्रदेश, पंजाब, महाराष्ट्र (b) केरल और पश्चिम बंगाल
(c) गुजरात और उत्तर प्रदेश (d) राजस्थान और हरियाणा

**उत्तर** *(b)*

**व्याख्या** केरल एवं पश्चिम बंगाल भारत के दो ऐसे प्रांत हैं, जहाँ भूमि सुधार कार्यक्रम को अधिक सफलता मिली। केरल एवं पश्चिम बंगाल की सरकारें वास्तविक किसानों को भूमि देने की नीति के प्रति प्रतिबद्ध थीं, इसी कारण इन प्रांतों में भूमि सुधार कार्यक्रमों को विशेष सफलता मिली। दुर्भाग्यवश अन्य प्रांतों की सरकारों में इस स्तर की प्रतिबद्धता नहीं थी, अतएव आज तक जोतों में भारी असमानता बनी हुई है।

**10 निम्न में से कौन-सा एक 1960 के दशक के अंत में हरित क्रांति की प्रकृति का सबसे उचित वर्णन करता है?**
*(Chap 1, Class-IX, New NCERT) (BPSC Pre 2018)*

(a) हरी सब्जियों की अत्यधिक खेती
(b) गहन कृषि कार्यक्रम
(c) उच्च उपज वाले बीजों का प्रयोग
(d) बीज, सिंचाई व उर्वरक

**उत्तर** *(d)*

**व्याख्या** 1960 के दशक के अंत में हरित क्रांति की प्रकृति का सबसे उचित वर्णन बीज, सिंचाई व उर्वरक हैं। हरित क्रांति को सफल बनाने में इनकी महत्त्वपूर्ण भूमिका रही है। हरित क्रांति के दौरान उच्च उत्पादकता वाली प्रजाति (High Yielding Variety, HYV) बीजों के प्रयोग के लिए पर्याप्त मात्रा में उर्वरकों, कीटनाशकों तथा निश्चित जलापूर्ति की आवश्यकता हुई। इन्हीं प्रयासों के परिणामस्वरूप भारत में हरित क्रांति की शुरुआत हुई। इस दौरान केवल उच्च उपज वाले बीजों का ही प्रयोग नहीं हुआ, बल्कि आधुनिक तकनीक का भी प्रभावी ढंग से उपयोग हुआ।

**11 नीचे दो कथन दिए गए हैं**
*(Chap 8, Class-XI, Tamil Nadu Board) (HPSC Pre 2023)*

**कथन I** 1960 के दशक में भारत सरकार ने तत्कालीन खाद्य और कृषि मंत्री चिदंबरम सुब्रह्मण्यम के अधीन आनुवंशिकीविद् एम. एस. स्वामीनाथन की सहायता से हरित क्रांति की शुरुआत की।

**कथन II** हरित क्रांति के दौरान ड्वार्फ बीज गेहूँ की हाई-यील्डिंग वेराइटीज (HYVs) अर्थात् Lerma, ROjo-64-A और Sonara 64 को भारत में शुरू किया गया, जिन्हें जापान से आयात किया गया था।

उपर्युक्त कथनों को ध्यान में रखते हुए नीचे दिए गए विकल्पों में से सबसे उपयुक्त उत्तर का चयन कीजिए।

(a) कथन I और कथन II दोनों सही हैं
(b) कथन I और कथन II दोनों गलत हैं
(c) कथन I सही है, किंतु कथन II गलत है
(d) कथन I गलत है, किंतु कथन II सही है

**उत्तर** *(c)*

*व्याख्या* कथन I सही है, किंतु कथन II गलत है।

1960 के दशक में भारत सरकार के तत्कालीन खाद्य और कृषि मंत्री चिदंबरम सुब्रह्मण्यम ने आनुवंशिकीविद् एवं कृषि वैज्ञानिक एम. एस. स्वामीनाथन की सहायता से भारत को खाद्यान्न के मामले में आत्मनिर्भर बनाने हेतु हरित क्रांति की शुरुआत की।

इसके दौरान ड्वार्फ बीज गेहूँ की हाई-यील्डिंग वेराइटीज (HYVs) अर्थात् Lerma, Rojo 64-A और Sonara 64 को भारत में शुरू किया गया। इसके लिए मेक्सिको से बीज आयात किया गया था।

**12 निम्नलिखित कथनों पर विचार कीजिए**

*(Chap 2, Class-XI, New NCERT)*

1. हरित क्रांति के पहले चरण में (1960 के दशक के मध्य से 1970 के दशक के मध्य तक) उच्च पैदावार वाली किस्मों के (HYV) बीजों का प्रयोग पंजाब, आंध्र प्रदेश और तमिलनाडु जैसे समृद्ध राज्यों तक ही सीमित रहा।
2. हरित क्रांति का मुख्य प्रभाव गेहूँ और थोड़े पैमाने पर चावल की अधिक उपज वाली किस्मों की उत्पादकता पर पड़ा।

**उपर्युक्त कथनों में से कौन-सा/से कथन सही नहीं है/हैं?**

(a) केवल 1 (b) केवल 2
(c) 1 और 2 दोनों (d) न तो 1 और न ही 2

*उत्तर (d)*

*व्याख्या* हरित क्रांति के संदर्भ में दिए गए दोनों कथन सही हैं।

हरित क्रांति के पहले चरण में (लगभग 1960 के दशक के मध्य से 1970 के दशक के मध्य तक) HYV बीजों का प्रयोग पंजाब, आंध्र प्रदेश और तमिलनाडु जैसे समृद्ध राज्यों तक ही सीमित रहा।

हरित क्रांति में वैसे तो गेहूँ के उत्पादन पर ध्यान दिया गया था, किंतु कुछ सीमा तक इसने चावल की कृषि को भी प्रोत्साहित किया।

**13 निम्नलिखित में से कौन एक 'विपणित अधिशेष' को सही रूप से वर्णित करता है?** *(Chap 2, Class-XI, New NCERT)*

(a) किसानों द्वारा उत्पादन का बाजार में विक्रय किया गया अंश
(b) किसानों द्वारा उत्पादन का बाजार में विक्रय करने के पश्चात् का शेष अंश
(c) किसानों द्वारा उत्पादन का उपभोग के लिए रखा गया अंश
(d) सरकार द्वारा किसानों को उत्पादन पर दी जाने वाली आर्थिक सहायता का अंश

*उत्तर (a)*

*व्याख्या* किसानों द्वारा उत्पादन का बाजार में बेचा गया अंश ही 'विपणित अधिशेष' कहलाता है। हरित क्रांति के काल में किसान अपने गेहूँ और चावल के अतिरिक्त उत्पादन का अच्छा भाग बाजार में बेच रहे थे।

इसके फलस्वरूप खाद्यान्नों की कीमतों में, उपभोग की अन्य वस्तुओं की अपेक्षा कमी आई। हरित क्रांति के कारण सरकार पर्याप्त खाद्यान्न प्राप्त कर सुरक्षित स्टॉक बना सकी, जिसे खाद्यान्नों की कमी के समय प्रयोग किया जा सकता था।

**14 हरित क्रांति के प्रभावों के संदर्भ में निम्नलिखित कथनों पर विचार कीजिए** *(Chap 2, Class-XI, New NCERT)*

1. खाद्यान्नों की कीमतों में उपभोग की अन्य वस्तुओं की अपेक्षा वृद्धि हुई।
2. भारत अपनी खाद्य संबंधी आवश्यकताओं की पूर्ति के लिए अमेरिका अथवा अन्य देशों पर निर्भर नहीं रहा।
3. इसका अधिकांश लाभ बड़े किसानों की तुलना में छोटे किसानों को प्राप्त हुआ
4. प्रौद्योगिकी अपनाने वाले छोटे किसानों को सरकार द्वारा ऋण दिया गया और उर्वरकों पर आर्थिक सहायता दी गई।

**उपर्युक्त कथनों में से कितने कथन गलत हैं?**

(a) केवल एक
(b) केवल दो
(c) केवल तीन
(d) उपर्युक्त चारों

*उत्तर (b)*

*व्याख्या* हरित क्रांति के प्रभावों के संदर्भ में केवल दो कथन (1 और 3) सही नहीं हैं, क्योंकि खाद्यान्नों की कीमतों में उपभोग की अन्य वस्तुओं की अपेक्षा कमी आई। अपनी कुल आय के बहुत बड़े प्रतिशत का भोजन पर खर्च करने वाले निम्न आय वर्गों को कीमतों में इस सापेक्ष कमी से बहुत लाभ हुआ। इसका अधिकांश लाभ बड़े किसानों को ही मिला, परंतु छोटे किसान इससे लाभांवित नहीं हुए।

**15 भारत में द्वितीय हरित क्रांति के संबंध में विचार कीजिए**

*(Chap 8, Class-XI, Tamil Nadu Board)*

1. इसका उद्देश्य उच्च कृषि संवृद्धि दर प्राप्त करना है।
2. इसका लक्ष्य आगामी 15 वर्षों में कृषि क्षेत्र की वृद्धि दर को 5 – 6% तक बनाए रखना है।
3. इसका लक्ष्य हरित क्रांति से लाभान्वित हो चुके क्षेत्रों में गेहूँ तथा चावल के उत्पादन में और वृद्धि करना है।

**उपर्युक्त कथनों में से कितने कथन सही नहीं है/हैं?**

(a) केवल एक (b) केवल दो
(c) सभी तीनों (d) इनमें से कोई नहीं

*उत्तर (a)*

*व्याख्या* दिए गए कथनों में केवल एक कथन (3) सही नहीं है, क्योंकि द्वितीय हरित क्रांति के उद्देश्यों के अंतर्गत हरित क्रांति से लाभांवित क्षेत्रों में गेहूँ तथा चावल उत्पादन में वृद्धि करना शामिल नहीं है, बल्कि इसका लक्ष्य अब तक लाभांवित न होने वाले क्षेत्रों में बीज, पानी, उर्वरक, तकनीकी का विस्तार करना है।

**16 'बहुविध फसल प्रणाली' निम्नलिखित में से किससे संबंधित है?**

*(Chap 1, Class-XI, New NCERT)*

(a) एक वर्ष में किसी भूमि पर एक साथ अनेक फसलों का उत्पादन करना
(b) कृषि के साथ पशुपालन करना
(c) एक वर्ष में किसी भूमि पर एक से अधिक फसल का उत्पादन करना
(d) किसी भूमि पर अनेक विधियों द्वारा फसल का उत्पादन करना

*उत्तर (c)*

*व्याख्या* 'बहुविध फसल प्रणाली' का संबंध एक वर्ष में किसी भूमि पर एक से अधिक फसल का उत्पादन करने से है। यह भूमि के किसी एक टुकड़े में उपज बढ़ाने की सबसे सामान्य प्रणाली है।

आधुनिक विधियों के प्रयोग के माध्यम से पैदावार की मात्रा को बढ़ाया जा सकता है। अधिक जनसंख्या वाले देशों में यह प्रणाली उपयुक्त एवं प्रभावी मानी जाती है। हरित क्रांति की सफलता ने इसे और आसान बना दिया है।

**17 जैविक कृषि के संदर्भ में निम्नलिखित में से कौन-सा कथन सही नहीं है?** *(Chap 6, Class-XI, New NCERT)*

(a) रासायनिक आगतों से उत्पादित खाद्य पदार्थों में पोषक तत्त्व अधिक होते हैं
(b) इसमें श्रम आगतों का प्रयोग परंपरागत कृषि की अपेक्षा अधिक होता है
(c) जैविक कृषि अधिक स्वास्थ्यकर भोजन उपलब्ध कराती है
(d) विश्व बाजारों में जैविक कृषि उत्पादों की माँग नहीं है

*उत्तर (d)*

***व्याख्या*** जैविक कृषि के संदर्भ में दिए गए कथनों में से कथन (d) सही नहीं है, क्योंकि विश्व बाजारों में जैविक कृषि उत्पादों की माँग तेजी से बढ़ रही है। इसमें रासायनिक आगतों से उत्पादित खादों की तुलना में जैविक विधि से उत्पादित खाद्य पदार्थों में पोषक तत्त्व अधिक होते हैं।

इसमें श्रम आगतों का प्रयोग परंपरागत कृषि की अपेक्षा अधिक होता है, इसलिए भारत में इसकी सफलता संभव है। जैविक कृषि अधिक स्वास्थ्यकर भोजन उपलब्ध कराती है।

**18 निम्न कथन (A) व कारण (R) को पढ़िए और नीचे दिए गए कूट की सहायता से सही उत्तर का चयन कीजिए**

*(Chap 6, Class-XI, New NCERT)*

**कथन** (A) जैविक कृषि महँगे आगतों के स्थान पर स्थानीय रूप से बने जैविक आगतों के प्रयोग पर निर्भर होती है।

**कारण** (R) प्रारंभिक वर्षों में जैविक कृषि की उत्पादकता रासायनिक कृषि से कम रहती है

**कूट**

(a) A और R दोनों सही हैं तथा R, A की सही व्याख्या है
(b) A और R दोनों सही हैं, परंतु R, A की सही व्याख्या नहीं है
(c) A सही है, किंतु R गलत है
(d) A गलत है, किंतु R सही है

**उत्तर** *(b)*

***व्याख्या*** A और R दोनों सही हैं, परंतु R, A की सही व्याख्या नहीं है।

जैविक कृषि महँगे आगतों के स्थान पर स्थानीय रूप से बने जैविक आगतों के प्रयोग पर निर्भर होती है। ये आगत सस्ते रहते हैं और इसी कारण इन पर निवेश से प्रतिफल अधिक मिलता है।

प्रारंभिक वर्षों में जैविक कृषि की उत्पादकता रासायनिक कृषि से कम रहती है। अतः बहुत बड़े स्तर पर छोटे और सीमांत किसानों के लिए इसे अपनाना कठिन होगा।

**19 फसल बीमा के संदर्भ में निम्नलिखित कथनों पर विचार कीजिए**

*(Chap 4, Class-IX & X, Old NCERT)*

1. इस प्रणाली में सामान्यतया चोरी अथवा अन्य नुकसान के बदले फसलों की बीमा की सुविधाएँ प्रदान की जाती हैं।
2. फसल बीमा के द्वारा फसलों की कीमतों में अप्रत्याशित रूप से कमी होने के परिणामस्वरूप होने वाली हानि की भरपाई/क्षतिपूर्ति भी की जाती है।

**उपर्युक्त कथनों में से कौन-सा/से कथन सही है/हैं?**

(a) केवल 1
(b) केवल 2
(c) 1 और 2 दोनों
(d) न तो 1 और न ही 2

**उत्तर** *(c)*

***व्याख्या*** फसल बीमा के संदर्भ में दिए गए दोनों कथन सही हैं।

इस प्रणाली में सामान्यतया चोरी अथवा नुकसान के बदले फसलों के बीमे की सुविधाएँ प्रदान की जाती हैं।

फसल बीमा योजना द्वारा फसलों की कीमतों में अप्रत्याशित रूप से कमी होने के परिणामस्वरूप होने वाली हानि की भरपाई/क्षतिपूर्ति (Compensation) भी की जाती है। इस योजना के अंतर्गत किसानों को उस स्थिति में आर्थिक सहायता प्रदान की जाती है, जब किसी कारणवश उनकी फसलें नष्ट हो जाती हैं। ऐसे में किसानों को बीमे के माध्यम से आर्थिक सहायता प्रदान की जाती है।

**20 'प्रधानमंत्री फसल बीमा योजना' के संदर्भ में निम्नलिखित कथनों पर विचार कीजिए**

*(Class-XI, Old NCERT) (IAS Pre 2016)*

1. इस योजना के अंतर्गत कृषकों को वर्ष के किसी भी मौसम में उनके द्वारा किसी भी फसल की खेती करने पर दो प्रतिशत की एकसमान दर से बीमा किस्त का भुगतान करना होगा।
2. यह योजना चक्रवात एवं गैर-मौसमी वर्षा से होने वाली कटाई-उपरांत घाटे को बीमाकृत करती है।

**उपर्युक्त कथनों में से कौन-सा/से कथन सही है/हैं?**

(a) केवल 1
(b) केवल 2
(c) 1 और 2 दोनों
(d) न तो 1 और न ही 2

**उत्तर** *(b)*

***व्याख्या*** 'प्रधानमंत्री फसल बीमा योजना' के संदर्भ में कथन (2) सही है। यह योजना चक्रवात एवं गैर-मौसमी वर्षा से होने वाली कटाई के पश्चात् घाटे को बीमाकृत करती है।

कृषि क्षेत्र में व्याप्त अनिश्चितताओं से उत्पन्न समस्याओं के समाधान हेतु भारत सरकार द्वारा 13 जनवरी, 2016 को प्रधानमंत्री फसल बीमा योजना प्रारंभ की गई। इसका मुख्य उद्देश्य प्राकृतिक आपदाओं, कीटों एवं बीमारियों के परिणामस्वरूप फसलों की क्षति की स्थिति में किसानों को वित्तीय सहायता प्रदान करना है।

कथन (1) सही नहीं है, क्योंकि इस योजना के अंतर्गत बीमा किस्त की दर समान न होकर अलग-अलग होती है; जैसे—खरीफ फसल हेतु 2%, रबी फसल हेतु 1.5% तथा वाणिज्यिक फसल हेतु 5% वार्षिक दर निर्धारित है।

**21 किसान क्रेडिट कार्ड योजना के संबंध में निम्नलिखित कथनों पर विचार कीजिए** *(Class-XI, Old NCERT) (UP RO/ARO Pre 2016)*

1. किसान क्रेडिट कार्ड योजना वर्ष 2001 में शुरू की गई थी।
2. यह योजना किसानों को उनकी खेती की आवश्यकताओं के लिए पर्याप्त और समयानुकूल साख समर्थन प्रदान करती है।

**उपर्युक्त कथनों में से कौन-सा/से कथन सही है/हैं?**

(a) केवल 1 (b) केवल 2
(c) 1 और 2 दोनों (d) न तो 1 और न ही 2

**उत्तर** *(b)*

***व्याख्या*** किसान क्रेडिट कार्ड योजना के संबंध में कथन (2) सही है।

इस योजना के अंतर्गत किसानों को उनकी खेती की आवश्यकताओं के लिए पर्याप्त और समयानुकूल साख समर्थन प्रदान किया जाता है। साथ ही कृषि से संबद्ध कृषि संपत्ति और गतिविधियों के रख-रखाव हेतु कार्यशील पूँजी प्रदान की जाती है।

कथन (1) सही नहीं है, क्योंकि किसान क्रेडिट कार्य योजना वर्ष 1998 में भारतीय रिजर्व बैंक तथा नाबार्ड (NABARD) द्वारा शुरू की गई थी।

**22 निम्नलिखित में से कौन-सा कृषि उत्पाद बाजार समिति** (APMC) **का कार्य नहीं है?**

*(Class-XI, Old NCERT)*

(a) किसानों को बाजार आधारित विस्तार सेवाएँ उपलब्ध कराना।
(b) कृषि बाजारों के प्रबंधन के लिए सार्वजनिक-निजी भागीदारी को बढ़ावा देना।
(c) बाजार में होने वाले लेन-देन तथा मूल्य निर्धारण में पारदर्शिता लाना।
(d) मेगा फूड पार्कों तथा एकीकृत शीत गृहों की स्थापना करना।

**उत्तर** *(d)*

***व्याख्या*** मेगा फूड पार्कों तथा एकीकृत शीत गृहों की स्थापना करना कृषि उत्पाद बाजार समिति का कार्य नहीं है।

भारत सरकार का खाद्य प्रसंस्करण उद्योग मंत्रालय मेगा फूड पार्कों तथा एकीकृत शीत समूहों की स्थापना से संबंधित नोडल एजेंसी है। कृषि उत्पाद बाजार समिति (APMC) राज्यों द्वारा गठित एक सांविधिक निकाय है, जो कृषि, बागवानी तथा पशुधन उत्पादों के व्यापार को सुगम बनाती है।

## खाद्य सुरक्षा

**23 किसी देश में खाद्य सुरक्षा केवल तभी सुनिश्चित होती है, जब** *(Chap 4, Class-IX, New NCERT)*

1. सभी लोगों के लिए पर्याप्त खाद्य उपलब्ध हो।
2. सभी लोगों के पास स्वीकार्य गुणवत्ता के खाद्य-पदार्थ खरीदने की क्षमता हो।
3. खाद्य की उपलब्धता में कोई बाधा न हो।

**उपर्युक्त कथनों में से कौन-सा/से कथन सही है/हैं?**

(a) केवल 1 (b) केवल 2 (c) 2 और 3 (d) 1, 2 और 3

*उत्तर (d)*

***व्याख्या*** किसी भी देश में खाद्य सुरक्षा के संबंध में दिए गए सभी कथन सही हैं। किसी देश में खाद्य सुरक्षा केवल तभी सुनिश्चित होती है, जब सभी लोगों के लिए पर्याप्त खाद्य उपलब्ध हो, सभी लोगों के पास स्वीकार्य गुणवत्ता के खाद्य-पदार्थ खरीदने की क्षमता हो तथा खाद्य की उपलब्धता में कोई बाधा न हो। खाद्य सुरक्षा को ध्यान में रखकर नीतियों को क्रियान्वित करने हेतु सरकार को बफर स्टॉक पर ध्यान रखना आवश्यक है।

बफर स्टॉक का तात्पर्य खाद्य भंडार से संबंधित है। ऐसे भंडारों का उपयोग भविष्य में खाद्य संकट जैसी गंभीर समस्या उत्पन्न होने की स्थिति में किया जाता है।

**24 निम्नलिखित युग्मों पर विचार कीजिए** *(Chap 4, Class-IX, New NCERT)*

1. निर्गम कीमत — समाज के गरीब वर्गों में अनाज की वितरण की जाने वाली कीमत
2. बफर स्टॉक — भारतीय खाद्य निगम के माध्यम से सरकार द्वारा अधिप्राप्त अनाज का भंडार
3. न्यूनतम समर्थित मूल्य — फसलों के लिए पहले से घोषित कीमत

**उपर्युक्त में से कौन-सा/से युग्म सही सुमेलित है/हैं?**

(a) केवल 2 (b) 1 और 3
(c) 1 और 2 (d) 1, 2 और 3

*उत्तर (d)*

***व्याख्या*** दिए गए सभी युग्म सही सुमेलित हैं।

समाज के गरीब वर्गों में वितरित की जाने वाली अनाज की कीमत निर्गत कीमत कहलाती है। भारतीय खाद्य निगम (Food Corporation of India, FCI) के माध्यम से सरकार द्वारा अधिप्राप्त अनाज का भंडार बफर स्टॉक कहलाता है। प्रतिकूल परिस्थितियों में बफर स्टॉक के रूप में रखे खाद्यान्नों का उचित आवंटन केंद्र सरकार के पास निहित है।

फसलों के लिए पहले से घोषित कीमत न्यूनतम समर्थन मूल्य (Minimum Support Price, MSP) कहलाती है। एम. एस. पी. सरकार द्वारा फसल बुआई से पूर्व निर्धारित की जाती है।

**25 राष्ट्रीय खाद्य सुरक्षा अधिनियम, 2013 के संबंध में निम्नलिखित कथनों पर विचार कीजिए** *(Chap 4, Class-IX, New NCERT)*

1. इसका उद्देश्य मानव को गरिमामय जीवन निर्वाह के लिए खाद्य एवं पोषण संबंधी सुरक्षा सस्ती कीमतों पर उपलब्ध कराना है।
2. इस अधिनियम के तहत 50% ग्रामीण जनसंख्या तथा 75% शहरी जनसंख्या को खाद्य सुरक्षा प्रदान करना है।

**उपर्युक्त कथनों में से कौन-सा/से कथन सही हैं?**

(a) केवल 1 (b) केवल 2
(c) 1 और 2 दोनों (d) न तो 1 और न ही 2

*उत्तर (a)*

***व्याख्या*** राष्ट्रीय खाद्य सुरक्षा अधिनियम, 2013 के संबंध में कथन (1) सही है। इस अधिनियम का उद्देश्य एक गरिमामय जीवन जीने के लिए लोगों को वहनीय मूल्यों पर उचित गुणवत्तापूर्ण खाद्यान्न की पर्याप्त मात्रा उपलब्ध कराते हुए उन्हें खाद्य तथा पोषण सुरक्षा प्रदान करना है।

कथन (2) सही नहीं है, क्योंकि यह अधिनियम देश की 75% ग्रामीण जनसंख्या तथा 50% शहरी जनसंख्या को कवर करता है।

**26 निम्नलिखित कथनों पर विचार कीजिए** *(Chap 6, Class-XI, New NCERT)*

1. भारत में बागवानी क्षेत्रक समस्त कृषि उत्पाद का लगभग एक तिहाई है।
2. उद्यान विज्ञान (बागवानी) फसलों के अंतर्गत रेशेदार फसलें, औषधीय तथा सुगंधित पौधे तथा मसालों को शामिल किया जाता है।
3. फसल और सब्जियों के उत्पादन में भारत का प्रथम स्थान है।

**उपर्युक्त कथनों में से कौन-सा/से कथन सही है/हैं?**

(a) 1 और 3 (b) 1 और 2
(c) 2 और 3 (d) ये सभी

*उत्तर (b)*

***व्याख्या*** दिए गए कथनों में से कथन (1) और (2) सही हैं। भारत में बागवानी क्षेत्रक समस्त कृषि उत्पाद का लगभग 1/3 भाग है, जो कुल सकल घरेलू उत्पाद का 6% है।

उद्यान विज्ञान (बागवानी) फसलों के अंतर्गत रेशेदार फसलें, औषधीय व सुगंधित पौधे तथा मसालों को भी शामिल किया जाता है।

कथन (3) सही नहीं है, क्योंकि भारत आम, केला, नारियल, काजू जैसे फलों एवं अनेक मसालों के उत्पादन में वर्तमान में विश्व का अग्रणी देश माना जाता है, परंतु कुल फल एवं सब्जियों के उत्पादन में इसका विश्व में दूसरा स्थान है।

# अध्याय 07

# उद्योग एवं औद्योगिक नीति

## उद्योग एवं औद्योगिक नीति

### उद्योग एवं औद्योगिक उत्पादन की माप

**परिचय**

- आर्थिक गतिविधि को संदर्भित; प्रमुख उत्पाद के आधार पर वर्गीकृत-स्टील, ऑटोमोबाइल, कपड़ा उद्योग; वह क्षेत्र, जो अन्य उत्पाद के लिए प्राकृतिक रूप से बदलता है

**भारत में औद्योगिक क्षेत्र**

- **सार्वजनिक क्षेत्र** सरकार के अधीन सभी उद्यम, जैसे-रेलवे, डाक
- **निजी क्षेत्र** निजी स्वामित्व; जैसे- टाटा आयरन एवं स्टील कंपनी लिमिटेड
- **संयुक्त क्षेत्र** निजी और सार्वजनिक क्षेत्र की साझेदारी

**औद्योगिक उत्पादन की माप**

- क्रय प्रबंधक सूचकांक (पीएमआई)
- विनिर्माण और सेवा क्षेत्र में व्यावसायिक गतिविधियों का एक संकेतक; पीएमआई 0 से 100 तक की संख्या है

**उद्योगों का वार्षिक सर्वेक्षण (एएसआई)**

- वार्षिक आधार पर गणना
- एएसआई डेटा वास्तविक खातों पर आधारित
- औद्यौगिक उत्पादन सूचकांक (आई.आई.पी.)
- विभिन्न क्षेत्रों के विकास को समझने में सहायक
- आई.आई. पी. मासिक रूप से प्रकाशित

**भारतीय लघु उद्योग विकास बैंक (सिडबी)**

- एमएसएमई के प्रकार, वित्तपोषण के लिए प्रमुख वित्तीय संस्थान; 2 अप्रैल, 1990 को स्थापित

**सूक्ष्म, लघु और मध्यम उद्योग (एमएसएमई)**

- आर्थिक विकास के इंजन के रूप में स्वीकार किया
- एमएसएमई विधेयक, 2018 में सभी एमएसएमई पुनवर्गीकृत

### औद्योगिक नीति (औद्योगिक विकास के लिए सार)

**औद्योगिक नीति संकल्प** 1956

- भारत के आर्थिक संविधान की संज्ञा

**औद्योगिक नीति** 1991

- भारत सरकार द्वारा वर्ष 1991 में घोषित
- दक्षता और आर्थिक विकास को बढ़ाना
- **मुख्य उद्देश्य**
  - सार्वजनिक क्षेत्र का आरक्षण समाप्त करना
  - डिलाइसेंसिंग लाइसेंसिंग
  - सार्वजनिक क्षेत्र का विनिवेश
  - विदेशी निवेश का उदारीकरण
  - निष्पक्ष व्यापार

**राष्ट्रीय विनिर्माण नीति (एनएमपी)** 2011

- विनिर्माण सकल घरेलू उत्पाद में क्षेत्रीय हिस्सेदारी को 25% तक बढ़ाना
- विकास के वैश्विक प्रतिस्पर्धी घरेलू मूल्य वर्धन को बढ़ाना

**कंपनी अधिनियम,** 2013

- अधिनियम ने शासन के प्रावधान में महत्त्वपूर्ण बदलाव पेश किया
- एक व्यक्ति कंपनी
- राष्ट्रीय वित्तीय रिपोर्टिंग प्राधिकरण
- गंभीर धोखाधड़ी जाँच कार्यालय
- निगमित की सामाजिक जिम्मेदारी

**कंपनी संशोधन अधिनियम, 2013**

- मार्च, 2020 से पेश
- 28 सितंबर, 2020 को भारत के राष्ट्रपति ने बिल पर सहमति दी

**सार्वजनिक क्षेत्र उपक्रम**

- सरकारी स्वामित्व वाला निगम
- सरकार के स्वामित्व वाली ऐसी कंपनियों की इक्विटी
- **महारत्न** ओएनजीसी, एनटीपीसी इत्यादि
- **नवरत्न** बीईएल, एचएआईएल इत्यादि
- **मिनीरत्न** बीईएमएल, गोवा शिपयार्ड इत्यादि

**वृहत उद्योग**

- उन उद्योगों को संदर्भित करता है, जिनके पास विशाल बुनियादी ढाँचा, उच्च जनशक्ति है
- बुनियादी उद्योग
- पूँजीगत सामग्री उद्योग
- मध्यवर्ती उद्योग
- उपभोक्ता वस्तु उद्योग

**SOURCE** Old NCERT Class IX & X आर्थिक विकास की ओर, New NCERT Class XI स्वतंत्रता की पूर्व संध्या पर भारतीय अर्थव्यवस्था, भारतीय अर्थव्यवस्था (1950-90), उदारीकरण, निजीकरण और वैश्वीकरण-एक समीक्षा Tamil Nadu Board Class-XI, ग्रामीण अर्थव्यवस्था, स्वतंत्रता के पहले और बाद की भारतीय अर्थव्यवस्था

## भारत में उद्योगों की स्थापना

**1 भारत में उद्योगों के विकास के संदर्भ में निम्नलिखित कथनों पर विचार कीजिए** *(Chap 1, Class-XI, New NCERT)*

1. भारत में आधुनिक उद्योगों की स्थापना 19वीं शताब्दी के उत्तरार्द्ध में हुई।
2. प्रारंभ में औद्योगिक विकास केवल सूती वस्त्र तक ही सीमित था।
3. पटसन उद्योग की स्थापना भारतीय उद्यमियों द्वारा की गई।
4. टाटा आयरन एंड स्टील कंपनी (TISCO) की स्थापना वर्ष 1907 में हुई।

**उपर्युक्त कथनों में से कौन-सा/से कथन सही नहीं है/हैं?**

(a) केवल 1 (b) केवल 2
(c) केवल 3 (d) 2 और 4

**उत्तर** *(c)*

***व्याख्या*** भारत में उद्योगों के विकास के संदर्भ में दिए गए कथनों में से कथन (3) सही नहीं है, क्योंकि भारत में पटसन उद्योग की स्थापना विदेशी उद्यमियों द्वारा की गई थी। प्रारंभ में यह उद्योग बंगाल तक ही सीमित था।

**2 भारत में आधुनिक उद्योगों की स्थापना के संबंध में निम्न कथनों पर विचार कीजिए** *(Chap 8, Class-XI, Tamil Nadu Board)*

1. भारत में प्रथम इस्पात उद्योग 1870 ई. में कुल्टी में स्थापित किया गया।
2. भारत की प्रथम मशीनीकृत पेपर मिल वर्ष 1855 में बंबई में स्थापित की गई।
3. भारत में तेल का पहला कुआँ असम में खोदा गया।

**उपर्युक्त कथनों में से कौन-सा/से कथन सही नहीं है/हैं?**

(a) 1 और 2 (b) केवल 2
(c) 1 और 3 (d) केवल 1

**उत्तर** *(b)*

***व्याख्या*** भारत में आधुनिक उद्योगों की स्थापना के संबंध में कथन (2) सही नहीं है, क्योंकि भारत की प्रथम मशीनीकृत पेपर मिल 1812 ई. में पश्चिम बंगाल के सेरामपुर में स्थापित की गई थी। लुगदी और कागज उद्योग भारत के सबसे पुराने उद्योगों में से एक है।

**3 निम्नलिखित घटनाओं पर विचार कीजिए और उन्हें कालक्रमानुसार व्यवस्थित कीजिए** *(Class-XI, Old NCERT) (UP RO/ARO Pre 2021)*

1. भारतीयों द्वारा चीनी उद्योग का विकास
2. रिशरा में प्रथम जूट मिल का प्रारंभ
3. भारत में स्टील का प्रथम बार उत्पादन
4. बंबई में प्रथम कपड़ा मिल का प्रारंभ

**कूट**

(a) 1, 2, 4, 3 (b) 4, 2, 3, 1
(c) 2, 1, 3, 4 (d) 3, 2, 1, 4

**उत्तर** *(a)*

***व्याख्या*** उपर्युक्त दी गई घटनाओं का सही कालक्रम 1, 2, 4, 3 है।

भारतीयों द्वारा चीनी का उत्पादन प्राचीन काल से किया जा रहा है, किंतु इसका औद्योगीकरण 20वीं शताब्दी में किया गया। 1930 के दशक में इसे उद्योग का दर्जा प्रदान किया गया। वर्ष 1932 में पारित चीनी उद्योग संरक्षण अधिनियम के अंतर्गत चीनी उत्पादन में तेजी आई।

रिशरा में प्रथम जूट मिल 1855 ई. में जॉर्ज ऑकलैंड ने बाबू बिसुबर सेन नायक (एक बंगाली फाइनेंसर) के सहयोग से पहली जूट कताई मशीनरी स्थापित की। बंबई में प्रथम कपड़ा मिल का प्रारंभ 7 जुलाई, 1854 को बॉम्बे में हुआ। स्पिनिंग एंड वीविंग कंपनी, बॉम्बे भारत में स्थापित होने वाली पहली कपास मिल थी, जिसे तारदेव में कावासाजी नानाभाई डावर और उनके सहयोगियों द्वारा स्थापित किया गया था।

भारत में पहली स्टील इंडस्ट्री वर्ष 1870 में कुल्टी (आसनसोल के निकट) में बंगाल आयरन वर्क्स कंपनी के नाम से स्थापित की गई थी। बड़े पैमाने पर स्टील उत्पादन का प्रयास वर्ष 1907 में जमशेदपुर में टाटा आयरन एंड स्टील कंपनी (TISCO) की स्थापना के साथ प्रारंभ हुआ।

**4 लौह अयस्क से संबंधित निम्नलिखित कथनों पर विचार कीजिए** *(Class-XI, Old NCERT)*

1. भारत में उच्च गुणवत्ता के लौह अयस्क की प्रचुरता है।
2. हेमेटाइट आयरन मुख्यत: मध्य प्रदेश, महाराष्ट्र और तमिलनाडु में पाया जाता है।
3. मैग्नेटाइट लौह पश्चिमी घाट तथा कर्नाटक में पाया जाता है।

**उपर्युक्त कथनों में से कौन सा/से कथन सही है/हैं?**

(a) 1 और 2 (b) 2 और 3
(c) केवल 1 (d) 1 और 3

**उत्तर** *(d)*

***व्याख्या*** लौह अयस्क से संबंधित कथन (1) और (3) सही हैं, क्योंकि भारत में उच्च गुणवत्ता के लौह अयस्क की प्रचुरता है। भारत में मैग्नेटाइट लौह पश्चिमी घाट तथा कर्नाटक में पाए जाते हैं।

कथन (2) सही नहीं है, क्योंकि भारत में हेमेटाइट लौह अयस्क मुख्यत: छत्तीसगढ़, झारखंड, ओडिशा, गोवा तथा कर्नाटक में पाया जाता है।

भारत में लौह अयस्क के उत्पादन में शीर्ष तीन राज्य क्रमश: ओडिशा, छत्तीसगढ़ और कर्नाटक हैं।

भारत में लौह अयस्क का सर्वाधिक संचित भंडार कर्नाटक राज्य में है।

## औद्योगिक नीति

**5 औद्योगिक नीति प्रस्ताव, 1956 के संदर्भ में कौन-सा कथन सही नहीं है?** *(Chap 2, Class-XI, New NCERT)*

(a) इसका लक्ष्य भारी उद्योगों पर सरकार का नियंत्रण स्थापित करना था
(b) इसके अंतर्गत उद्योगों को तीन वर्गों में वर्गीकृत किया गया
(c) इसके अंतर्गत नए उद्योगों को अनुमति उस समय तक नहीं दी जाती थी, जब तक वह सरकार से लाइसेंस प्राप्त नहीं कर लेते थे
(d) आर्थिक रूप से पिछड़े क्षेत्रों में लगाए जाने वाले उद्योगों को लाइसेंस प्राप्त करना कठिन था

**उत्तर** *(d)*

***व्याख्या*** औद्योगिक नीति प्रस्ताव, 1956 के संदर्भ में दिए गए कथनों में से कथन (d) सही नहीं है, क्योंकि औद्योगिक नीति प्रस्ताव, 1956 के अनुसार, आर्थिक रूप से पिछड़े क्षेत्रों में लगाए जाने वाले उद्योगों को लाइसेंस प्राप्त करना आसान था।

**6 भारत में औद्योगिक विकास हेतु निजी एवं सार्वजनिक क्षेत्रों का एक साथ मिलकर कार्य करने का प्रस्ताव किस औद्योगिक नीति में रखा गया था?** *(Chap 2, Class-XI, New NCERT) (UPPSC Pre 2004))*

(a) औद्योगिक नीति प्रस्ताव, 1956
(b) औद्योगिक नीति प्रस्ताव, 1948
(c) औद्योगिक नीति प्रस्ताव, 1977
(d) औद्योगिक नीति प्रस्ताव, 1997

**उत्तर** *(a)*

***व्याख्या*** भारत में औद्योगिक विकास हेतु निजी व सार्वजनिक क्षेत्रों के एक साथ मिलकर कार्य करने का प्रस्ताव औद्योगिक नीति प्रस्ताव, 1956 के अंतर्गत रखा गया था।

द्वितीय पंचवर्षीय योजना के अंतर्गत इस प्रस्ताव पर अमल भी किया गया था। इस प्रस्ताव के अंतर्गत औद्योगिक इकाइयों को तीन वर्गों—सार्वजनिक, निजी एवं सार्वजनिक-निजी संयुक्त क्षेत्रों में विभाजित किया गया था।

**7** **इसने अपनी रिपोर्ट में ग्राम विकास को प्रोत्साहित करने के लिए लघु उद्योगों के प्रयोग को बढ़ावा देने का सुझाव दिया। इसे ग्राम तथा लघु उद्योग समिति भी कहा गया। यह किस समिति के संदर्भ में एक सटीक विवरण प्रस्तुत करता है?** *(Chap 2, Class-XI, New NCERT)*

(a) हुसैन समिति
(b) कर्वे समिति
(c) तेंदुलकर समिति
(d) जलान समिति

*उत्तर (b)*

***व्याख्या*** प्रश्न में वर्णित विवरण कर्वे समिति के संदर्भ में सही है। वर्ष 1955 में दत्तात्रेय गोपाल कर्वे की अध्यक्षता में गठित कर्वे समिति का संबंध ग्रामीण तथा लघु उद्योगों के विकास से माना जाता है।

इस समिति ने इस बात की संभावना पर विचार किया था कि ग्रामीण विकास को प्रोत्साहित करने हेतु लघु उद्योगों पर विशेष बल दिया जाए।

**8** **लघु उद्योगों के संदर्भ में निम्नलिखित कथनों पर विचार कीजिए** *(Chap 2, Class-XI, New NCERT)*

1. इन उद्योगों में बड़े पैमाने के उद्योगों की अपेक्षा श्रम का प्रयोग कम किया जाता है।
2. ये बड़ी औद्योगिक फर्मों के साथ प्रतिस्पर्द्धा करने में अक्षम होते हैं।
3. बड़ी फर्मों से रक्षा करने हेतु अनेक उत्पादों को लघु उद्योगों के लिए आरक्षित किया जाता है।

**उपर्युक्त कथनों में से कितने कथन सही है/हैं?**

(a) केवल एक
(b) केवल दो
(c) सभी तीनों
(d) इनमें से कोई नहीं

*उत्तर (b)*

***व्याख्या*** लघु उद्योगों के संदर्भ में दिए गए कथनों में से केवल दो कथन (2 और 3) सही हैं।

लघु उद्योगों की यह विशेषता होती है कि ये बड़ी औद्योगिक फर्मों के साथ प्रतिस्पर्द्धा करने में अक्षम होते हैं, इसलिए बड़ी औद्योगिक फर्मों से रक्षा करने के लिए अनेक उत्पादों को लघु उद्योगों के लिए आरक्षित किया जाता है। इसके लिए लघु उद्योगों को रियायतें भी दी जाती हैं; जैसे— कम उत्पाद शुल्क तथा कम ब्याज दरों पर ऋण प्रदान करना।

कथन (1) सही नहीं है, क्योंकि लघु उद्योगों में बड़े पैमाने के उद्योगों की अपेक्षा श्रम का प्रयोग अधिक किया जाता है। रोजगार सृजन में इनकी महत्त्वपूर्ण भूमिका होती है।

**9** **भारत के संदर्भ में निम्नलिखित कथनों पर विचार कीजिए** *(Chap-7 & 10, Class-XI, Tamil Nadu Board) (IAS Pre 2023)*

1. सूक्ष्म, लघु और मध्यम उद्यम विकास (एम. एस. एम. ई. डी.) अधिनियम, 2006 के अनुसार, 'जिनके संयंत्र और मशीनरी में निवेश ₹ 15 करोड़ से ₹ 25 करोड़ के बीच है, वे मध्यम उद्यम हैं।
2. सूक्ष्म, लघु और मध्यम उद्यमों को दिए गए सभी बैंक ऋण प्राथमिकता क्षेत्रक के अधीन अर्ह हैं।

**उपर्युक्त कथनों में से कौन-सा/से कथन सही है/हैं?**

(a) केवल 1
(b) केवल 2
(c) 1 और 2 दोनों
(d) न तो 1 और न ही 2

*उत्तर (b)*

***व्याख्या*** भारत के संदर्भ में कथन (2) सही है। भारत सरकार ने सूक्ष्म, लघु एवं मध्यम उद्यमों के लिए ऋण की आसान पहुँच के लिए उपाय किया है। ये सभी उद्यम बैंक ऋण प्राथमिकता क्षेत्रक के अधीन आते हैं।

कथन (1) सही नहीं है, क्योंकि सूक्ष्म, लघु और मध्यम उद्यम विकास (एम. एस. एम. ई. डी.) अधिनियम, 2006 के अनुसार, मध्यम उद्यम वे हैं, जिन्होंने निर्माण हेतु संयंत्र एवं मशीनों में ₹ 5 से 10 करोड़ तक का निवेश किया है तथा सेवा क्षेत्र में ₹ 2 से 5 करोड़ तक निवेश किया है। भारत सरकार ने 1 जून, 2020 को सूक्ष्म, लघु एवं मध्यम उद्योग को नए रूप में परिभाषित किया है, जिसमें निवेश तथा कुल वार्षिक टर्नओवर भी शामिल हैं।

| श्रेणी | निवेश | वार्षिक कारोबार |
|---|---|---|
| सूक्ष्म उद्योग | 1 करोड़ से अधिक नहीं | 5 करोड़ से अधिक नहीं |
| लघु उद्योग | 10 करोड़ से अधिक नहीं | 50 करोड़ से अधिक नहीं |
| माध्यम उद्योग | 50 करोड़ से अधिक नहीं | 250 करोड़ से अधिक नहीं |

**10** **भारत जैसे विकासशील देश के लिए लघु स्तरीय व कुटीर उद्योगों को मुख्यतः इसलिए प्रोत्साहित करना चाहिए, क्योंकि वे** *(Chap 7, Class-XI, New NCERT)* *(UPPSC Mains 2004)*

(a) संपत्ति का वितरण समान करते हैं
(b) अधिक रोजगार के अवसर उत्पन्न करते हैं
(c) कम लागत पर उत्पादन करते हैं
(d) कम पूँजी विनियोग की अपेक्षा करते हैं

*उत्तर (b)*

***व्याख्या*** भारत जैसे विकासशील देश के लघु स्तरीय व कुटीर उद्योगों को मुख्यतः इसलिए प्रोत्साहित करना चाहिए, क्योंकि वे अधिक रोजगार के अवसर उत्पन्न करते हैं। कुटीर उद्योग की अधिक संख्या गाँवों में मिलती है। वहीं लघु उद्योग शहरी क्षेत्रों में कार्यरत् रहते हैं। इनको कच्चा माल निकट में व सस्ता मिल जाता है। इसमें पूँजी की भी कम आवश्यकता होती है। ये देश के सकल घरेलू उत्पाद में महत्त्वपूर्ण भूमिका (लगभग 30%) निभाते हैं।

**11** **निम्नलिखित कथनों पर विचार कीजिए** *(Chap 3, Class-XI, New NCERT)*

1. सार्वजनिक क्षेत्र के उपक्रमों का विभाजन महारत्न, नवरत्न तथा मिनीरत्न में हुआ है।
2. भारत में 10 उपक्रमों को महारत्न में शामिल किया गया है।

**उपर्युक्त कथनों में से कौन-सा/से कथन सही है/हैं?**

(a) केवल 1
(b) केवल 2
(c) 1 और 2 दोनों
(d) न तो 1 और न ही 2

*उत्तर (c)*

***व्याख्या*** दिए गए दोनों कथन सही हैं।

भारत में सार्वजनिक उपक्रमों का विभाजन तीन वर्गों में किया गया है—महारत्न, नवरत्न तथा मिनीरत्न। इन कंपनियों के कुशलतापूर्वक संचालन के लिए तथा लाभ में वृद्धि के लिए प्रबंधन तथा संचालन कार्यों में स्वायत्तता दी गई है। लाभ कमा रही कंपनियों तथा उपक्रमों को अधिक परिचालन, वित्तीय तथा प्रबंधकीय स्वायत्तता प्रदान की गई है।

भारत में महारत्न उपक्रमों की संख्या 10 है। भारत में मिनिरत्नों की संख्या कुल 74 है, जिन्हें दो श्रेणियों I एवं II में विभाजित किया गया है। श्रेणी I में 62 एवं श्रेणी II में 12 उद्यम शामिल हैं।

**12** **निमन कथन (A) व कारण (R) को पढ़िए और नीचे दिए गए कूट की सहायता से सही उत्तर का चयन कीजिए** *(Chap 4, Class-IX & X, Old NCERT)*

**कथन** (A) **किसी उद्यम की उत्पादकता की माप वृद्धिगत पूँजी-उत्पादन अनुपात के रूप में की जाती है।**

**कारण** (R) **यदि उद्यम की उत्पादकता ऊँची है, तो उत्पादन में उस स्थिति की तुलना में वृद्धि होगी, जब उद्योग की उत्पादकता निम्न हो।**

**कूट**

(a) A और R दोनों सही हैं तथा R, A की सही व्याख्या है
(b) A और R दोनों सही हैं, परंतु R, A की सही व्याख्या नहीं है
(c) A सही है, किंतु R गलत है
(d) A गलत है, किंतु R सही है

**उत्तर** *(a)*

***व्याख्या*** A और R दोनों सही हैं, तथा R, A की सही व्याख्या है।

किसी उद्यम की उत्पादकता की माप वृद्धिगत पूँजी-उत्पादन अनुपात द्वारा की जाती है। इसका अर्थ है कि यह अनुपात जितना बड़ा होगा, वृद्धिगत पूँजी उतनी ही कम होगी।

इससे यह स्पष्ट है कि उद्यम की उत्पादकता ऊँची है, तो उत्पादन में उस स्थिति की तुलना में वृद्धि होगी, जब उद्योग की उत्पादकता निम्न हो।

**13 उद्योगों के प्रादेशिक विकेंद्रीकरण को प्रेरित करने के लिए सरकार द्वारा निम्नलिखित में से कौन-से तरीके अपनाए गए?**

*(Chap 4, Class-IX & X, Old NCERT)*

1. पिछड़े जिलों में स्थापित उद्योगों को आर्थिक सहायता प्रदान करना।
2. औद्योगिक लाइसेंस के नियमों को उदार बनाना।
3. नए उद्योगों को आकर्षित करने के लिए अधिसंरचनात्मक सुविधाएँ प्रदान करना।

**कूट**

(a) केवल 1 (b) 1 और 3 (c) 2 और 3 (d) 1, 2 और 3

**उत्तर** *(d)*

***व्याख्या*** दिए गए सभी कथन सही हैं।

उद्योगों के प्रादेशिक विकेंद्रीकरण (Provincial Decentralisation) को प्रेरित करने के लिए सरकार द्वारा अनेक कदम उठाए गए हैं; जैसे—पिछड़े जिलों में स्थापित उद्योगों को आर्थिक सहायता प्रदान करना, औद्योगिक लाइसेंस के नियमों को उदार बनाना एवं नए उद्योगों को आकर्षित करने के लिए अधिसंरचनात्मक सुविधाएँ प्रदान करना इत्यादि।

द्वितीय पंचवर्षीय योजना के अंतर्गत औद्योगिक इकाइयों (भिलाई, राउरकेला, दुर्गापुर) को स्थापित किया गया था, ये इसी नीति के अंतर्गत स्थापित की गई थीं, जिससे पिछड़े क्षेत्र में भी विकास प्रक्रिया चलती रहे।

**14 निम्नलिखित में से कौन-सा एक भारतीय उद्योगों की निम्न उत्पादकता का कारण नहीं है?** *(Chap 4, Class-IX & X, Old NCERT)*

(a) अन्वेषण और विकास कार्यक्रमों का अभाव
(b) विद्युत पूर्ति जैसी पर्याप्त अधिसंरचनात्मक सुविधाओं का अभाव
(c) प्रौद्योगिकी सुधार के लिए प्रेरित करना
(d) आधुनिकीकरण के लिए प्रेरणाओं का अभाव

**उत्तर** *(c)*

***व्याख्या*** प्रौद्योगिकी सुधार के लिए प्रेरित करना, भारतीय उद्योगों की निम्न उत्पादकता का एक कारण नहीं माना जाता है, क्योंकि प्रौद्योगिकी सुधार के लिए प्रेरणाओं का अभाव था।

भारतीय उद्योगों की निम्न उत्पादकता के लिए अन्वेषण और विकास कार्यक्रमों का अभाव, विद्युत पूर्ति जैसी पर्याप्त अधिसंरचनात्मक सुविधाओं का अभाव एवं संयंत्र और मशीनरी, आधुनिकीकरण के लिए प्रेरणाओं का अभाव आदि ये मुख्य रूप से जिम्मेदार हैं।

**15 निम्नलिखित कथनों पर विचार कीजिए**

*(Chap 2, Class-XI, New NCERT)*

1. वर्ष 1950-51 में औद्योगिक क्षेत्र द्वारा प्रदत्त सकल घरेलू उत्पाद अनुपात 13% था। वर्तमान में यह 29.34% है।
2. 1950-51 से 2020-21 की अवधि के दौरान औद्योगिक क्षेत्र की वार्षिक संवृद्धि दर 5.79% थी।

**उपर्युक्त कथनों में से कौन-सा/से कथन सही नहीं है/हैं?**

(a) केवल 1 (b) केवल 2
(c) 1 और 2 दोनों (d) न तो 1 और न ही 2

**उत्तर** *(d)*

***व्याख्या*** दिए गए दोनों कथन सही नहीं हैं।

वर्ष 1950-51 में औद्योगिक क्षेत्रक द्वारा प्रदत्त सकल घरेलू उत्पाद का अनुपात 13% से बढ़कर 1990-91 में 24% हो गया। यह उद्योगों में हिस्सेदारी में विकास का एक महत्त्वपूर्ण सूचक माना जाता है।

इस अवधि के दौरान (1950-51 से 2020-21) औद्योगिक क्षेत्र की वार्षिक संवृद्धि दर 5.79% थी। स्वतंत्रता के पश्चात् सार्वजनिक उपक्रमों की स्थापना के पश्चात् औद्योगिक विकास में तेजी दर्ज की गई।

# अध्याय 08

# मुद्रा एवं बैंकिंग

## मुद्रा एवं बैंकिंग

### मुद्रा एवं मुद्रास्फीति

**मुद्रा**
- विनिमय प्रक्रिया (Exchange Process) में मध्यस्थता का कार्य
- प्रत्येक देश की एक विशेष मुद्रा होती है, जिसे उस देश की सरकार द्वारा प्रत्याभूत (Guaranteed) किया जाता है

**मुद्रा के प्रकार**
- **वास्तविक मुद्रा** धातु मुद्रा, कागजी मुद्रा
- **स्वीकार्य मुद्रा** वैध मुद्रा, ऐच्छिक मुद्रा

**मुद्रास्फीति**
- अधिकांश वस्तुओं की कीमतों में वृद्धि को संदर्भित करता है
- देश की मुद्रा की एक इकाई की क्रय शक्ति में कमी का सूचक

**मुद्रास्फीति के प्रकार**
- माँग प्रेरित मुद्रास्फीति
- लागत प्रेरित मुद्रास्फीति
- रेंगती मुद्रास्फीति - चलती मुद्रास्फीति
- दौड़ती मुद्रास्फीति - कूदती मुद्रास्फीति
- अतिस्फीति

**मुद्रास्फीति के प्रभाव**
- आय और धन का पुनर्वितरण
- उत्पादन और खपत पर प्रभाव
- प्रतिकूल भुगतान संतुलन

### भारतीय रिजर्व बैंक

**परिचय**
- आरबीआई सर्वोच्च मौद्रिक और बैंकिंग प्राधिकरण
- बैंकिंग प्रणाली का नियंत्रण
- सभी वाणिज्यिक बैंकों का रिजर्व रखता है
- स्थापना 1 अप्रैल, 1935 को ₹ 5 करोड़ की अधिकृत पूँजी के साथ हुई
- भारत का केंद्रीय बैंक (Central Bank)
- प्रबंधन एवं निर्देशन का कार्य केंद्रीय निदेशक मंडल के द्वारा किया जाता है।
- मुख्यालय मुंबई

**कार्य**
- सरकारी बैंकर के रूप में कार्य
- साख नियंत्रण
- आँकड़ों का संकलन तथा प्रकाशन
- नोटों का निर्गमन
- बैंकों के बैंक के रूप में

**रिजर्व बैंक द्वारा गठित समितियाँ**
- दीपक मोहंती समिति
- जालान समिति
- नचिकेत मोर समिति
- उर्जित पटेल समिति
- एमवी नायर समिति
- ऊषा थोराट समिति

### बैंकिंग प्रणाली

**परिचय**
- जमा और उधार देने का कार्य करना; जमा स्वीकार करना, धन उधार देना, वित्तीय मध्यस्थता, जोखिम प्रबंधन, आर्थिक

**जमा के प्रकार**
- डिमांड डिपॉजिट को बैंक से किसी भी समय निकाला जा सकता है।
- सावधि जमा को परिपक्वता के बाद या जुर्माने के साथ

**बैंकिंग प्रणाली का विकास**
- बैंक ऑफ हिन्दुस्तान 1770 ई. में भारत का पहला बैंक था
- 1894 ई. में पंजाब नेशनल बैंक
- वर्ष 1935 में भारतीय रिजर्व बैंक
- वर्ष 1949 में भारतीय रिजर्व बैंक का राष्ट्रीयकरण

**प्रकार**
- केंद्रीय अधिकोष, वाणिज्यिक बैंक, सहकारी बैंक, स्थानीय क्षेत्र बैंक (एलएबी), क्षेत्रीय ग्रामीण बैंक (आरआरबी), विशिष्ट बैंक, लघु वित्त बैंक, भुगतान बैंक

**बैंकों का राष्ट्रीयकरण**
- वर्ष 1969 में 14 बैंकों का राष्ट्रीयकरण
- वर्ष 1980 में 6 बैंकों का राष्ट्रीयकरण

**बैंकिंग क्षेत्र में सुधार**
- गोइपोरिया समिति (1990)
- नरसिम्हम समिति की रिपोर्ट। (1991)
- नरसिम्हम समिति की रिपोर्ट II (1998)
- दामोदरन समिति (2011)

**SOURCE** New NCERT Class X मुद्रा एवं साख, Old NCERT Class IX & X राज्य एवं आर्थिक विकास, New NCERT Class XII मुद्रा एवं बैंकिंग, Old NCERT Class XII मुद्रा और बैंक व्यवस्था परिशिष्ट, Tamil Nadu Board Class XII, रोजगार और आय का सिद्धांत मौद्रिक अर्थव्यवस्था, बैंकिंग NIOS Module-2 मुद्रा और बैंकिंग

## मुद्रा विनिमय

**1 मुद्रा के कार्य के संबंध में निम्नलिखित पर विचार कीजिए और नीचे दिए गए कूट की सहायता से उत्तर चुनिए**

*(Chap 7, Class-XII, Old NCERT)*
*(Chap 3, Class-XII, New NCERT)*

1. विनिमय का माध्यम
2. मूल्य मान की इकाई
3. भविष्य के (स्थगित) भुगतानों का मानक
4. क्रय शक्ति अथवा मूल्य का संचय

**कूट**

(a) 1 और 2 (b) 1, 3 और 4
(c) 1, 2 और 3 (d) ये सभी

**उत्तर** *(d)*

**व्याख्या** मुद्रा के कार्य के संबंध में दिए गए सभी विकल्प सही हैं। मुद्रा विनिमय का एक माध्यम है। इसके माध्यम से वस्तु एवं सेवाओं की खरीद-बिक्री की जाती है। इसे मूल्य मान की इकाई माना जाता है। किसी वस्तु का मूल्य इसी के माध्यम से निर्धारित किया जाता है।

मुद्रा को भविष्य के भुगतानों का मानक माना जाता है। इसके माध्यम से भुगतान करना आसान होता है। मुद्रा के माध्यम से क्रयशक्ति एवं मूल्यों का संचय निर्धारित करना आसान होता है। भविष्य के लिए धन का संचय मुद्रा के रूप में किया जा सकता है, किंतु इस कार्य के कुशलतापूर्वक निष्पादन हेतु मुद्रा के मूल्य में पर्याप्त स्थायित्व होना आवश्यक है, क्योंकि मुद्रा की क्रय क्षमता में परिवर्तन होना स्वाभाविक प्रक्रिया है।

**2 सरकार द्वारा जारी करेंसी के संदर्भ में निम्नलिखित कथनों पर विचार कीजिए** *(Chap 7, Class-XII, Old NCERT)*

1. यह विधि संगत देयता (Legal tender) होने के साथ प्रादिष्ट मुद्रा भी होती है।
2. इसका मुद्रा होना सरकार के आदेश पर निर्भर होता है।
3. इसे कोई भी व्यक्ति भुगतान के रूप में स्वीकार करने से इनकार कर सकता है।
4. छोटे-छोटे सिक्के (₹ 1 व 50 पैसे के सिक्के) की विधि संगत देयता सीमित होती है।

**उपर्युक्त कथनों में से कौन-सा/से कथन सत्य नहीं है/हैं?**

(a) केवल 1 (b) केवल 2
(c) केवल 3 (d) 3 और 4

**उत्तर** *(c)*

**व्याख्या** सरकार द्वारा जारी करेंसी के संदर्भ में कथन (3) सत्य नहीं है, क्योंकि सरकार द्वारा जारी करेंसी को कोई भी व्यक्ति भुगतान के रूप में स्वीकार करने से इनकार नहीं कर सकता है।

**3 'माँग जमा' के संदर्भ में निम्नलिखित कथनों पर विचार कीजिए**

*(Chap 3, Class-X, New NCERT)*

1. माँग जमा में मुद्रा के अनिवार्य लक्षण होते हैं।
2. इससे चैक के माध्यम से बिना नकद का उपयोग किए सीधा भुगतान किया जा सकता है।

**उपर्युक्त कथनों में से कौन-सा/से कथन सत्य है/हैं?**

(a) केवल 1
(b) केवल 2
(c) 1 और 2
(d) न तो 1 और न ही 2

**उत्तर** *(c)*

**व्याख्या** माँग जमा (Demand Deposit) के संदर्भ में दिए गए दोनों कथन सत्य हैं। माँग जमा में मुद्रा के अनिवार्य लक्षण होते हैं। बैंक खातों से जमा धन को माँग के अनुसार निकालने की सुविधा प्रदान की जाती है। यह सुविधा इसे मुद्रा का (विनिमय का माध्यम) महत्त्वपूर्ण लक्षण प्रदान करती है।

इससे चैक के माध्यम से नकद का उपयोग किए बिना सीधा भुगतान किया जा सकता है। मुद्रा के आधुनिक रूप करेंसी और जमा, आधुनिक बैंक प्रणाली की कार्यप्रणाली से बहुत करीब से जुड़े होते हैं।

**4 निम्नलिखित में से कौन-सा एक मुद्रा की पूर्ति का भाग नहीं है?**

*(Chap 3, Class-XII, New NCERT)*

(a) लोगों द्वारा रखी गई करेंसी
(b) अंतर बैंक जमा
(c) डाकघर बचत बैंकों में बचत जमाएँ
(d) व्यावसायिक बैंकों की निवल आवधिक जमाएँ

**उत्तर** *(b)*

**व्याख्या** अंतर बैंक जमा मुद्रा की पूर्ति का भाग नहीं है। जबकि लोगों द्वारा रखी गई करेंसी, डाकघर बचत बैंकों में बचत जमाएँ व व्यावसायिक बैंकों की निवल आवधिक जमाएँ तथा चालू खाता मुद्रा की पूर्ति के भाग माने जाते हैं, क्योंकि इन खातों से आधारित चैकों का उपयोग संव्यवहार के लिए किया जाता है।

**5 मुद्रा पूर्ति की मापों में कौन-सा युग्म सही सुमेलित नहीं है?**

*(Chap 3, Class-XII, New NCERT)*

(a) $M_1$ - सर्वाधिक तरल मुद्रा (b) $M_2$ - सर्वाधिक संकुचित मुद्रा
(c) $M_3$ - सर्वाधिक सामान्य रूप (d) $M_4$ - अव्यावहारिक मुद्रा

**उत्तर** *(c)*

**व्याख्या** मुद्रा पूर्ति की मापों के सम्बन्ध में युग्म (c) सही सुमेलित नहीं है, क्योंकि $M_3$ मुद्रा पूर्ति की माप का सबसे साधारण रूप है। मुद्रा की आपूर्ति का सबसे अधिक प्रयोग होने वाला मान $M_3$ है। $M_3$ को व्यापक मुद्रा कहा जाता है। इसे समस्त मौद्रिक संसाधन भी कहते हैं।

**6 मुद्रा की तरलता का सही अवरोही क्रम है**

*(Chap 7, Class-XII, Old NCERT) (Chap 3, Class-XII, New NCERT)*

(a) $M_1<M_2<M_3<M_4$ (b) $M_1<M_3<M_4<M_2$
(c) $M_4<M_2<M_3<M_1$ (d) $M_1<M_2<M_4<M_3$

**उत्तर** *(a)*

**व्याख्या** मुद्रा तरलता का सही अवरोही क्रम $M_1<M_2<M_3<M_4$ है। भारतीय रिजर्व बैंक मुद्रा के स्टॉक में सर्वाधिक तरलता $M_1$ की है। यह संव्यवहार में सबसे अधिक तरल एवं सरल होता है। भारतीय रिजर्व बैंक मुद्रा की पूर्ति के लिए वैकल्पिक मापों को चार रूपों $M_1$, $M_2$, $M_3$ और $M_4$ में प्रकाशित करता है। $M_1$ एवं $M_2$ को संकुचित मुद्रा भी कहा जाता है। $M_4$ की तरलता सबसे कम होती है।

**7 निम्नलिखित कथनों पर विचार कीजिए**

*(Chap 3, Class-XII, New NCERT)*

1. जनता द्वारा धारित करेंसी
2. बैंकों के पास माँग जमा
3. बैंकों के पास बचत जमा
4. बैंकों के पास सावधि जमा

**उपर्युक्त को उनकी तरलता के घटते क्रम में व्यवस्थित कीजिए और नीचे दिए गए कूट की सहायता से सही उत्तर दीजिए**

(a) 2 1 3 4 (b) 3 2 1 4
(c) 1 2 3 4 (d) 1 3 2 4

**उत्तर** *(c)*

**व्याख्या** उपर्युक्त का उनकी तरलता के अनुसार घटता क्रम 1, 2, 3, 4 है। जनता द्वारा धारित करेंसी की तरलता सबसे अधिक होती है। उसके बाद बैंक के पास माँग जमा की एवं बैंकों के पास बचत जमा की तरलता होती है। बैंकों के पास सावधि जमा की तरलता सबसे कम होती है, क्योंकि एक निश्चित अवधि के बाद ही इसमें मुद्रा की पूर्ति संभव है।

**8 निम्नलिखित पर विचार कीजिए**
*(Chap 3, Class-XII, New NCERT) (IAS Pre 2002)*

1. जनता द्वारा रखी गई करेंसी
2. बैंकों के पास माँग जमा
3. बैंकों के पास सावधि जमा

**उपर्युक्त में से कौन-से विस्तृत व्यापक मान ($M_3$) में शामिल हैं?**

(a) 1 और 3 (b) 1 और 2
(c) 2 और 3 (d) 1, 2 और 3

*उत्तर (d)*

**व्याख्या** दिए गए सभी विकल्प विस्तृत व्यापक मान ($M_3$) में शामिल हैं। विस्तृत व्यापक मान ($M_3$) में जनता द्वारा रखी करेंसी, बैंकों के पास माँग जमा एवं बैंकों के पास सावधि जमा राशि को शामिल किया जाता है। इन्हें व्यापक मुद्रा की श्रेणी में रखा जाता है, इसलिए इसे समस्त मौद्रिक संसाधन माना जाता है। $M_3$ को निम्न प्रकार परिभाषित किया जाता है

$M_3 = M_1 +$ व्यावसायिक बैंकों की निवल आवधिक जमाएँ

**9 'मुद्रा के संचलन वेग' से तात्पर्य है**
*(Chap 3, Class-XII, New NCERT)*

(a) मुद्रा अधिशेष
(b) संव्यवहार मूल्य का अनुपात
(c) मुद्रा का एक इकाई से दूसरी इकाई में परिवर्तित होना
(d) मुद्रा की एक इकाई का एक इकाई अवधि में जितनी बार हस्तांतरण होता है

*उत्तर (d)*

**व्याख्या** मुद्रा की एक इकाई का एक इकाई अवधि में जितनी बार हस्तांतरण होता है, उसे 'मुद्रा का संचलन वेग' (Velocity of Money Circulation) कहा जाता है। मुद्रा को विनिमय का माध्यम माना जाता है, इसके माध्यम से मुद्रा का हस्तांतरण होता है।

**10 भारतीय मौद्रिक व्यवस्था के संदर्भ में निम्नलिखित कथनों पर विचार कीजिए**
*(Chap 7, Class-XII, Old NCERT)*
*(Chap 3, Class-XII New NCERT)*

1. यह कागजी मुद्रामान व्यवस्था पर कार्य करती है।
2. यह प्रबंधित मुद्रामान व्यवस्था पर कार्य नहीं करती है।

**उपर्युक्त कथनों में से कौन-सा/से कथन सही नहीं है/हैं?**

(a) केवल 1 (b) केवल 2
(c) 1 और 2 (d) न तो 1 और न ही 2

*उत्तर (b)*

**व्याख्या** भारतीय मौद्रिक व्यवस्था के संदर्भ में कथन (2) सही नहीं है, क्योंकि भारतीय मौद्रिक व्यवस्था कागजी मुद्रामान व्यवस्था पर कार्य करती है, न कि प्रबंधित मुद्रामान व्यवस्था पर।

मुद्रामान से तात्पर्य उस मानक मुद्रा से है, जिसका अर्थव्यवस्था में प्रयोग होता है। मानक मुद्रा ही विधिग्राह्य मुद्रा होती है।

इसी के प्रयोग के माध्यम से सरकार अपने दायित्वों को पूरा करती है। भारत के मौद्रिक अधिकारी भारतीय रिजर्व बैंक ने कागजी मुद्रा को अंगीकार किया है।

**11 भारत सरकार द्वारा किए गए विमुद्रीकरण के संदर्भ में निम्नलिखित कथनों पर विचार कीजिए**
*(Chap 3, Class-XII, New NCERT)*

1. कर अनुपालन में सुधार
2. कर क्षेत्र में वृद्धि
3. चलन में मुद्रा की कमी
4. लोगों की बचत का औपचारिक वित्तीय व्यवस्था में समावेशन

**उपर्युक्त में से कौन-सा/से विमुद्रीकरण के सकारात्मक प्रभाव हुआ/हुए?**

(a) 1 और 3 (b) 2 और 3
(c) 1, 2 और 4 (d) ये सभी

*उत्तर (c)*

**व्याख्या** भारत सरकार द्वारा किए गए विमुद्रीकरण के संदर्भ में कथन (1), (2) और (4) सही हैं। विमुद्रीकरण करने का सरकार का मुख्य उद्देश्य कर अनुपालन में प्रभावी सुधार लाना, कर के क्षेत्र में वृद्धि लाना एवं लोगों की बचत का औपचारिक वित्तीय व्यवस्था में समावेशन स्थापित करना है। इससे कालेधन जैसी समस्या से आसानी से निपटा जा सकता है। वर्तमान समय में डिजिटल माध्यम से भुगतान प्रक्रिया तेजी से बढ़ी है, इसे भी विमुद्रीकरण के सकारात्मक प्रभाव के रूप में देखा जा सकता है।

कथन (3) सही नहीं है, क्योंकि चलन में मुद्रा की कमी को दूर करने के लिए विमुद्रीकरण नहीं किया जाता है।

## बैंकिंग व्यवस्था

**12 व्यावसायिक बैंकों के कार्यों के संदर्भ में निम्नलिखित कथनों पर विचार कीजिए और नीचे दिए गए कूट की सहायता से उत्तर चुनिए**
*(Chap 7, Class-XII, Old NCERT)*

1. जमाएँ स्वीकार करना
2. ऋण देना
3. ग्राहकों को अधिविकर्ष (Overdraft) की सुविधा देना

**कूट**

(a) 1 और 2 (b) 1 और 3
(c) 2 और 3 (d) 1, 2 और 3

*उत्तर (d)*

**व्याख्या** व्यावसायिक बैंकों के कार्यों के संदर्भ में दिए गए सभी विकल्प सही हैं। व्यावसायिक बैंक अपने ग्राहकों की जमाएँ स्वीकार करता है, अलग-अलग ब्याज दरों पर शर्त सहित ऋण प्रदान करता है, साथ ही ग्राहकों को अधिविकर्ष की सुविधा प्रदान करता है।

इसके अतिरिक्त व्यावसायिक बैंक विदेशी मुद्रा का क्रय-विक्रय करता है, हुंडियों की कटौती करता है तथा नकद साख, माँग उधार (ऐसा ऋण, जिसे बैंक चाहे वापस ले सकता है) एवं अल्पावधि ऋण (व्यक्तिगत ऋण, कम चलाऊ जमा पूँजी ऋण) प्रदान करता है।

**13 निम्नलिखित कथनों पर विचार कीजिए और असत्य कथन की पहचान कीजिए**
*(Chap 3, Class-X, New NCERT)*

(a) साख के औपचारिक स्रोत के अंतर्गत व्यावसायिक बैंक एवं सहकारी समितियों को शामिल किया जाता है
(b) भारतीय रिजर्व बैंक ऋणों के औपचारिक स्रोतों की कार्यप्रणाली पर दृष्टि रखता है
(c) ग्रामीण क्षेत्रों में ऋण/साख का सबसे अधिक भाग औपचारिक स्रोतों के द्वारा पूरा होता है
(d) उपर्युक्त सभी

*उत्तर (c)*

**व्याख्या** दिए गए कथनों में से कथन (c) असत्य है, क्योंकि ग्रामीण क्षेत्रों में अनौपचारिक स्रोत साख के वृहद् स्रोत हैं। अनौपचारिक क्षेत्रक में ऋणदाताओं की गतिविधियों की देखभाल करने वाली कोई संस्था नहीं होती है। वे किसानों व ग्रामीण क्षेत्रों में जरूरतमंद लोगों को ऊँची ब्याज दर पर ऋण उपलब्ध करवाते हैं। औपचारिक ऋणदाताओं की तुलना में अनौपचारिक क्षेत्र के ऋणदाता अधिक ब्याज वसूलते हैं। अत: अनौपचारिक ऋण कर्जदाता को अधिक महँगा पड़ता है।

**14 बैंकिंग प्रणाली में 'स्प्रेड' शब्द का अर्थ है** *(Chap 3, Class-XII, New NCERT)*

(a) बैंकों द्वारा दी जाने वाली ब्याज दरों में वृद्धि
(b) बैंकों द्वारा ली जाने वाली ब्याज दरों में वृद्धि
(c) बैंकों द्वारा दी जाने वाली ब्याज की दर एवं वसूल की जाने वाली ब्याज की दर का अंतर
(d) बैंकों द्वारा ली जाने वाली ब्याज दरों में कमी

*उत्तर (c)*
**व्याख्या** बैंकिंग प्रणाली में 'स्प्रेड' शब्द का अर्थ होता है— बैंकों द्वारा दी जाने वाली ब्याज दर एवं उधार लेने वालों से वसूली जाने वाली ब्याज दर से अक्सर कम होती है, इसी ब्याज दर के अंतर को बैंकिंग भाषा में स्प्रेड कहते हैं, इससे बैंकों को लाभ होता है।

**15 भारत में व्यावसायिक बैंकों के कार्यों में शामिल है** *(Chap 7, Class-XII, Old NCERT)*

1. यह ग्राहकों की ओर से अंश पत्रों व अन्य प्रतिभूतियों का क्रय-विक्रय करता है।
2. वसीयतों के न्यासी और प्रबंधकर्ता का दायित्व निभाना।

**उपर्युक्त कथनों में से कौन-सा/से कथन सही है/हैं?**
(a) केवल 1 (b) केवल 2 (c) 1 और 2 (d) न तो 1 और न ही 2

*उत्तर (c)*
**व्याख्या** भारत में व्यावसायिक बैंकों के कार्यों के संदर्भ में दिए गए दोनों कथन सही हैं। भारत में व्यावसायिक बैंक ग्राहकों की ओर से अंश पत्रों व अन्य प्रतिभूतियों का क्रय-विक्रय करता है, साथ ही वसीयतों के न्यासी और प्रबंधकर्ता के दायित्वों का निर्वहन करता है। यह ग्राहकों की ओर से अंशपत्रों पर लाभांश और ऋणपत्रों पर ब्याज वसूलता है तथा ग्राहकों के निर्देश पर उनके बिलों, बीमा किश्तों का भी भुगतान करता है।

**16 भारत में गैर-बैंकिंग कंपनियों (NBFCs) के संदर्भ में निम्नलिखित कथनों पर विचार कीजिए** *(Chap 6, Class-XII, Tamil Nadu Board), (IAS Pre 2010)*

1. ये सरकार द्वारा जारी प्रतिभूतियों के अधिग्रहण में भाग नहीं ले सकती हैं।
2. ये बचत खाते की तरह माँग निक्षेप (डिमांड डिपॉजिट) स्वीकार नहीं कर सकती हैं।

**उपर्युक्त कथनों में से कौन-सा/से कथन सही है/हैं?**
(a) केवल 1 (b) केवल 2
(c) 1 और 2 दोनों (d) न तो 1 और न ही 2

*उत्तर (b)*
**व्याख्या** भारत में गैर-बैंकिंग कंपनियों (NBFCs) के संदर्भ में कथन (2) सही है। ये बचत खाते की तरह माँग निक्षेप (डिमांड डिपॉजिट) स्वीकार नहीं कर सकती हैं, क्योंकि गैर-बैंकिंग वित्तीय कंपनियाँ प्राय: उन क्षेत्रों के लिए ऋण की व्यवस्था करती हैं, जहाँ ऋण अंतराल विद्यमान है। उपभोक्ता की टिकाऊ वस्तुओं और मोटरकारों के लिए वित्त पोषण करने में महत्त्वपूर्ण भूमिका होती है।
कथन (1) सही नहीं है, क्योंकि गैर-बैंकिंग वित्तीय कंपनियाँ (NBFCs) सरकार द्वारा जारी प्रतिभूतियों के अधिग्रहण में भाग ले सकती हैं।

**17 निम्नलिखित में से कौन-सा कार्य वित्तीय संस्थानों को बैंकों से अलग करता है?** *(Chap 7, Class-XII, Old NCERT)*

(a) उधार देना
(b) निवेश करना
(c) चैक आहरणीय जमाएँ स्वीकार नहीं करना
(d) उपर्युक्त में से कोई नहीं

*उत्तर (c)*
**व्याख्या** चैक आहरणीय जमाएँ स्वीकार नहीं करना, वित्तीय संस्थानों को अन्य बैंकों से पृथक् करता है। भारत में जीवन बीमा निगम, औद्योगिक विकास बैंक व यूनिट ट्रस्ट आदि अनेक विशालकाय वित्तीय संस्थाएँ हैं, जो उधार और निवेश का कार्य तो करती हैं, परंतु चैक आहरणीय जमाएँ स्वीकार नहीं करतीं, इसी कारण ऐसे वित्तीय संस्थानों को बैंकों की श्रेणी में नहीं रखा जाता है।

**18 निम्नलिखित में से कौन-सा एक व्यावसायिक बैंकों की परिसंपत्तियों में शामिल नहीं है/हैं?** *(Chap 7, Class-XII, Old NCERT)*

1. निवेश 2. ऋण एवं अग्रिम
3. जमाएँ 4. आरबीआई के पास जमा

**कूट**
(a) 1 और 2 (b) 2 और 4 (c) केवल 3 (d) 3 और 4

*उत्तर (c)*
**व्याख्या** जमाओं को व्यावसायिक बैंकों की परिसंपत्तियों के रूप में शामिल नहीं किया जाता है। जबकि निवेश, ऋण एवं अग्रिम तथा भारतीय रिजर्व बैंक (आरबीआई) के पास जमाराशियों को व्यावसायिक बैंकों की परिसंपत्तियों के रूप में शामिल किया जाता है। इसके अतिरिक्त अचल पूँजी को भी इसी श्रेणी में रखा जाता है।

**19 बैंकिंग प्रणाली में अल्प अवधि माँग मुद्रा की अवधि क्या होती है?** *(Chap 7, Class-XII, Old NCERT)*

(a) 1-7 दिन (b) 1-14 दिन (c) एक माह (d) 1-3 माह

*उत्तर (b)*
**व्याख्या** बैंकिंग प्रणाली में अल्प अवधि माँग मुद्रा की अवधि 1-14 दिन की होती है। यह मुख्य अन्य बैंकों तथा अंश (शेयर) दलालों तथा वित्तीय संस्थानों को दिया गया ऋण होता है।
इसके माध्यम से बैंक संग्रहित राशि का प्रयोग अपनी तरलता को दुष्प्रभावित किए बिना कुछ ब्याज कमाने के ध्येय से करते हैं।

**20 नाबार्ड के संबंध में निम्नलिखित कथनों पर विचार कीजिए** *(Class-XI, Old NCERT) (UP RO/ARO Pre 2016)*

1. नाबार्ड संसद के अधिनियम द्वारा वर्ष 1982 में स्थापित हुआ।
2. यह केवल कृषि के लिए साख की सुविधा प्रदान करता है।

**कूट**
(a) केवल 1 सही है (b) केवल 2 सही है
(c) 1 और 2 दोनों सही हैं (d) न तो 1 और न ही 2 सही हैं

*उत्तर (a)*
**व्याख्या** नाबार्ड के संबंध में कथन (1) सही है।
नाबार्ड की स्थापना संसद के अधिनियम द्वारा 12 जुलाई, 1982 को की गई थी। राष्ट्रीय कृषि एवं ग्रामीण विकास बैंक (National Bank for Agriculture and Rural Development, NABARD) भारत में कृषि एवं ग्रामीण विकास क्षेत्र को वित्त प्रदान करता है।
कथन (2) सही नहीं है, क्योंकि नाबार्ड केवल कृषि के लिए ही साख प्रदान नहीं करता है, बल्कि यह ग्रामीण विकास के लिए भी वित्त की सुविधाएँ प्रदान करता है।

**21 निम्नलिखित पर विचार दीजिए**

*(Class-XI, Old NCERT) (IAS Pre 1995)*

1. भारत का औद्योगिक वित्त निगम
2. भारत का औद्योगिक ऋणदान और निवेश निगम
3. भारतीय औद्योगिक विकास बैंक
4. यूनिट ट्रस्ट ऑफ इंडिया

**उपर्युक्त की स्थापना जिस सही कालानुक्रम में हुई, वह है**

(a) 1, 2, 3, 4 (b) 1, 3, 2, 4 (c) 4, 3, 2, 1 (d) 1, 4, 3, 2

*उत्तर (a)*

***व्याख्या*** उपर्युक्त बैंकों की स्थापना का सही कालानुक्रम 1, 2, 3, 4 है। भारत का औद्योगिक वित्त निगम (IFCI) वर्ष 1948 में सांविधिक निगम के रूप में स्थापित हुआ।

यह इस समय बी.एस.ई. तथा एन.एस.ई में सूचीबद्ध है। भारत के औद्योगिक ऋणदान और निवेश निगम की स्थापना जनवरी, 1955 में की गई थी। भारतीय औद्योगिक विकास बैंक का गठन जुलाई, 1964 में भारतीय औद्योगिक विकास बैंक अधिनियम, 1964 के अंतर्गत एक वित्तीय संस्था के रूप में हुआ था।

यूनिट ट्रस्ट ऑफ इंडिया (UTI) भारत की एक अग्रणी म्यूचुअल फंड संस्था है। इसकी स्थापना 1 फरवरी, 1964 में की गई।

## भारतीय रिजर्व बैंक

**22 निम्नलिखित में से कौन-सा कथन सही नहीं है?**

*(Chap 3, Class-XII, New NCERT) (UPPSC Mains 2011)*

(a) आरबीआई देश का केंद्रीय बैंक है
(b) आरबीआई केंद्रीय एवं राज्य सरकारों का बैंकर है
(c) आरबीआई देश की विदेशी विनिमय निधि का अभिरक्षक है
(d) आरबीआई की स्थापना वर्ष 1949 में हुई

*उत्तर (d)*

***व्याख्या*** दिए गए कथनों में से कथन (d) सही नहीं है, क्योंकि आरबीआई अर्थात् भारतीय रिजर्व बैंक की स्थापना वर्ष 1935 में की गई थी। यह भारत का केंद्रीय बैंक है। यह केंद्र तथा राज्य सरकार का बैंकर है। आरबीआई का राष्ट्रीयकरण 1 जनवरी, 1949 को किया गया। आरबीआई भारतीय अर्थव्यवस्था के विदेशी कोषों का संरक्षक है। यह बैंकिंग व्यवस्था के लिए बैंकों की भाँति कार्य करता है।

**23 भारतीय रिजर्व बैंक के संबंध में निम्नलिखित कथनों पर विचार कीजिए**

*(Chap 3, Class-XII, New NCERT)*

1. वह देश की मुद्रा का निर्गमन करता है।
2. वह सरकार के बैंकर के रूप में कार्य करता है।
3. वह अर्थव्यवस्था के विदेशी कोषों का संरक्षण करता है।
4. वह बैंकिंग व्यवस्था के लिए बैंक की भाँति कार्य करता है।

**उपर्युक्त कथनों में से कौन-सा/से कथन सत्य है/हैं?**

(a) 1 और 2 (b) 2, 3 और 4
(c) 1, 2, 3 और 4 (d) 3 और 4

*उत्तर (c)*

***व्याख्या*** भारतीय रिजर्व बैंक के संबंध में दिए गए सभी कथन सत्य हैं।

रिजर्व बैंक ऑफ इंडिया देश की मुद्रा का निर्गमन करता है। यह सरकार के बैंकर के रूप में कार्य करता है, क्योंकि यह आवश्यकता पड़ने पर भारत सरकार को वित्तीय सहायता प्रदान करता है। रिजर्व बैंक अर्थव्यवस्था के विदेशी कोषों का संरक्षण करता है। केंद्रीय बैंक के रूप में यह बैंकिंग व्यवस्था के लिए बैंक की भाँति कार्य करता है। देश की मौद्रिक नीति के निर्माण व क्रियान्वयन में रिजर्व बैंक महत्त्वपूर्ण भूमिका निभाता है।

**24 भारत में 'अंतिम उधारदाता' के रूप में केंद्रीय बैंक के कार्य में सामान्यत: निम्नलिखित में से क्या सम्मिलित है/हैं?**

*(Class-XI, Old NCERT) (IAS Pre 2021)*

1. अन्य स्रोतों से ऋण प्राप्ति में विफल होने पर व्यापार एवं उद्योग निकायों को ऋण प्रदान करना।
2. अस्थायी संकट के समय बैंकों के लिए चलनिधि उपलब्ध कराना।
3. बजटीय घाटों के वित्तीयन के लिए सरकारों को ऋण देना।

**कूट**

(a) 1 और 2 (b) केवल 2
(c) 2 और 3 (d) केवल 3

*उत्तर (b)*

***व्याख्या*** भारत में 'अंतिम उधारदाता' (The Lender of the Last Resort) के रूप में केंद्रीय बैंक के कार्य के संबंध में कथन (2) सही है। केंद्रीय बैंक अस्थायी संकट के समय बैंकों के लिए चलनिधि उपलब्ध कराने की व्यवस्था करता है। भारतीय रिजर्व बैंक द्वारा बैंकों को उपलब्ध कराई जाने वाली यह एक महत्त्वपूर्ण सुविधा है। इसके माध्यम से भारतीय रिजर्व बैंक साख पर नियंत्रण भी स्थापित करता है। इसके अतिरिक्त भारतीय रिजर्व बैंक द्वारा किए जाने वाले कुछ प्रमुख कार्य; जैसे-नोटों का निर्गमन, सरकार के बैंकों के रूप में कार्य करना, बैंकों के बैंक के रूप में कार्य करना आदि हैं।

कथन (1) और (3) सही नहीं हैं, क्योंकि अन्य स्रोतों से ऋण प्राप्ति में विफल होने पर व्यापार एवं उद्योगों को ऋण प्रदान करना सरकार का कार्य है, न कि भारतीय रिजर्व बैंक का। साथ ही बजटीय घाटों के वित्तीयन के लिए सरकारों को ऋण देना, अंतिम उधारदाता के रूप में केंद्रीय बैंक का कार्य नहीं है, क्योंकि सरकार अपने बजटीय घाटे को पूरा करने के लिए सामान्यत: करारोपण तथा अन्य माध्यमों का सहारा लेती है।

**25 भारत में मुद्रा-संबंधी नोटों की निर्गमन व्यवस्था आधारित है**

*(Chap 7, Class-XII, Old NCERT)*

(a) न्यूनतम सुरक्षित निधि व्यवस्था पर
(b) आनुपातिक कोष व्यवस्था पर
(c) स्थिर विनिमय दर प्रणाली पर
(d) पूर्ण परिवर्तनशीलता प्रणाली पर

*उत्तर (a)*

***व्याख्या*** भारत में मुद्रा-संबंधी नोटों की निर्गमन (Issue) व्यवस्था न्यूनतम सुरक्षित निधि व्यवस्था पर आधारित है। केंद्रीय बैंक पर सारी निर्गमित मुद्रा के समतुल्य मान की संपत्तियों का सुरक्षित भंडार रखने का दायित्व होता है। इन संपत्तियों में सोना-चाँदी तथा इनके बने सिक्के, विदेशी मुद्रा और प्रतिभूतियों तथा राष्ट्रीय सरकार की स्थानीय मुद्रा में निर्दिष्ट प्रतिभूतियाँ सम्मिलित रहती हैं।

**26 भारतीय रिजर्व बैंक बैंकों के बैंक के रूप में कार्य करता है, इसका अर्थ निम्नलिखित में से कौन-सा है?**

*(Chap 7, Class-XII, Old NCERT)*

1. यह अन्य बैंकों के नकद कोष के एक अंश को अपने पास सुरक्षित रखता है।
2. यह अल्पावधि के लिए नकदी देता है।
3. यह व्यावसायिक बैंकों के कार्यों का पर्यवेक्षण, नियमन और नियंत्रण करता है।

**नीचे दिए गए कूटों के आधार पर सही उत्तर चुनिए**

(a) 2 और 3 (b) 1 और 2
(c) 1 और 3 (d) ये सभी

*उत्तर (d)*

*व्याख्या* भारतीय रिजर्व बैंक (RBI) बैंकों के बैंक के रूप में कार्य करता है, क्योंकि यह अन्य व्यावसायिक बैंकों के नकद कोष के एक अंश को अपने पास सुरक्षित रखता है। इसके बदले में वह बैंकों को ब्याज का भुगतान भी करता है। यह अल्पावधि के लिए सरकार व बैंकों को नकदी प्रदान करता है।

यह व्यावसायिक बैंकों के कार्यों का पर्यवेक्षण, नियमन और नियंत्रण करता है। इसके लिए रिजर्व बैंक समय-समय पर मौद्रिक नीति (नकद आरक्षण अनुपात, रेपो दर, रिवर्स रेपो दर) जारी करता है।

**27 सरकार के बैंकर के रूप में केंद्रीय बैंक के कार्यों के संदर्भ में निम्नलिखित कथनों पर विचार कीजिए**

*(Chap 7, Class-XII, Old NCERT)*

1. यह सरकार की ओर से भुगतान को स्वीकार करता है।
2. यह सार्वजनिक ऋण के प्रबंधन का कार्य करता है।
3. यह सरकार को बैंकिंग और वित्तीय मामलों पर परामर्श देता है।
4. यह सरकार के सभी चालू खाते के नकद कोष को अपने पास रखता है।

**उपर्युक्त कथनों में से कौन-सा/से कथन सही है/हैं?**

(a) 1 और 4 (b) 2 और 3
(c) 1, 2 और 3 (d) ये सभी

*उत्तर (d)*

*व्याख्या* सरकार के बैंकर के रूप में केंद्रीय बैंक के कार्यों के संदर्भ में दिए गए सभी कथन सही हैं। केंद्रीय बैंक के रूप में रिजर्व बैंक सरकार की ओर से भुगतान स्वीकार करता है। साथ ही सार्वजनिक ऋण के प्रबंधन का कार्य करता है। वह समय-समय पर सरकार को बैंकिंग और वित्तीय मामलों पर परामर्श प्रदान करता है, वह सरकार के सभी चालू खाते के नकद कोष को अपने पास आरक्षित रखता है। आवश्यकता पड़ने पर वह सरकार को ऋण प्रदान करता है साथ ही मौद्रिक नीतियों के माध्यम से वित्तीय व्यवस्था को नियंत्रित करता है।

**28 भारत में मौद्रिक नीति, निम्नलिखित साधनों में से किसका प्रयोग करती है?** *(Unit 6, Class-XII, Tamil Nadu Board) (IAS Pre 2015)*

1. बैंक दर
2. मुक्त बाजार संक्रियाएँ
3. सरकारी ऋण
4. लोक राजस्व

**कूट**

(a) 1 और 2 (b) 2 और 3
(c) 1 और 4 (d) 1, 2, 3 और 4

*उत्तर (a)*

*व्याख्या* भारत में मौद्रिक नीति, बैंक दर और मुक्त बाजार संक्रियाएँ जैसे साधनों का प्रयोग करती है।

किसी देश की सरकार अथवा केंद्रीय बैंक द्वारा विशेष आर्थिक उद्देश्य की प्राप्ति के लिए (जैसे-मूल्य स्थिरता, विनिमय दर में स्थिरता, रोजगार, आर्थिक विकास की दर को बढ़ाने आदि) एवं अर्थव्यवस्था में मुद्रा की मात्रा के प्रसार तथा संकुचन के प्रबंधन को मौद्रिक नीति (Monetary Policy) कहा जाता है। भारत में यह कार्य (मौद्रिक नीति का निर्माण) भारतीय रिजर्व बैंक के द्वारा किया जाता है।

मौद्रिक नीति में निश्चित उद्देश्यों की पूर्ति के लिए मुद्रा एवं साख की मात्रा को नियमित एवं नियंत्रित किया जाता है। मौद्रिक नीति के अंतर्गत जब अर्थव्यवस्था में मुद्रा का प्रसार करना होता है, तब बैंक दर में कमी और मुक्त बाजार संक्रिया के अंतर्गत सरकारी प्रतिभूतियों का क्रय किया जाता है और जब मुद्रा प्रसार को नियंत्रित करना होता है, तो बैंक दर में वृद्धि और सरकारी प्रतिभूतियों का विक्रय किया जाता है।

**29 यदि RBI प्रसारवादी मौद्रिक नीति का अनुसरण करने का निर्णय लेता है, तो वह निम्नलिखित में से क्या नहीं करेगा?**

*(Class-XI, Old NCERT) (IAS Pre 2020)*

1. वैधानिक तरलता अनुपात को घटाकर उसे अनुकूलित करना
2. सीमांत स्थायी सुविधा दर को बढ़ाना
3. बैंक दर को घटाना तथा रेपो दर को भी घटाना

**कूट**

(a) 1 और 2 (b) केवल 2
(c) 1 और 3 (d) 1, 2 और 3

*उत्तर (b)*

*व्याख्या* यदि RBI प्रसारवादी मौद्रिक नीति का अनुसरण करने का निर्णय लेता है, तो वह सीमांत स्थायी सुविधा दर को बढ़ाने का कार्य नहीं करेगा, क्योंकि प्रसारवादी मौद्रिक नीति के अंतर्गत भारतीय रिजर्व बैंक सीमांत स्थायी सुविधा दर (Marginal Standing Facility, MSF) को नहीं बढ़ाएगा, क्योंकि इसके बढ़ाने से अर्थव्यवस्था में मुद्रा प्रसार में कमी होगी। एम.एस.एफ. के अंतर्गत व्यापारिक बैंक अपनी निवल माँग तथा सांविधिक देयताओं के निश्चित प्रतिशत तक रातभर के लिए ऋण प्राप्त कर सकता है। इस पर देय ब्याज दर, चालू रेपो दर से 1% अधिक होती है।

इसके अतिरिक्त भारतीय रिजर्व बैंक वैधानिक/सांविधिक तरलता अनुपात (Statutory Liquidity Ratio, SLR) में कमी करता है, जिससे अर्थव्यवस्था में तरलता के प्रवाह में वृद्धि होती है। साथ ही भारतीय रिजर्व बैंक, बैंक दर तथा रेपो दर में कटौती करता है। इससे बैंकों की उधार क्षमता में वृद्धि होती है, जिसके परिणामस्वरूप अर्थव्यवस्था में मुद्रा का प्रसार बढ़ता है।

**30 निम्नलिखित कथनों पर विचार कीजिए**

*(Chap 3, Class-XII, New NCERT) (BPSC Pre 2015)*

1. बैंक दर वह ब्याज दर है, जो भारतीय रिजर्व बैंक अपने ग्राहकों से उनके अल्पकालिक उधार पर लेता है।
2. रेपो दर वह ब्याज दर है, जो भारतीय रिजर्व बैंक अपने ग्राहकों से उनके दीर्घकालिक उधार पर लेता है।

**उपर्युक्त कथनों में से कौन-सा/से कथन असत्य है/हैं?**

(a) केवल 1 (b) केवल 2
(c) 1 और 2 (d) न तो 1 और न ही 2

*उत्तर (d)*

*व्याख्या* दिए गए दोनों कथन सत्य हैं।

भारतीय रिजर्व बैंक अर्थव्यवस्था में मुद्रा प्रणाली को बैंक दर, रेपो दर तथा रिवर्स रेपो दर के माध्यम से नियंत्रित करता है। बैंक दर के आधार पर आरबीआई किसी व्यावसायिक बैंक को उधार प्रदान करता है, क्योंकि रेपो दर वह ब्याज दर है, जिसके अंतर्गत आरबीआई व्यावसायिक बैंकों को दिए गए उधार पर ब्याज प्राप्त करता है।

**31 बैंक दर में वृद्धि सामान्यतः इस बात का संकेत है कि**

*(Chap 3, Class-XII, New NCERT)*

(a) ब्याज की बाजार दर के गिरने की संभावना है
(b) केंद्रीय बैंक अब वाणिज्यिक बैंकों को कर्ज नहीं दे रहा
(c) केंद्रीय बैंक सस्ती मुद्रा नीति का अनुसरण कर रहा है
(d) केंद्रीय बैंक महँगी मुद्रा नीति का अनुसरण कर रहा है

*उत्तर (d)*

*व्याख्या* बैंक दर में वृद्धि सामान्यतः इस बात का संकेत है कि केंद्रीय बैंक महँगी मुद्रा नीति का अनुसरण कर रहा है। बैंक दर का तात्पर्य उस ब्याज दर से है, जिस पर भारतीय रिजर्व बैंक अनुमोदित या अन्य प्रतिभूतियों की जमानत पर उधार देता है। इसके माध्यम से साख एवं मुद्रा स्फीती को नियंत्रित रखना अनिवार्य हो जाता है।

इस दर में परिवर्तन का अर्थ है—केंद्रीय बैंक से नकदी पाने की लागत में परिवर्तन। इस दर की वृद्धि का अर्थ है—केंद्रीय बैंक से उधार की लागत में वृद्धि। इसके कारण बैंकों की साख का निर्माण होता है तथा मुद्रा आपूर्ति बढ़ाने की क्षमता कम रह जाती है।

**32 भारतीय अर्थव्यवस्था के संदर्भ में 'खुला बाजार प्रचालन' (खुले बाजार की क्रियाएँ) किसे निर्दिष्ट करता है?**

*(Chap 3, Class-XII, New NCERT)*

(a) अनुसूचित बैंकों द्वारा आरबीआई से ऋण लेना
(b) अनुसूचित बैंकों द्वारा उद्योग और व्यापार क्षेत्रों को ऋण देना
(c) आरबीआई द्वारा सरकारी प्रतिभूतियों का क्रय और विक्रय
(d) उपर्युक्त में से कोई नहीं

उत्तर *(c)*

***व्याख्या*** भारतीय रिजर्व बैंक के खुले बाजार की क्रियाओं तथा 'खुला बाजार प्रचालन' से अभिप्राय, सरकार द्वारा निर्गमित बॉण्डों के क्रय-विक्रय से है। इसका क्रय तथा विक्रय सरकार द्वारा केंद्रीय बैंक को सुपुर्द किया गया है। जब रिजर्व बैंक खुले बाजार में सरकारी बॉण्ड खरीदता है, तो वह इसके लिए चैक द्वारा भुगतान करता है। यह चैक अर्थव्यवस्था में कोषों की मात्रा में वृद्धि कर करता है, जिससे मुद्रा की पूर्ति बढ़ जाती है। इस प्रकार बॉण्डों के माध्यम से केंद्रीय बैंक मुद्रा की मात्रा को प्रभावित करता है।

**33 निम्नलिखित कथनों पर विचार कीजिए**

*(Class-XI, Old NCERT) (IAS Pre 2007)*

1. रेपो दर ऐसी दर है, जिस पर अन्य बैंक भारतीय रिजर्व बैंक से धनराशि उधार लेते हैं।
2. किसी देश के गिनी गुणांक के 1 के मान का अभिप्राय है कि उस देश की जनता में प्रत्येक की आय पूर्णत: समान है।

**उपर्युक्त कथनों में से कौन-सा/से कथन सही है/हैं?**

(a) केवल 1
(b) केवल 2
(c) 1 और 2 दोनों
(d) न तो 1 और न ही 2

उत्तर *(a)*

***व्याख्या*** दिए गए कथनों में से कथन (1) सही है।

रेपो दर का तात्पर्य उस दर से है, जिस पर भारतीय रिजर्व बैंक अन्य वाणिज्यिक बैंकों को अल्पकालीन ऋण प्रदान करता है। जब रिजर्व बैंक किसी वाणिज्यिक बैंक को ऋण देता है, तो बदले में उसे ब्याज मिलता है, जिसे बैंक दर कहते हैं, परंतु अल्पावधि के लिए जब उधार लेता (वाणिज्यिक बैंक) है, तो इसके बदले में जो ब्याज रिजर्व बैंक को मिलता है, उसे रेपो दर कहा जाता है।

कथन (2) सही नहीं है, क्योंकि किसी देश की गिनी गुणांक के 1 के मान का अभिप्राय है कि उस देश की जनता की आय में असमानता है। गिनी गुणांक 0 से 1 के बीच मापा जाता है, जहाँ गुणांक 0 (शून्य) होता है, वहाँ आय में समानता होती है, परंतु गुणांक 1 (एक) होने पर आय असमानता को प्रदर्शित करता है।

**34 निम्नलिखित कथनों पर विचार कीजिए** *(Class-XI, Old NCERT)*

1. सांविधिक तरलता अनुपात (एस.एल.आर) में वृद्धि से व्यापारिक बैंकों की साख सृजन क्षमता कम होती है।
2. एस. एल. आर. में कमी करने से व्यापारिक बैंकों की साख सृजन क्षमता में वृद्धि होती है।
3. एस. एल. आर. स्फीति की स्थिति में घटाया जाता है।
4. एस. एल. आर. मुद्रा संकुचन की स्थिति में बढ़ाया जाता है।

**उपर्युक्त कथनों में से कितने कथन असत्य हैं?**

(a) केवल एक (b) केवल दो (c) केवल तीन (d) सभी कथन

उत्तर *(b)*

***व्याख्या*** उपर्युक्त कथनों में से केवल दो कथन (3 और 4) असत्य हैं, क्योंकि सांविधिक तरलता अनुपात (एस.एल.आर.) में मुद्रास्फीति की स्थिति में वृद्धि तथा मुद्रा संकुचन की स्थिति में कमी की जाती है।

सांविधिक तरलता अनुपात, वह अनुपात है, जिसे वाणिज्यिक बैंकों को कानूनी रूप से अपनी जमाओं का कुछ भाग नकद, सोना तथा सरकारी प्रतिभूतियों में तरलता के रूप में अपने पास रखना होता है।

**35 निम्नलिखित में से कौन-सी विधि साख नियंत्रण की गुणात्मक (चयनात्मक) विधियों के अंतर्गत नहीं आती है?**

*(Class-XI, Old NCERT)*

(a) नैतिक सलाह
(b) साख का राशनिंग
(c) सीमा अनिवार्यता
(d) खुले बाजार की क्रियाएँ

उत्तर *(d)*

***व्याख्या*** साख नियंत्रण की गुणात्मक विधियों के अंतर्गत खुले बाजार की क्रियाएँ (OMOs) शामिल नहीं होती हैं, क्योंकि खुले बाजार की क्रियाएँ साख नियंत्रण की एक परिमाणात्मक विधियाँ हैं। जबकि नैतिक सलाह, साख का राशनिंग और सीमा अनिवार्यता साख नियंत्रण की गुणात्मक विधियाँ हैं। खुले बाजार की क्रियाओं का अर्थ है—केंद्रीय बैंक द्वारा खुले बाजार में सरकारी प्रतिभूतियों का क्रय-विक्रय। केंद्रीय बैंक इन प्रतिभूतियों का क्रय-विक्रय नागरिकों तथा वाणिज्यिक बैंकों से/को करता है।

केंद्रीय बैंक कुल माँग बढ़ाने तथा मुद्रा संकुचन की स्थिति से अर्थव्यवस्था को निकालने हेतु प्रतिभूतियों को क्रय करना शुरू कर देता है।

**36 भारतीय रिजर्व बैंक की दर कम करने के फलस्वरूप**

*(Chap 3, Class-XII, New NCERT)*
*(Class-XI, Old NCERT) (IAS Pre 2011)*

(a) बाजार की तरलता बढ़ जाती है
(b) बाजार की तरलता घट जाती है
(c) बाजार की तरलता पर कोई प्रभाव नहीं पड़ता
(d) वाणिज्यिक बैंक अधिक जमा पूँजी संगृहीत कर लेते हैं

उत्तर *(a)*

***व्याख्या*** भारतीय रिजर्व बैंक की दर में कमी के फलस्वरूप बाजार की तरलता बढ़ जाती है। बैंक दर बढ़ने से मुद्रा की आपूर्ति में कमी आती है, जबकि बैंक दर कम होने पर बाजार की तरलता (Liquidity) बढ़ जाती है, क्योंकि मुद्रा की आपूर्ति बढ़ जाती है। बैंक दर में कमी से ब्याज की दरें कम होती हैं, जिसके फलस्वरूप ऋण लेने की प्रक्रिया तेज होती है। कम ब्याज दर के कारण लोग ऋण लेने के लिए प्रोत्साहित होते हैं।

**37 निम्नलिखित कथनों पर विचार कीजिए**

*(Chap 7, Class-XII, Old NCERT)*

1. नकद जमा अनुपात वह राशि है, जिसे व्यावसायिक बैंकों को केंद्रीय बैंक के पास नकद के रूप में जमा कराना होता है।
2. वैधानिक तरलता अनुपात बैंकों को अपनी माँग और सावधि देयताओं के अंश को मान्य परिसंपत्तियों में लगाने को बाध्य करता है।

**उपर्युक्त कथनों में से कौन-सा/से कथन असत्य है/हैं?**

(a) केवल 1
(b) केवल 2
(c) 1 और 2
(d) न तो 1 और न ही 2

उत्तर *(d)*

*व्याख्या* दिए गए दोनों कथन सत्य हैं।

नकद जमा अनुपात (Cash Reserve Ratio, CRR), वह राशि है, जिसे व्यावसायिक बैंकों को केंद्रीय बैंकों के पास नकद रूप से जमा कराना होता है। साख एवं मुद्रास्फीति नियंत्रण हेतु इसे आवश्यक माना जाता है। नकद जमा अनुपात की दर न्यूनतम 3% व अधिकतम 15% तक हो सकती है।

वैधानिक तरलता अनुपात (Statutory Liquidity Ratio, SLR) बैंकों को अपनी माँग और सावधि देयताओं के अंश को मान्य परिसंपत्तियों में लगाने के लिए बाध्य करता है। वैधानिक तरलता अनुपात अधिकतम 25% तक हो सकता है।

**38 बैंकों की साख अथवा द्रव्य सृजन की क्षमता का निर्धारण आरबीआई द्वारा किया जाता है। आरबीआई जमाओं के एक निश्चित प्रतिशत को तय कर देता है, जो प्रत्येक बैंक को रखना अनिवार्य है। इसकी वृद्धि से साख सृजन को अधिक समर्थ बनाया जा सकता है। उपर्युक्त किसके बारे में अधिक स्पष्ट व्याख्या है?**

*(Chap 7, Class-XII, Old NCERT)*

(a) वैधानिक तरलता अनुपात (b) नकद आरक्षित अनुपात
(c) रेपो दर (d) रिवर्स रेपो दर

*उत्तर (b)*

*व्याख्या* उपर्युक्त विवरण नकद आरक्षित अनुपात की स्पष्ट व्याख्या है। नकद आरक्षित अनुपात में वृद्धि से बैंकों के पास उपलब्ध नकदी को बढ़ाकर उन्हें अधिक साख सृजन करने में समर्थ बनाया जाता है। प्रत्येक व्यावसायिक बैंक के लिए यह अनिवार्य है कि वह अपना कुछ अंश (RBI द्वारा निर्धारित) केंद्रीय बैंक के पास जमा रखे।

यदि नकद आरक्षित अनुपात में कमी आती है, तो व्यावसायिक बैंकों के पास अधिक मुद्रा होगी, ताकि वह अधिक-से-अधिक लोगों को ऋण उपलब्ध करवा सकें। साख को नियंत्रित करने में इसकी अहम भूमिका होती है। रेपो रेट व रिवर्स रेपो रेट भी आरबीआई की मौद्रिक नीति का ही हिस्सा हैं।

**39 नरसिम्हन समिति का संबंध है**

*(Chap 7, Class-XII, Old NCERT), (UPPSC Lower Pre 2008)*

(a) कर संरचना सुधार से (b) बैंकिंग संरचना सुधार से
(c) नियोजन क्रियान्वयन के सुधार से (d) उच्च शिक्षा में सुधार से

*उत्तर (b)*

*व्याख्या* नरसिम्हन समिति का संबंध बैंकिंग संरचना सुधार से है। सरकार ने बैंकिंग व्यवस्था में संरचनात्मक सुधार लाने के लिए वर्ष 1991 एवं वर्ष 1998 में नरसिम्हन समिति की रिपोर्ट के अनुसार, बैंकिंग संरचना के क्षेत्र में अनेक सुधार किए।

CRR एवं SLR को कम करके बैंक की साख की क्षमता को समृद्ध करने की सिफारिश की गई। इसके अतिरिक्त समिति ने अनेक सुझाव दिए; जैसे—ब्याज दरों में कटौती, कालांतर में नियंत्रण मुक्त करना, बैंकों की कार्य क्षमता को बढ़ाने के लिए बैंकों को स्वायत्तता प्रदान करना, विदेशी बैंकों को भी भारत में अपनी शाखाएँ स्थापित करने देना तथा सरकार के निर्देशानुसार कथित वरीयता क्षेत्रों को सस्ता ऋण प्रदान करने के दायित्वों से मुक्त करना इत्यादि।

**40 निम्नलिखित में कौन-कौन से वित्तीय समायोजन का भाग हैं?**

*(Chap 3, Class-XII, New NCERT)*

1. जनधन खाते
2. ई-वैलेट्स
3. मोबाइल एवं स्मार्ट फोन का विस्तार
4. आधार आधारित भुगतान पद्धतियाँ

**कूट**

(a) 1 और 2 (b) 1 और 4
(c) 1, 2, 3 और 4 (d) 2, 3 और 4

*उत्तर (c)*

*व्याख्या* वित्तीय समायोजन के अंतर्गत जनधन खाते, ई-वैलेट्स, मोबाइल एवं स्मार्ट फोन का विस्तार तथा आधार आधारित भुगतान पद्धतियाँ आदि को शामिल किया जाता है। वित्तीय साधनों व उपकरणों का जन-जन तक पहुँचना ही वित्तीय समायोजन कहलाता है।

वित्तीय समायोजन एक ऐसे आर्थिक समाज का बोध कराता है, जिसमें वित्त सदैव भौतिक बैंक नोटों अथवा सिक्कों से संबंधित न होकर व्यवहार करने वाले पक्षों के बीच डिजिटल सूचनाओं से जुड़ा होता है। मोबाइल एवं स्मार्ट फोन के पूरे भारत में विस्तृत हो जाने के कारण आज वित्तीय समायोजन को एक वास्तविक स्वप्न की भाँति ही देखा जाता है।

**41 भारतीय अर्थव्यवस्था के संदर्भ में माँग-प्रेरित मुद्रास्फीति या उसमें वृद्धि निम्नलिखित किन कारणों से होती है?**

*(Class-XI, Old NCERT) (IAS Pre 2021)*

1. विस्तारकारी नीतियाँ
2. राजकोषीय प्रोत्साहन
3. मुद्रास्फीति सूचकांक मजदूरी (इंफ्लेशन-इंडेक्सिंग वेजेस)
4. उच्च क्रयशक्ति
5. बढ़ती ब्याज दर

**कूट**

(a) 1, 2 और 4
(b) 3, 4 और 5
(c) 1, 2, 3 और 5
(d) उपर्युक्त सभी

*उत्तर (a)*

*व्याख्या* भारतीय अर्थव्यवस्था के संदर्भ में माँग-प्रेरित मुद्रास्फीति या उसमें वृद्धि विस्तारकारी नीतियों, राजकोषीय प्रोत्साहन (कर में कमी, ऋण में वृद्धि) व उच्च क्रयशक्ति (क्रयशक्ति का बढ़ना) के कारण से होती है। इसलिए इसे माँग-प्रेरित स्फीति (Demand Pull Deflation) कहते हैं। समग्र माँग में वृद्धि मुद्रा की पूर्ति में वृद्धि और वास्तविक चरों (यथा—सार्वजनिक व्यय में वृद्धि, लोगों द्वारा की जाने वाली बचतों में कमी) में परिवर्तन के कारण होती है। मुद्रास्फीति सूचकांक मजदूरी व बढ़ती ब्याज दर से माँग-प्रेरित मुद्रास्फीति नहीं होती है, क्योंकि मुद्रास्फीति सूचकांकन मजदूरी (इंफ्लेशन-इंडेक्सिंग वेजेस) के कारण मुद्रास्फीति के बढ़ने व घटने से मजदूरी/वेतन में कमी/वृद्धि की जाती है।

# अध्याय 09

# लोकवित्त (राजकोषीय नीति एवं बजट)

## लोकवित्त (राजकोषीय नीति और बजट)

### लोकवित्त

**परिचय**
- किसी अर्थव्यवस्था की सरकार के राजस्व और व्यय का अध्ययन करता है
- आधुनिक समय में सीमा सरकारी आय के तरीकों और साधनों तक सीमित नहीं है

**राजकोषीय नीति**
- आर्थिक स्थितियों को प्रभावित करने के लिए सरकारी खर्च और कर नीति के उपयोग को संदर्भित करते हैं
- जॉन मेनार्ड कीन्स के विचारों पर आधारित

**वित्तीय घाटा**
- वह राशि जिसके द्वारा कोई राशि किसी संदर्भ से राशि से कम हो जाती है

**प्रकार**
- **राजकोषीय घाटा**
  - सकल राजकोषीय, शुद्ध राजकोषीय, राजकोषीय असंतुलन
- **राजस्व घाटा**
  - परिवर्तनीय में केवल वे लेन-देन शामिल हैं, जो वर्तमान आय को प्रभावित करते हैं
- **पूँजी घाटा**
  - घाटा बजट, प्राथमिक घाटा, सकल प्राथमिक
- **मौद्रिक घाटा** आरबीआई के शुद्ध ऋण में वृद्धि केंद्र सरकार के लिए मौद्रिक नुकसान है

**विभाजन**

**राजस्व व्यय**
- नियोजित राजस्व व्यय
- गैर नियोजित राजस्व व्यय

**पूँजीगत व्यय**
- इसमें मुख्य रूप से भूमि, भवन शामिल हैं
- व्यय से सरकार की संपत्ति में वृद्धि होती है

**राजस्व प्राप्तियाँ**
- अप्रत्यक्ष कर
- लाभ और लाभांश
- ब्याज आय
- पूँजीगत प्राप्तियाँ
- इसके बदले में सरकार को भुगतान करना पड़ता है, पूँजीगत लाभ को पूँजी खाते के रूप में जाना जाता है

### सरकारी बजटिंग

**परिचय**
- बजट में शामिल
- राजस्व और पूँजीगत प्राप्तियों का अनुमान
- खर्च का अनुमान; आने वाले वर्ष की नीतियाँ

**ऐतिहासिक पूर्वावलोकन**
- फ्रांसीसी शब्द **बौगेट** से व्युत्पन्न
- पहली बार 1803 ई. में फ्रांस में उपयोग किया गया
- वर्ष 1947 में स्वतंत्र भारत का पहला बजट

**प्रकार**
- परंपरागत, शून्य आधारित, नतीजा, प्रदर्शन, लिंग, संतुलित, आधिक्य, घाटा

**भारत में गठन**
- एक निर्धारित अवधि के लिए योजना की मात्रात्मक अभिव्यक्ति
- वित्त मंत्रालय अगले वित्तीय वर्ष के लिए प्रशासनिक मामलों में परिपत्र प्रपत्र भेजता है

**भारत की संवैधानिक निधि**
- **समेकित निधि**
  - सभी सरकारी खातों में सबसे महत्त्वपूर्ण
  - यह अनुच्छेद 266 (1) के तहत संवैधानिक था
  - सभी सरकारी व्यय असाधारण मदों की अपेक्षा इस निधि से किए जाते हैं।
- **सार्वजनिक लेखा**
  - उन लेन-देन के लिए प्रवाह जहाँ सरकार केवल बैंकर के रूप में कार्य कर रही है
  - निधि का गठन अनुच्छेद 266 (1) के तहत किया गया था
- **आकस्मिक निधि**
  - सरकार के कुछ जरूरी खर्चों को पूरा करने के लिए अग्रदाय खाते के रूप में बनाया गया
  - राष्ट्रपति के निपटान में निधि

### वस्तु एवं सेवा कर

**परिचय**
- जीएसटी घरेलू उपभोग के लिए अधिकांश वस्तुओं पर लगाया जाने वाला एक मूल्य वर्धित कर है
- ग्राहकों द्वारा भुगतान, सामान बेचने वाले व्यवसाय द्वारा सरकार को भेजा गया

**प्रकार**
- **सेंट्रल जीएसटी**
  - माल की आपूर्ति पर कर लगाने का प्रावधान, उत्पाद शुल्क, सीमा शुल्क का अतिरिक्त शुल्क, सेवा कर, ग्रेच्युटी अधिभार आदि
- **राज्य जी.एस.टी.**
  - राज्य सरकार द्वारा लगाए और वसूले जाने वाले कर, राज्य कर, प्रवेश कर, खरीद कर, मनोरंजन कर आदि
- **एकीकृत जीएसटी**
  - अंतर्राष्ट्रीय वस्तुओं और सेवाओं पर लगाया जाने वाला कर
  - इसके तहत प्राप्त करों की राशि राज्य को वितरित की जाती है
- **केंद्रशासित प्रदेश जीएसटी**
  - यूटीजीएसटी के तहत प्रावधान और यूटी के लिए कर प्रणाली
  - यूटी में केंद्र सरकार द्वारा एकत्रित कर लगाने का प्रावधान है

**SOURCE** Tamil Nadu Board Class XII, राजस्व अर्थशास्त्र, NIOS Module-2 सरकार का बजट, New NCERT Class XII सरकारी बजट एवं अर्थव्यवस्था Old NCERT Class XII

## बजट व्यवस्था

**1 सरकार के बजट के उद्देश्यों में निम्नलिखित में कौन-से कथन शामिल हैं?** *(Chap 5, Class-XII, New NCERT)*

1. संसाधनों का पुन: आवंटन
2. आय-संपत्ति का पुन: वितरण
3. स्थिरीकरण संबंधी गतिविधियाँ
4. सार्वजनिक उद्यमों का प्रबंधन

**कूट**

(a) 1 और 3 (b) 2 और 4
(c) 1, 2 और 3 (d) ये सभी

**उत्तर** *(d)*

***व्याख्या*** सरकार के बजट के उद्देश्यों में उपर्युक्त सभी कथन शामिल हैं। सरकारी बजट के उद्देश्य के अंतर्गत प्रमुख रूप से संसाधनों का आवंटन, आर्थिक स्थिरता, आर्थिक वृद्धि, सार्वजनिक क्षेत्र के उद्यमों का प्रबंधन, आय एवं संपत्ति का पुनर्वितरण स्थिरीकरण संबंधी गतिविधियाँ इत्यादि आते हैं। सरकार जन-कल्याण बढ़ाने में बहुत महत्त्वपूर्ण भूमिका निभाती है।

इसके लिए सरकार अर्थव्यवस्था में अनेक प्रक्रियाओं के साथ हस्तक्षेप करती है। सरकारी बजट आने वाले वित्तीय वर्ष के लिए सरकार की अनुमानित प्राप्तियों एवं व्यय का एक वार्षिक वित्तीय विवरण होता है।

**2 सार्वजनिक वस्तुओं के संदर्भ में कौन-सा कथन असत्य है?** *(Chap 5, Class-XII, New NCERT)*

(a) इसे गैर-अपवर्जनीय कहा जाता है
(b) इसका लाभ एक विशेष उपभोक्ता तक सीमित नहीं होता है
(c) इसका उपभोग प्रतिद्वंद्वात्मक होता है
(d) सार्वजनिक वस्तुओं का उत्पादन निजी क्षेत्र अथवा सरकार के द्वारा किया जा सकता है

**उत्तर** *(c)*

***व्याख्या*** सार्वजनिक वस्तुओं के संदर्भ में कथन (c) असत्य है, क्योंकि किसी व्यक्ति के उपभोग एवं अन्य व्यक्तियों के उपभोग में प्रतिद्वंद्वात्मकता नहीं होती। सार्वजनिक पार्क या वायु प्रदूषण को नियंत्रित करने के उपायों की बात करें, तो इनके लाभ सभी के लिए उपलब्ध होंगे।

एक व्यक्ति द्वारा एक वस्तु का उपभोग दूसरों के लिए उसके उपभोग की उपलब्धता को कम नहीं करेगा। अत: एक साथ अनेक लोग इनका लाभ उठा सकते हैं। सार्वजनिक वस्तुओं का उत्पादन निजी तथा सरकारी क्षेत्र द्वारा किया जा सकता है।

**3 'लेखानुदान' संघ सरकार को अनुमति प्रदान करता है** *(Unit 9, Class-XII, Tamil Nadu Board) (UPPSC Mains 2004) (BPSC Pre 2016)*

(a) सार्वजनिक ऋण लेने के लिए
(b) भारतीय रिज़र्व बैंक से धन उधार लेने के लिए
(c) राज्यों को अनुदान प्रदान करने के लिए
(d) निश्चित अवधि के लिए भारतीय संचित निधि से धन निकालने के लिए

**उत्तर** *(d)*

***व्याख्या*** 'लेखानुदान' (Vote on Account) संघ सरकार को एक निश्चित अवधि के लिए भारतीय संचित निधि से धन निकालने की अनुमति प्रदान करता है। इसका प्रावधान संविधान के अनुच्छेद-116 में किया गया है।

यदि केंद्र सरकार पूरे वर्ष के स्थान पर कुछ ही महीनों के लिए संसद से जरूरी खर्च हेतु अनुमति प्रदान करने की माँग करती है, तो वह 'लेखानुदान' के रूप में सामने आता है।

अंतरिम बजट में केन्द्र सरकार खर्च के अतिरिक्त राजस्व का भी ब्यौरा पेश करती है, जबकि लेखानुदान में केवल खर्च के लिए संसद की अनुमति जरूरी होती है।

**4 निम्नलिखित में कौन-सा सरकार के बजट की राजस्व प्राप्तियों में सम्मिलित नहीं है?** *(Chap 8, Class-XII, Old NCERT)*

(a) ऋणों पर मिलने वाला ब्याज (b) कर प्राप्तियाँ
(c) लघु बचतें (d) निवेशों पर अर्जित लाभांश

**उत्तर** *(c)*

***व्याख्या*** लघु बचतें सरकार के बजट की राजस्व प्राप्तियों (Revenue Receipts) में सम्मिलित नहीं होती हैं। सरकार के बजट की राजस्व प्राप्तियों के दो उपवर्ग होते हैं- कर राजस्व एवं गैर-कर राजस्व।

सरकारी अधिकरणों से लिए गए ऋणों पर मिलने वाला लाभकर, सरकार द्वारा किए गए निवेशों पर अर्जित लाभांश एवं ब्याज के रूप में प्राप्त धन को सरकार के राजस्व बजट में स्थान दिया गया है।

**5 बजट के संदर्भ में निम्नलिखित कथनों पर विचार कीजिए** *(Chap 8, Class-XII, Old NCERT)*

1. इसको राजस्व बजट एवं पूँजीगत बजट में विभाजित किया जाता है।
2. राजस्व प्राप्तियों में कर व गैर-कर राजस्व सम्मिलित होते हैं।
3. पूँजीगत प्राप्तियों में सबसे प्रमुख सरकार द्वारा लिया गया ऋण होता है।

**उपर्युक्त में से कितने कथन सत्य हैं?**

(a) केवल एक (b) केवल दो
(c) सभी तीनों (d) इनमें से कोई नहीं

**उत्तर** *(c)*

***व्याख्या*** बजट के संदर्भ में दिए गए सभी कथन सत्य हैं।

बजट एक वित्तीय वार्षिक विवरण है, जो 1 अप्रैल से अगले 31 मार्च तक चलता है। इसकी अवधि में सरकार की अनुमानित प्राप्तियों एवं व्यय का ब्यौरा होता है। बजट प्रस्ताव को राजस्व बजट और पूँजीगत बजट में विभाजित किया जाता है। राजस्व प्राप्तियों को कर तथा गैर-कर राजस्व में विभाजित किया जाता है। सरकार द्वारा लिए गए ऋण को पूँजीगत प्राप्तियों (Capital Receipts) में स्थान दिया जाता है।

**6 निम्नलिखित में से कौन-सा एक बजट की पूँजीगत प्राप्तियों का भाग नहीं है?** *(Chap 8, Class-XII, Old NCERT)*

(a) सरकारी संपत्ति की बिक्री से प्राप्त आय
(b) ऋणों पर प्राप्त ब्याज
(c) पुराने ऋणों की उगाही से हुई प्राप्तियाँ
(d) सार्वजनिक भविष्य निधि कोष में जमा राशियाँ

**उत्तर** *(b)*

***व्याख्या*** ऋणों पर प्राप्त ब्याज, बजट की पूँजीगत प्राप्तियों का भाग नहीं है, क्योंकि सरकार की ऐसी सभी प्राप्तियाँ, जिनसे देयता उत्पन्न हो या वित्तीय संपत्तियाँ कम हों पूँजीगत प्राप्तियाँ कहलाती हैं। ये पूँजीगत प्राप्तियाँ ऋण-उत्पादक या गैर-ऋण उत्पादक होती हैं।

पूँजीगत प्राप्तियों में सबसे प्रमुख है- सरकार द्वारा जनता से लिया गया ऋण। इसे बाजार ऋण भी कहा जाता है। इसी के साथ सरकार द्वारा भारतीय रिजर्व बैंक से तथा अन्य संस्थानों से लिए गए ऋण, राजकोषीय हुंडियों की बिक्री के माध्यम से लिए गए ऋण, विदेशी सरकारों एवं बहुराष्ट्रीय संस्थानों से मिले ऋण, लघु बचत आदि भी इसमें सम्मिलित हैं।

**7 केंद्र सरकार के बजट के राजस्व व्यय के अंतर्गत शामिल किया जाता है** *(Chap 8, Class-XII, Old NCERT)*

1. राज्य सरकारों को प्रदत्त अनुदान
2. सरकार द्वारा उपगत ऋण ब्याज अदायगी
3. सरकारी विभागों के सामान्य संचलन पर किया गया व्यय
4. भौतिक परिसंपत्तियों के सृजन पर किया गया व्यय

कूट

(a) 1 और 4 (b) 2 और 3

(c) 2, 3 और 4 (d) ये सभी

उत्तर (d)

*व्याख्या* केंद्र सरकार के बजट के राजस्व व्यय के अंतर्गत उपर्युक्त सभी को शामिल किया जाता है। राजस्व व्यय केंद्र सरकार का भौतिक या वित्तीय परिसंपत्तियों के सृजन के अतिरिक्त अन्य उद्देश्यों के लिए किया गया व्यय है। राजस्व व्यय का संबंध सरकारी विभागों के सामान्य कार्यों एवं विविध सेवाओं, सरकार द्वारा उपगत ऋण ब्याज अदायगी, राज्य सरकारों एवं अन्य दलों को प्रदत्त अनुदानों इत्यादि पर किए गए व्यय से होता है।

8 **निम्नलिखित में से कौन-सा एक केंद्र सरकार के बजट के पूँजीगत व्ययों का हिस्सा नहीं है?** *(Chap 8, Class-XII, Old NCERT)*

(a) सरकारी कंपनियों एवं निगमों को दिया गया ऋण

(b) भवन निर्माण

(c) प्रतिरक्षा सेवाएँ

(d) यंत्र-संयंत्र

उत्तर (c)

*व्याख्या* प्रतिरक्षा सेवाएँ केंद्र सरकार के बजट के पूँजीगत व्ययों का हिस्सा नहीं हैं, क्योंकि पूँजीगत व्यय सरकार के वे व्यय हैं, जिनके परिणामस्वरूप भौतिक या वित्तीय परिसंपत्तियों का सृजन या वित्तीय दायित्वों में कमी होती है। पूँजीगत व्यय के अंतर्गत भूमि अधिग्रहण, भवन निर्माण, मशीनरी, उपकरण, शेयरों में निवेश, केंद्र सरकार के द्वारा राज्य सरकारों एवं संघशासित प्रदेशों, सार्वजनिक उपक्रमों एवं अन्य पक्षों को प्रदान किए गए ऋण तथा अग्रिम संबंधी व्ययों को शामिल किया जाता है।

9 **लिंगगत बजट के संदर्भ में निम्नलिखित कथनों पर विचार कीजिए** *(Chap 5, Class-XII, New NCERT)*

1. इसमें महिलाओं के सशक्तीकरण, विभाजित संसाधनों के उपभोग का परीक्षण और सार्वजनिक व्यय के प्रभाव संबंधी नीतियाँ शामिल होती हैं।
2. वर्ष 2005-06 के भारतीय बजट में बजटीय विनिधान की लिंग संवेदनशीलता को महत्त्व देते हुए विवरण प्रस्तुत किया।

**उपर्युक्त कथनों में से कौन-सा/से कथन सही है/हैं?**

(a) केवल 1 (b) केवल 2

(c) 1 और 2 (d) न तो 1 और न ही 2

उत्तर (c)

*व्याख्या* लिंगगत बजट/लैंगिक बजट (Gender Budget) के संदर्भ में दिए गए दोनों कथन सही हैं। वर्ष 2005-06 के भारतीय बजट में तत्कालीन सरकार ने लिंग संवेदनशीलता को विशेष महत्त्व देते हुए लिंगगत बजट प्रस्तुत किया था।

लिंगगत बजट सरकार की लिंग संबंधी वचनबद्धताओं को बजटीय वचनबद्धता में रूपांतरित करने का एक और सार्थक प्रयास है, जिसमें महिला सशक्तीकरण के लिए विशेष पहल एवं महिलाओं के लिए विभाजित संसाधनों के उपभोग का परीक्षण तथा सार्वजनिक व्यय के प्रभाव को शामिल किया गया और महिलाओं के लिए इन्हें सरकार की नीतियों में शामिल किया गया है।

10 **शून्य आधारित बजट से संबंधित निम्नलिखित कथनों पर विचार कीजिए** *(Class-XII, Old NCERT)*

1. भारत सरकार ने सर्वप्रथम वर्ष 1991 में शून्य आधारित बजट प्रस्तुत किया।
2. शून्य आधारित बजट में सभी मदों को नया मानकर उन पर प्रस्तावित व्यय का नए सिरे से मूल्यांकन किया जाता है।

**उपर्युक्त कथनों में से कौन-सा/से कथन सही है/हैं?**

(a) केवल 1 (b) केवल 2

(c) 1 और 2 दोनों (d) न तो 1 और न ही 2

उत्तर (b)

*व्याख्या* शून्य आधारित बजट से संबंधित कथन (2) सही है। शून्य आधारित बजट से आशय बजट निर्माण की उस प्रक्रिया से है, जिसमें सभी मदों को नया मानकर उन पर प्रस्तावित व्यय का नए सिरे से मूल्यांकन किया जाता है। कथन (1) सही नहीं है, क्योंकि भारत सरकार में सर्वप्रथम वर्ष 1986-87 में शून्य आधारित बजट प्रस्तुत किया गया था।

संयुक्त राज्य अमेरिका में सर्वप्रथम शून्य आधारित बजट लागू किया गया था। इस बजट के प्रवर्तन का श्रेय अमेरिका के पीटर ओ पायर को दिया जाता है।

11 **निष्पादन बजट की अवधारणा ली गई है** *(Unit 9, Class-XII, Tamil Nadu Board) (UPPSC Pre 2010)*

(a) जर्मनी से (b) फ्रांस से

(c) यू. के. से (d) संयुक्त राज्य अमेरिका से

उत्तर (d)

*व्याख्या* निष्पादन बजट (Performance Budget) की अवधारणा संयुक्त राज्य अमेरिका से ली गई है। इस बजट का सर्वप्रथम प्रयोग हूबर आयोग (1949) की सिफारिश पर यू. एस. ए. में कृषि क्षेत्र में किया गया था। भारत में इसकी शुरुआत प्रशासनिक आयोग की संस्तुति पर वर्ष 1969 में की गई। निष्पादन बजट लागत-लाभ विश्लेषण को निरूपित करता है।

12 **निम्नांकित में से कौन राजकोषीय नीति का उपकरण नहीं हैं?** *(Chap 29, Module-9, NIOS) (RAS/RTS Pre 2023)*

(a) सार्वजनिक व्यय (b) ब्याज दर

(c) हीनार्थ प्रबंधन (d) करारोपण

उत्तर (b)

*व्याख्या* ब्याज दर राजकोषीय नीति का उपकरण नहीं है, बल्कि करारोपण, सार्वजनिक व्यय, हीनार्थ प्रबंधन (Deficit Financing) तथा देश का बजट राजकोषीय नीति के उपकरण हैं।

राजकोषीय नीति से तात्पर्य—व्यापक आर्थिक स्थितियों, विशेष रूप से रोजगार, मुद्रास्फीति और वस्तुओं एवं सेवाओं की कुल माँग जैसे व्यापक आर्थिक चर को प्रभावित करने के लिए सरकारी खर्च और कर नीतियों के उपयोग से है। वित्त मंत्रालय राजकोषीय नीति का निर्माण करता है।

## राजकोषीय नीति

13 **सूची I तथा सूची II को सुमेलित कीजिए और नीचे दिए गए कूट का प्रयोग कर सही उत्तर दीजिए** *(Chap 8, Class-XII, Old NCERT)*

| सूची-I (पद) | सूची-II (व्याख्या) |
|---|---|
| A. राजकोषीय घाटा | 1. कुल प्राप्तियों की तुलना में कुल व्यय की अधिकता |
| B बजटीय घाटा | 2. राजस्व प्राप्तियों की तुलना में राजस्व व्यय की अधिकता |
| C. राजस्व घाटा | 3. ऋणादानों को घटाकर कुल प्राप्तियों की तुलना में कुल व्यय की अधिकता |
| D. प्राथमिक घाटा | 4. ऋणादानों और ब्याज अदायगियों को घटाकर कुल प्राप्तियों की तुलना में कुल व्यय की अधिकता |

कूट

| | A | B | C | D | | A | B | C | D |
|---|---|---|---|---|---|---|---|---|---|
| (a) | 3 | 1 | 2 | 4 | (b) | 4 | 3 | 2 | 1 |
| (c) | 1 | 3 | 2 | 4 | (d) | 3 | 1 | 4 | 2 |

उत्तर (a)

*व्याख्या* सही सुमेलन A-3, B-1, C-2, D-4 है।

राजकोषीय घाटा (Fiscal Deficit) सरकार के कुल व्यय और ऋण ग्रहण को जोड़कर कुल प्राप्तियों का अंतर है। बजटीय घाटा (Budget Deficit) जब सरकार राजस्व प्राप्ति से अधिक व्यय करती है, तो इस स्थिति को 'बजटीय घाटा' कहते हैं।

राजस्व घाटा (Revenue Deficit) राजस्व घाटे में केवल उन्हीं लेन-देनों को शामिल किया जाता है, जिनसे सरकार की वर्तमान आय और व्यय पर प्रभाव पड़ता है। राजस्व घाटा = राजस्व व्यय – राजस्व प्राप्तियाँ सूत्र से ज्ञात करते हैं।

प्राथमिक घाटा (Primary Deficit) राजकोषीय घाटे में से ब्याज अदायगी को घटाने पर जो प्राप्त होता है, उसे प्राथमिक घाटा कहते हैं। प्राथमिक घाटे को सकल प्राथमिक घाटा = सकल राजकोषीय घाटा – निवल ब्याज दायित्व सूत्र से ज्ञात करते हैं।

**14** **निम्न कथन (A) व कारण (R) को पढ़िए और नीचे दिए गए कूट की सहायता से सही उत्तर का चयन कीजिए**

**कथन** (A) **राजस्व घाटे में केवल उन्हीं मदों को शामिल किया जाता है, जिनसे सरकार की वर्तमान आय और व्यय पर प्रभाव पड़ता है।**

**कारण** (R) **राजस्व घाटे में वृद्धि से सरकार के ऋणों व ब्याज दायित्वों का सृजन होता है, जो सरकार को अपने व्यय में कटौती करने के लिए बाध्य करता है।** *(Chap 5, Class-XII, New NCERT)*

(a) A और R दोनों सही हैं तथा R, A का सही स्पष्टीकरण है
(b) A और R दोनों सही हैं, परंतु R, A का सही स्पष्टीकरण नहीं है
(c) A सही है, किंतु R गलत है
(d) A गलत है, किंतु R सही है

*उत्तर (a)*

*व्याख्या* A और R दोनों सही हैं तथा R, A का सही स्पष्टीकरण है। राजस्व घाटे में केवल उन्हीं मदों को शामिल किया जाता है, जिनसे सरकार की वर्तमान आय एवं व्यय पर प्रभाव पड़ता है।

इसके अतिरिक्त राजस्व घाटे में वृद्धि से सरकार के ऋणों एवं ब्याज दायित्वों का निर्माण होता है एवं सरकार को अपने व्यय में भी कटौती करने के लिए बाध्य होना पड़ता है। चूँकि राजस्व व्यय का एक बड़ा भाग व्यय के लिए प्रतिबद्ध होता है, इसलिए इसमें कटौती नहीं की जाती है, परंतु राजस्व घाटे की वृद्धि में कटौती की जा सकती है।

**15** **निम्नलिखित कथनों में से राजकोषीय घाटे के संबंध में कौन-सा कथन सही नहीं है?** *(Class-XII, Old NCERT)*

1. राजकोषीय घाटा बजट वर्ष में सरकार की ऋण लेने की आवश्यकता को प्रदर्शित करता है।
2. राजकोषीय घाटा सरकार के व्यय को पूरा करने के लिए आवश्यक वित्तीय संसाधनों की अतिरिक्त राशि को सूचित करता है।

**कूट**

(a) केवल 1 (b) केवल 2
(c) 1 और 2 दोनों (d) न तो 1 और न ही 2

*उत्तर (d)*

*व्याख्या* राजकोषीय घाटे के संबंध में दिए गए दोनों कथन सही नहीं है, क्योंकि राजकोषीय घाटे को एक वित्त वर्ष में ऋणों को छोड़कर कुल प्राप्तियों पर कुल व्यय के आधिक्य के रूप में परिभाषित किया जाता है।

राजकोषीय घाटा = (राजस्व व्यय + पूँजीगत व्यय) – (राजस्व प्राप्तियाँ + ऋणों को छोड़कर पूँजीगत प्राप्तियाँ) इस प्रकार राजकोषीय घाटा सरकार के खर्चों को पूरा करने के लिए उधार लिए जाने वाले वित्तीय संसाधनों की अतिरिक्त राशि को संदर्भित करता है।

**16** **बजटीय घाटे का वित्तपोषण किया जाता है** *(Chap 5, Class-XII, New NCERT)*

1. करारोपण के द्वारा 2. ऋण के द्वारा
3. नोट को छापकर

**कूट**

(a) केवल 1 (b) 2 और 3
(c) केवल 3 (d) 1, 2 और 3

*उत्तर (d)*

*व्याख्या* बजटीय घाटे का वित्तपोषण या घाटे की वित्त व्यवस्था को तीन प्रकार से पूरा किया जाता है- नए नोट छापकर, करारोपण के द्वारा तथा विदेशी एवं आंतरिक ऋण लेकर। जब कभी सरकार की आय उसके द्वारा किए जाने वाले व्ययों से कम हो जाती है, तो बजट में इस प्रकार के घाटे को पूरा करने के लिए जो व्यवस्था अपनाई जाती है, उसे 'हीनार्थ प्रबंधन' कहा जाता है।

**17** **निम्नलिखित कथनों पर विचार कीजिए** *(Chap 5, Class-XII, New NCERT)*

1. भारत में सरकार कर राजस्व में वृद्धि करने के लिए प्रत्यक्ष करों पर अधिक निर्भर रहती है।
2. करों में वृद्धि व व्यय में कटौती से सरकारी घाटे में कमी की जा सकती है।

**उपर्युक्त कथनों में से कौन-सा/से कथन सत्य नहीं है/हैं?**

(a) केवल 1 (b) केवल 2
(c) 1 और 2 दोनों (d) न तो 1 और न ही 2

*उत्तर (d)*

*व्याख्या* दिए गए दोनों कथन सही हैं।

भारत मे सरकार कर राजस्व में वृद्धि करने के लिए प्रत्यक्ष करों पर अधिक निर्भर रहती है। करों में वृद्धि अथवा व्यय में कटौती से सरकारी घाटे में कमी की जा सकती है।

केंद्र सरकार सरकारी व्यय में कटौती पर विशेष ध्यान देकर घाटे में कटौती को कम करने का प्रयास भी करती है। सरकार के क्रियाकलापों को सुनियोजित कार्यक्रमों एवं सुशासन के माध्यम से संचालित करने से ही सरकारी व्यय में कटौती की जा सकती है।

**18** **राजकोषीय उत्तरदायित्व और बजटीय प्रबंधन अधिनियम, 2003 (FRBMA) से संबद्ध नहीं है** *(Chap 5, Class-XII, New NCERT)*

(a) राजकोषीय घाटे में सकल घरेलू उत्पाद के 3% तक और कमी लाना
(b) राजस्व घाटे को वर्ष 2012 तक दूर करना
(c) केंद्र सरकार द्वारा RBI से नकद प्राप्तियों के ऊपर नकद प्रतिभूतियों के अस्थायी आधिक्य की पूर्ति के लिए अग्रिम के अतिरिक्त अन्य किसी प्रकार का ऋण नहीं लेना
(d) RBI द्वारा वर्ष 2006-07 से केंद्र सरकार की प्रतिभूतियों की प्राथमिक प्रतिभूतियों को नहीं खरीदना

*उत्तर (b)*

*व्याख्या* राजकोषीय उत्तरदायित्व और बजटीय प्रबंधन अधिनियम, 2003 (Fiscal Responsibility and Budget Management Act-FRBMA) से कथन (b) संबद्ध नहीं है, क्योंकि इस अधिनियम के अनुसार, 31 मार्च, 2009 तक राजस्व घाटे को दूर किया गया तथा उसके बाद पर्याप्त राजस्व आधिक्य का निर्माण किया गया।

मौद्रिक नीति की राजकोषीय बाधा को दूर करते हुए और घाटे तथा ऋण ग्रहण को सीमित करते हुए प्रभावकारी ऋण प्रबंध के उद्देश्य से FRBMA अधिनियम को जुलाई, 2004 के प्रभाव से अधिसूचित किया गया।

**19 निम्नलिखित कथनों में से भारत में आयकर के संबंध में कथनों पर विचार कीजिए** *(Class-XII, Old NCERT) (UPPSC Mains 2004)*

1. यह एक प्रगतिशील कर है।
2. यह एक प्रत्यक्ष कर है।
3. यह राज्य सरकारों द्वारा एकत्रित किया जाता है।
4. यह एक आनुपातिक कर है।

**उपर्युक्त में से कितने कथन सही हैं?**

(a) केवल एक (b) केवल दो
(c) केवल तीन (d) सभी चारों

**उत्तर** *(b)*

**व्याख्या** भारत में आयकर के संदर्भ में केवल दो कथन (1 और 2) सही हैं। आयकर, एक प्रगतिशील कर है। प्रगतिशील कर प्रणाली उस प्रणाली को कहते हैं, जिसमें आय बढ़ने के साथ-साथ कर की दरों में भी वृद्धि होती रहती है। आयकर, एक प्रत्यक्ष कर है, जो व्यक्तियों की आय पर लगाया जाता है तथा यह कर सरकार के द्वारा लगाया तथा वसूला जाता है।

अनुच्छेद-270 के अनुसार, आयकर भारत सरकार द्वारा आरोपित तथा संगृहीत किया जाता है और प्राप्त राजस्वों को राज्यों में वितरण कर दिया जाता है।

**20 संघ सरकार के वित्त में नवीनतम विकास के बारे में निम्नलिखित कथनों पर विचार कीजिए** *(Chap 5, Class-XII, New NCERT) (BPSC Pre 2023)*

1. महामारी वित्तीय वर्ष 2021 के दौरान संघ सरकार का राजकोषीय घाटा सकल घरेलू उत्पाद के 92% तक पहुँच गया था।
2. वित्तीय वर्ष 2022 में राजकोषीय घाटा कम होकर सकल घरेलू उत्पादन का 7.7% हो गया है।
3. पिछले दो वर्षों में राजस्व संग्रह कम हो गया है।

**उपर्युक्त में से कौन-सा कथन सही है/हैं?**

(a) केवल 1 (b) 1 और 2
(c) 2 और 3 (d) इनमें से कोई नहीं

**उत्तर** *(a)*

**व्याख्या** संघ सरकार के वित्त में नवीनतम् विकास के बारे में कथन (1) सही है। वर्ष 2020-21 के दौरान संघ सरकार का राजकोषीय घाटा सकल घरेलू उत्पादन का 9.2% तक पहुँच गया था।

कथन (2) और (3) सही नहीं हैं, क्योंकि वर्ष 2022-23 में राजकोषीय घाटा कम होकर सकल घरेलू उत्पाद का 6.4% था न कि 7.7%।

पिछले दो वर्षों में राजस्व संग्रह बढ़ा है, न कि कम हुआ है, क्योंकि अप्रैल, 2023 से फरवरी, 2024 के लिए कुल राजस्व संग्रह ₹ 18.40 लाख करोड़ है, जो पिछले वर्ष की तुलना में (11.7%) अधिक है।

**22 वस्तु एवं सेवा कर (GST) के संदर्भ में निम्नलिखित कथनों पर विचार कीजिए** *(Chap 5, Class-XII, New NCERT)*

1. यह उत्पाद को सेवा प्रदायकों से सीधे ही वस्तु एवं सेवाओं की पूर्ति पर लगाया जाने वाला एकल व्यापक अप्रत्यक्ष कर है।
2. इसे 1 जुलाई, 2017 को लागू किया गया।

**उपर्युक्त कथनों में से कौन-सा/से कथन सही है/हैं?**

(a) केवल 1 (b) केवल 2
(c) 1 और 2 (d) न तो 1 और न ही 2

**उत्तर** *(c)*

**व्याख्या** वस्तु एवं सेवा कर के संदर्भ में दिए गए दोनों कथन सही हैं। वस्तु एवं सेवा कर (GST) भारत सरकार की एक नई अप्रत्यक्ष कर व्यवस्था है, जो 1 जुलाई, 2017 को देश में लागू की गई थी। देश में मौजूद पुरानी कर प्रणाली की कमियों को दूर करने के लिए GST को भारत सरकार द्वारा लागू किया गया था। इसके लागू होने से केंद्र सरकार और विभिन्न राज्य सरकारों द्वारा भिन्न-भिन्न दरों पर लगाए जा रहे विभिन्न करों को हटाकर पूरे देश के लिए एक ही अप्रत्यक्ष कर प्रणाली लागू हो गई है।

**21 निम्न कथन (A) व कारण (R) को पढ़िए और नीचे दिए गए कूट की सहायता से सही उत्तर का चयन कीजिए** *(Chap 5, Class-XII, New NCERT)*

**कथन** (A) **समाज में पुनर्वितरण के उद्देश्य की प्राप्ति आय पर प्रगतिशील करारोपण के माध्यम से की जाती है।**

**कारण** (R) **प्रगतिशील कर के अंतर्गत जैसे-जैसे आय बढ़ती है, वैसे-वैसे कर की दर ऊँची होती जाती है।**

**कूट**

(a) A और R दोनों सही हैं तथा R, A का सही स्पष्टीकरण है
(b) A और R दोनों सही हैं, परंतु R, A का सही स्पष्टीकरण नहीं है
(c) A सही है, किंतु R गलत है
(d) A गलत है, किंतु R सही है

**उत्तर** *(a)*

**व्याख्या** A और R दोनों सही हैं तथा R, A का सही स्पष्टीकरण है। समाज में पुनर्वितरण के उद्देश्य की प्राप्ति आय पर प्रगतिशील करारोपण के माध्यम से की जाती है, क्योंकि प्रगतिशील करारोपण के अंतर्गत आय में जैसे-जैसे बढ़ोतरी होती है, ठीक उसी प्रकार कर की दर भी ऊँची होती जाती है अर्थात् कर की दर लाभयुक्त आय के एक विशेष अनुपात पर होती है।

**23 वस्तु एवं सेवा कर के संदर्भ में निम्नलिखित कथनों पर विचार कीजिए** *(Chap 8, Class-XII, Old NCERT)*

1. इसका उद्देश्य व्यावसायिक लागत और उपभोक्ताओं पर विभिन्न करों के सोपनन प्रभाव को कम करना है।
2. इसने पूरे भारत में एक सामान्य बाजार का सृजन कर दिया है।
3. इससे कर अनुपालन में वृद्धि होगी।
4. इसने कर आधार को विस्तृत कर दिया है।

**उपर्युक्त में से कौन-सा/से कथन सही है/हैं?**

(a) 1, 3 और 4
(b) 1 और 2
(c) 2 और 3
(d) उपर्युक्त सभी

**उत्तर** *(d)*

**व्याख्या** वस्तु एवं सेवा कर के संदर्भ में सभी कथन सही हैं।

जीएसटी के प्रमुख उद्देश्य निम्न हैं

- इसका उद्देश्य व्यावसायिक लागत और उपभोक्ताओं पर विभिन्न करों के सोपनन के प्रभाव को एवं उत्पादन लागत को कम करना।
- कर के आधिक्य तथा सोपननों को कम कर मानकीकृत दरों (5%, 12%, 18% एवं 28%) की स्थापना करना, जो संपूर्ण देश में विस्तृत हो।
- एक सामान्य बाजार का सृजन करना।
- कर अनुपालन में वृद्धि के साथ कर आधार का विस्तार करना।

# अध्याय 10

# विदेशी व्यापार एवं भुगतान संतुलन

## विदेशी व्यापार एवं भुगतान संतुलन

### विदेशी व्यापार एवं नीति

**परिचय**
- मानव सभ्यता जितनी पुरानी
- तुलनात्मक लागत के सिद्धांत पर आधारित

**विदेशी व्यापार के प्रकार**
- दृश्यमान व्यापार वस्तुओं के व्यापार का अर्थ है, भौतिक वस्तुएँ
- पर्यटन और बैंकिंग जैसे अदृश्य व्यापार

**विदेश व्यापार नीति**
- **भारत में निर्माण**
  - वाणिज्य और उद्योग मंत्रालय द्वारा तैयार किया गया
  - भारत ने अल्पकालिक लक्ष्यों को प्राप्त करने के लिए एफटीपी का उपयोग किया
- **नई विदेशी व्यापार नीति (2015 -20)**
  - 1 अप्रैल, 2015 को एन. सीतारमन द्वारा घोषित
  - कई उपायों की पृष्ठभूमि में घोषणा की गई
  - विनिर्माण और सेवा क्षेत्र को समर्थन देने पर ध्यान
- **नई विदेशी व्यापार नीति (2021-26)**
  - 1 अप्रैल, 2021 से लागू हुई
  - लक्ष्य भारत को $ 5 ट्रिलियन की अर्थव्यवस्था बनाना है
  - निर्यात को बढ़ावा देना है

**भारत की विदेश व्यापार स्थिति**
- मार्च, 2021 में भारत का निर्यात मार्च, 2020 के दौरान $ 9.98 बिलियन था, वर्ष 1980 तक विदेशी व्यापार भागीदारी में लगातार गिरावट आई

**भारत का सेवा व्यापार**
- वर्ष 2020-21 में व्यावसायिक सेवा क्षेत्र का निर्यात $ 240 बिलियन है। पर्यटन क्षेत्र की कोविड-19 के कारण सेवा क्षेत्र वृद्धि दर निम्न रही। वैश्विक सेवा आयात के संदर्भ में भारत 3% भागीदारी के साथ विश्व में 7वें स्थान पर रहा है।

### भुगतान संतुलन

**अवयव**
- **चालू खाते पर संतुलन**
  - सेवाओं के व्यापार पर संतुलन
  - भुगतान के अंतरण पर संतुलन
  - जीडीपी के प्रतिशत के रूप में मापा जाता है
  - उच्च घाटा उच्च सीएडी की ओर ले जाता है
- **पूंजी खाता**
  - विदेश से उधार लेना और उधार देना
  - विदेशों से निवेश
  - प्रत्यक्ष विदेशी निवेश आदि अदृश्य पर संतुलन

**पूंजी**
- स्थानीय परिसंपत्तियों को विदेशी वित्तीय परिसंपत्तियों में परिवर्तित करने की स्वतंत्रता
- सीएडी को प्रबंधनीय सीमा तक लाया जाना चाहिए और निर्यात आय को 26% से 20% तक कम किया जाना चाहिए

**फेरा और फेमा अधिनियम**
- वर्ष 1993 में, यह निर्णय लिया गया कि अधिनियम FERA, FEMA अधिनियम बन जाएगा।
- विदेशी मुद्रा में सौदों को विनियमित करने के बजाय प्रबंधित किया जाना था।
- FERA को कुछ प्रकार के भुगतानों पर सख्ती से लागू किया गया।
- फेमा वर्ष 1999 में पारित किया गया था।

**SOURCE** New NCERT Class X वैश्वीकरण और भारतीय अर्थव्यवस्था, Old NCERT Class IX & X, New NCERT Class-XI स्वतंत्रता की पूर्व संध्या पर भारतीय अर्थव्यवस्था, भारतीय अर्थव्यवस्था (1950-90), New NCERT Class-XII खुली अर्थव्यवस्था-समष्टि अर्थशास्त्र, Old NCERT Class-XII विदेशी विनिमय दर : इसका अर्थ और निर्धारण, भुगतान शेष
Tamil Nadu Board Class-XII, अन्तर्राष्ट्रीय अर्थव्यवस्था Tamil Nadu Board Class-XI, भारत में विकास अनुभव

## विदेशी व्यापार

**1 निम्नलिखित में कौन-सा कथन सही नहीं है?** *(Chap 4, Class-X, New NCERT)*

(a) विदेशी व्यापार विभिन्न बाजारों के एकीकरण में सहायक होता है
(b) दो बाजारों में एक ही वस्तु का मूल्य एकसमान होने पर प्रतिस्पर्द्धा उत्पन्न होती है
(c) किसी वस्तु के उत्पादन की लागत में अंतर देशों के बीच व्यापार को हतोत्साहित करता है
(d) विदेशी व्यापार से प्रत्येक देश को लाभ होता है

उत्तर *(c)*

***व्याख्या*** दिए गए कथनों में से कथन (c) सही नहीं है, क्योंकि किसी वस्तु के उत्पादन की लागत में अंतर देशों के बीच व्यापार को प्रोत्साहित करता है। सामान्यत: व्यापार के खुलने से वस्तुओं का एक बाजार से दूसरे बाजार में आवागमन होता है। बाजार में वस्तुओं के विकल्प बढ़ जाते हैं। दो बाजारों में एक ही वस्तु के मूल्य में अंतर की स्थिति में देशों के उत्पादक एक-दूसरे से हजारों मील दूर होकर भी एक-दूसरे से प्रतिस्पर्द्धा कर सकते हैं।

इस प्रकार विदेशी व्यापार विभिन्न देशों के बाजारों को जोड़ने या एकीकरण में मुख्य रूप से सहायक होते हैं।

**2 ब्रिटिश शासनकाल के दौरान भारत से निम्नलिखित में से किन मदों ( वस्तुओं ) का निर्यात किया जाता था?** *(Chap 1, Class-XI, New NCERT)*

1. चीनी
2. नील
3. ऊनी वस्त्र
4. रेशम
5. कपास

**कूट**

(a) 2, 3 और 4
(b) 1, 2, 4 और 5
(c) 2, 3, 4 और 5
(d) ये सभी

उत्तर *(b)*

***व्याख्या*** ब्रिटिश शासनकाल के दौरान भारत से चीनी, नील, रेशम एवं कपास जैसी मदों (वस्तुओं) का व्यापक पैमाने पर निर्यात किया जाता था। भारत सूती, रेशमी तथा ऊनी वस्त्रों जैसी अंतिम उपभोक्ता वस्तुओं और इंग्लैंड के कारखानों में बनी हल्की मशीनों आदि का आयातक भी था। यदि व्यावहारिक रूप से देखा जाए, तो औपनिवेशिक काल में इंग्लैंड ने भारत के आयात-निर्यात व्यापार पर अपना एकाधिकार बनाए रखा। भारत का आधे से ज्यादा व्यापार केवल इंग्लैंड के साथ ही होता था। स्वेज नहर निर्माण के बाद भारत के व्यापार पर अंग्रेजी नियंत्रण और भी सख्त हो गया था।

**3 विश्व व्यापार के संदर्भ में भारत के विदेशी व्यापार में तीव्र वृद्धि होने का प्रमुख कारण क्या है?** *(Chap 6, Class-XII, New NCERT)*

(a) विनिर्माण के क्षेत्र में गतिशील वृद्धि होना
(b) सरकार की उदार नीतियाँ
(c) बाजारों में विविधता का होना
(d) उपर्युक्त सभी

उत्तर *(d)*

***व्याख्या*** विश्व व्यापार के संदर्भ में भारत के विदेशी व्यापार में तीव्र वृद्धि होने के प्रमुख कारण—विनिर्माण के क्षेत्र में गतिशीलता वृद्धि होना, सरकार की उदार नीतियाँ एवं बाजारों में विविधता का होना है।

समय के साथ भारत के विदेशी व्यापार की प्रकृति में बदलाव आया है। यद्यपि यहाँ पर आयात एवं निर्यात दोनों की ही मात्रा में वृद्धि हुई है। विश्व व्यापार में भारत की भागीदारी कुल मात्रा का केवल एक प्रतिशत है तथापि विश्व की अर्थव्यवस्था में इसकी एक महत्त्वपूर्ण भूमिका है।

**4 भारत के निर्यात संघटन के बदलते प्रारूप के संदर्भ में निम्नलिखित कथनों पर विचार करें** *(Chap 6, Class-XII, New NCERT)*

1. भारत के अंतर्राष्ट्रीय व्यापार में कृषि तथा समवर्गी उत्पादों का हिस्सा बढ़ा है।
2. भारत का निर्यात की तुलना में आयात का मूल्य अधिक है।
3. भारत के विदेशी व्यापार में मणि-रत्नों तथा आभूषणों की हिस्सेदारी अधिक है।

**उपर्युक्त कथनों में से कौन-सा/से कथन सही है/हैं?**

(a) केवल 1
(b) केवल 3
(c) 2 और 3
(d) ये सभी

उत्तर *(c)*

***व्याख्या*** भारत के निर्यात संघटन के बदलते प्रारूप के संदर्भ में कथन (2 और (3) सही हैं। भारत में अंतर्राष्ट्रीय व्यापार में वस्तुओं के संघटकों में समय के साथ बदलाव आया है।

भारत का निर्यात की तुलना में आयात का मूल्य अधिक है। परंपरागत वस्तुओं के व्यापार में गिरावट का कारण मुख्यत: कड़ी अंतर्राष्ट्रीय प्रतिस्पर्द्धा है।

भारत के विदेशी व्यापार में मणि-रत्नों तथा आभूषणों की एक व्यापक हिस्सेदारी है।

कथन (1) सही नहीं है, क्योंकि भारत के अंतर्राष्ट्रीय व्यापार में कृषि तथा समवर्गी उत्पादों का हिस्सा घटा है, जबकि पेट्रोलियम तथा अपरिष्कृत उत्पाद (Raw Production) एवं अन्य वस्तुओं में वृद्धि हुई है।

**5 भारत ने अंतर्राष्ट्रीय व्यापार में अपनी हिस्सेदारी को बढ़ाने के लिए निम्नलिखित में से किन उपायों को अपनाया है?** *(Chap 6, Class-XII, New NCERT)*

1. आयात करों में कमी
2. लाइसेंसिंग प्रणाली को समाप्त करना
3. उत्पाद के लिए पेटेंट की व्यवस्था

**कूट**

(a) केवल 1
(b) 2 और 3
(c) 1 और 2
(d) उपर्युक्त सभी

उत्तर *(d)*

***व्याख्या*** भारत के अंतर्राष्ट्रीय व्यापार में अपनी हिस्सेदारी को बढ़ाने के संबंध में दिए गए सभी विकल्प सही हैं।

भारत का उद्देश्य आगामी पाँच वर्षों के दौरान अंतर्राष्ट्रीय व्यापार में अपनी हिस्सेदारी को दोगुना करना है। भारत ने इस दिशा में पहले से ही आयात उदारीकरण, आयात करों में कमी, डि-लाइसेंसिंग तथा उत्पाद के पेटेंट बदलाव आदि अनुकूल उपाय अपनाने शुरू कर दिए हैं।

भारत का अधिकतर विदेशी व्यापार समुद्री एवं वायु मार्गों द्वारा संचालित होता है।

**6 व्यापार नीति के संदर्भ में निम्नलिखित कथनों पर विचार कीजिए** *(Chap 2, Class-XI, New NCERT)*

1. प्रशुल्क निर्यातित वस्तुओं पर लगाया गया कर होता है।
2. प्रशुल्क आयातित वस्तुओं के प्रयोग को प्रोत्साहित करता है।

**उपर्युक्त कथनों में से कौन-सा/से कथन सही नहीं है/हैं?**

(a) केवल 1
(b) केवल 2
(c) 1 और 2
(d) न तो 1 और न ही 2

उत्तर *(c)*

**व्याख्या** व्यापार नीति के संदर्भ में दिए गए दोनों कथन सही नहीं हैं, क्योंकि आयातित वस्तुओं पर लगाया गया कर प्रशुल्क कहलाता है। आयात को हतोत्साहित करने के उद्देश्य से प्रशुल्क एवं कोटा का सहारा लिया गया, ताकि घरेलू अर्थव्यवस्था को संरक्षित किया जा सके। प्रशुल्क लगाने पर आयातित वस्तुएँ अधिक महँगी हो जाती हैं, जो वस्तुओं और सेवाओं के प्रयोग को हतोत्साहित करती हैं।

**7 विदेशी व्यापार के संदर्भ में निम्नलिखित में से कौन-सा कथन सही नहीं है?** *(Chap 4, Class-XI & X, Old NCERT)*

(a) किसी एक वर्ष में वस्तुओं और सेवाओं के आयातों एवं निर्यातों को बताने वाले खाते को व्यापार-शेष कहा जाता है
(b) यदि निर्यात, आयातों से अधिक है, तो एक देश का व्यापार-शेष अनुकूल होता है
(c) आयात के निर्यात अधिक होने की स्थिति में एक देश के विदेशी विनिमय कोष में कमी होती है
(d) आयात के निर्यात से कम होने की स्थिति में एक देश के विदेशी विनिमय कोष में वृद्धि होती है

**उत्तर** *(a)*

**व्याख्या** विदेशी व्यापार के संदर्भ में कथन (a) सही नहीं है, क्योंकि किसी एक वर्ष में केवल वस्तुओं के आयातों एवं निर्यातों को बताने वाले खाते को व्यापार-शेष (Balance of Trade-BOT) कहा जाता है। व्यापार शेष में सेवाओं के आयात-निर्यात को शामिल नहीं किया जाता है।

यदि निर्यात, आयातों से अधिक है, तो एक देश के व्यापार-शेष को अनुकूल और यदि आयात, निर्यातों से अधिक हो जाए, तो उसे प्रतिकूल कहा जाता है। ऐसा इसलिए होता है, क्योंकि आयात के निर्यात से कम होने की स्थिति में एक देश के विदेशी विनिमय कोष में वृद्धि होती है, जबकि आयात अधिक होने पर विदेशी विनिमय कोष में कमी दर्ज की जाती है।

**8 निम्नलिखित कथनों पर विचार कीजिए** *(Class-XI, Old NCERT) (UPPSC Mains 2009)*

1. भारत के प्रथम EPZ की स्थापना हुई थी, वर्ष 1965 में।
2. भारतवर्ष में SEZ नीति बनाई गई थी, वर्ष 2000 में।
3. वड़ोदरा पटोला सिल्क के लिए प्रसिद्ध है।
4. मध्य प्रदेश में पन्ना, सोने की खानों के लिए प्रसिद्ध है।

**उपर्युक्त कथनों में से कौन-सा/से कथन सही है/हैं?**

(a) 1, 2 और 3 (b) 2, 3 और 4
(c) 3 और 4 (d) 1, 2, 3 और 4

**उत्तर** *(a)*

**व्याख्या** दिए गए कथनों में से कथन (1), (2) और (3) सही हैं।

भारत के प्रथम निर्यात प्रसंस्करण क्षेत्र (Export Processing Zone, EPZ) की स्थापना वर्ष 1965 में हुई थी। कांडला में एशिया का पहला EPZ स्थापित किया गया था।

इसकी स्थापना का प्रमुख उद्देश्य देश से नियोजित वस्तुओं के लिए उपयुक्त वातावरण तैयार करना था। भारत में पहले विशेष आर्थिक क्षेत्र (Special Economic Zone, SEZ) की नीति वर्ष 2000 में बनाई गई।

जिसे पहले निर्यात प्रसंस्करण क्षेत्र के नाम से जाना जाता था। वड़ोदरा (गुजरात) पटोला सिल्क साड़ी बाँधने और पारंपरिक घाघरा-चोली आदि के लिए प्रसिद्ध है। कथन (4) सही नहीं है, क्योंकि मध्य प्रदेश में पन्ना, सोने की खान के लिए नहीं, बल्कि हीरे की खान के लिए प्रसिद्ध है, जबकि कर्नाटक में कोलार खान सोने के लिए प्रसिद्ध है।

## भुगतान संतुलन

**9 'भुगतान संतुलन' शब्द का प्रयोग निम्नलिखित में से किसके संदर्भ में किया जाता है?** *(Chap 10, Class-XII, Old NCERT) (UPPSC Mains 2012)*

(a) कर के भुगतान के (b) आयात-निर्यात के
(c) आयात की गई वस्तुओं के भुगतान के (d) इनमें से कोई नहीं

**उत्तर** *(b)*

**व्याख्या** 'भुगतान संतुलन (Balance of Payment-BoP)' शब्द का प्रयोग आयात-निर्यात के संदर्भ में किया जाता है। यदि आयात अधिक एवं निर्यात कम होता है, तो इस स्थिति को 'भुगतान असंतुलन' की स्थिति कहते हैं। इसके विपरीत आयात कम एवं निर्यात अधिक होने की स्थिति को 'भुगतान संतुलन' कहते हैं।

भुगतान शेष में दृश्य और अदृश्य (सेवाएँ) मदों के सारे आयात-निर्यात का लेखा-जोखा किया जाता है। अत: किसी देश के शेष विश्व के साथ आर्थिक लेन-देन का अधिक व्यापक चित्र भुगतान शेष खाता ही दिखा पाता है।

**10 किसी देश का 'भुगतान संतुलन' किसका व्यवस्थित रिकॉर्ड (अभिलेख) होता है?** *(Chap 10, Class-XII, Old NCERT) (IAS Pre 2013)*

(a) किसी निश्चित अवधि (वित्तीय वर्ष) में किसी देश के निवासियों और शेष विश्व के बीच समस्त आर्थिक लेन-देन
(b) एक देश से दूसरे देश को पूँजी संचलन
(c) एक देश की सरकार तथा दूसरे देश की सरकार के बीच आर्थिक लेन-देन
(d) किसी एक वर्ष में एक देश द्वारा निर्यात की गई वस्तुएँ

**उत्तर** *(a)*

**व्याख्या** किसी देश का 'भुगतान संतुलन' किसी निश्चित अवधि (वित्तीय वर्ष) में किसी देश के समस्त निवासियों और शेष विश्व के बीच, संपूर्ण आर्थिक लेन-देन की प्रक्रिया, भुगतान संतुलन का व्यवस्थित रिकॉर्ड होता है। इसमें आयात-निर्यात का संपूर्ण ब्यौरा विद्यमान रहता है। भुगतान शेष के माध्यम से किसी देश की अर्थव्यवस्था की व्यापक जानकारी प्राप्त की जा सकती है।

**11 भुगतान संतुलन के संदर्भ में निम्नलिखित में से किसके/किनसे चालू खाते बनते हैं?** *(Chap 6, Class-XII, New NCERT) (IAS Pre 2014)*

1. व्यापार संतुलन
2. विदेशी परिसंपत्तियाँ
3. अदृश्य मदों का संतुलन
4. विशेष आहरण अधिकार

**कूट**

(a) केवल 1 (b) 1 और 3
(c) 2 और 3 (d) 1, 2 और 4

**उत्तर** *(b)*

**व्याख्या** व्यापार संतुलन एवं अदृश्य मदों के संतुलन से चालू खाते बनते हैं। चालू खाते में वस्तुओं और सेवाओं के आयात-निर्यात तथा एक पक्षीय अंतरणों का संपूर्ण ब्यौरा विद्यमान रहता है। ये सरकार अथवा विदेशों में रहने वाले निजी व्यक्तियों द्वारा दिए जा सकते हैं। निर्यात के कारण देश की ओर विदेशी पूंजी का प्रवाह होता है, जबकि आयात के कारण देश से बाहर विदेशी पूँजी का प्रवाह होता है।

12 **भुगतान संतुलन में शामिल होता है**

*(Chap 6, Class-XII, New NCERT)*
*(UPPSC Pre 2009)*

(a) दृश्य व्यापार मदें (b) अदृश्य व्यापार मदें
(c) ऋण (d) ये सभी

उत्तर *(d)*

***व्याख्या*** भुगतान संतुलन में दृश्य व्यापार मदें, अदृश्य व्यापार मदें एवं ऋण को शामिल किया जाता है। इन्हें आयात-निर्यात के लेखे में भी शामिल किया जाता है। दृश्य व्यापार या मदों में सभी प्रकार की वस्तुओं को शामिल किया जाता है, ऐसी वस्तुएँ जिन्हें हम छू सकते हैं, जिनके भौतिक आकार को समझ सकते हैं, दृश्य मदें कहलाती हैं। विश्व में ऐसी वस्तुओं का व्यापार अधिक होता है। विभिन्न प्रकार की सेवाओं को अदृश्य मदों की श्रेणी में रखा जाता है।

13 **निम्नलिखित में से कौन-सा भुगतान शेष में असंतुलन का कारक है?** *(Chap 10, Class-XII, Old NCERT)*

(a) बड़े पैमाने पर विकास व्यय (खर्च)
(b) उच्च आंतरिक कीमतों के कारण आयात में वृद्धि
(c) आपूर्ति के नए स्रोतों का विकास
(d) उपर्युक्त सभी

उत्तर *(d)*

***व्याख्या*** भुगतान शेष में असंतुलन के कारकों में सभी को अर्थात् बड़े पैमाने पर विकास व्यय (खर्च), उच्च आंतरिक कीमतों के कारण आयात में वृद्धि एवं आपूर्ति के नए स्रोतों के विकास को शामिल किया जाता है। बड़े पैमाने पर विकास व्यय के कारण भारी स्तर पर आयात आवश्यक हो जाता है। राजनीतिक अस्थिरता के कारण भी भुगतान शेष असंतुलन की स्थिति बनी रहती है। इससे विदेशी निवेश प्रक्रिया भी रुक जाती है।

14 **निम्नलिखित में से कौन गैर-उत्पादन के अंतर्गत शामिल हैं?**

*(Chap 6, Class-XII, New NCERT)*

1. निवल निवेश आय 2. जहाजरानी
3. पर्यटन 4. बैंकिंग
5. सॉफ्टवेयर सेवाएँ

**कूट**

(a) 1 और 2 (b) 2, 3 और 4
(c) 2, 3, 4 और 5 (d) ये सभी

उत्तर *(c)*

***व्याख्या*** जहाजरानी, पर्यटन, बैंकिंग एवं सॉफ्टवेयर सेवाओं को गैर-उत्पादन के अंतर्गत रखा जाता है, जबकि निवल निवेश आय गैर-उत्पादन का हिस्सा नहीं है। सेवाओं के व्यापार में उत्पादन और गैर-उत्पादन आय दोनों को शामिल करना चाहिए। उत्पादन आय में उत्पादन के साधनों; जैसे— व्यय, पूँजी तथा भूमि को शामिल किया जाता है। सेवा-उत्पादों; जैसे— जहाजरानी, बैंकिंग, पर्यटन, सॉफ्टवेयर सेवाएँ आदि से प्राप्त निवल आय (बिक्री) को गैर-उत्पादन आय कहते हैं।

15 **निम्नलिखित में से किसको/किनको पूँजी खाते के घटकों में सम्मिलित किया जाता है?** *(Chap 6, Class-XII, New NCERT)*

1. प्रत्यक्ष निवेश 2. पोर्टफोलियो निवेश
3. विदेशी अल्पकालिक ऋण 4. विदेशी सहायता

**कूट**

(a) 1 और 3 (b) 2 और 4
(c) 1 और 2 (d) ये सभी

उत्तर *(d)*

***व्याख्या*** पूँजी खाते के घटकों में प्रत्यक्ष निवेश, पोर्टफोलियो निवेश, विदेशी अल्पकालिक ऋण एवं विदेशी सहायता इत्यादि को शामिल किया जाता है। पूँजी खाता, परिसंपत्तियों के समस्त अंतर्राष्ट्रीय लेन-देन को दर्ज करता है। पोर्टफोलियो निवेश के अंतर्गत विदेशी संस्थागत विनियोग (Foreign Institutional Investor, FII) एवं विदेशी फंडों को शामिल किया जाता है। विदेशी सहायता सरकारी सहायता, अंत:सरकारी बहुपक्षीय तथा द्विपक्षीय ऋण के रूप में हो सकती है।

16 **विदेशी विनिमय कोष (सरकारी निधि विनिमय) के अंतर्गत निम्नलिखित में किनको/किसको शामिल किया जाता है?**

*(Chap 10, Class-XII, New NCERT*

1. विदेशी मुद्रा
2. स्वर्ण
3. विशेष आहरण अधिकार
4. विदेशी मुद्रा प्रतिभूतियाँ

**कूट**

(a) केवल 2 (b) 1 और 2 (c) 1, 2 और 4 (d) ये सभी

उत्तर *(d)*

***व्याख्या*** विदेशी विनिमय कोष (सरकारी निधि विनिमय) के अंतर्गत विदेशी मुद्रा, स्वर्ण, विशेष आहरण अधिकार, विदेशी मुद्रा प्रतिभूतियाँ इत्यादि को शामिल किया जाता है। विदेशी विनिमय कोष में भारतीय रिजर्व बैंक के पास विद्यमान स्वर्ण तथा विदेशी मुद्रा प्रतिभूतियों को शामिल किया जाता है। विशेष आहरण अधिकार के अंतर्गत कोई देश अपनी मुद्रा के बदले विदेशी मुद्रा प्राप्त कर सकता है।

17 **विदेशी विनिमय दर के संदर्भ में निम्नलिखित कथनों पर विचार कीजिए** *(Chap 6, Class-XII, New NCERT*

1. यह अंतर्राष्ट्रीय लागतों और कीमतों की तुलना करने में सहायक होती है।
2. इन्हीं दरों के आधार पर विश्व व्यापार की दिशा और प्रवाह निर्धारित होता है।
3. यह वह दर है, जिस पर किसी समय-बिंदु पर देश के आयात-निर्यात का मूल्यांकन किया जाता है।

**उपर्युक्त कथनों में से कौन-सा/से कथन सही है/हैं?**

(a) केवल 1 (b) 1 और 3 (c) 2 और 3 (d) ये सभी

उत्तर *(d)*

***व्याख्या*** विदेशी विनिमय दर (Foreign Exchange Rate) के संदर्भ में दिए गए सभी कथन सही हैं।
यह अंतर्राष्ट्रीय लागतों और कीमतों की तुलना करने में सहायक होती है। इन्हीं दरों के आधार पर विश्व व्यापार की दिशा और प्रवाह निर्धारित होता है। किसी समय-बिंदु पर देश के आयात-निर्यात का मूल्यांकन विदेशी विनिमय दर के आधार पर किया जाता है। विदेशी विनिमय दर का निर्धारण माँग तथा पूर्ति के कारकों पर आधारित होता है। इसमें निर्यातों तथा आयातों की माँग की लोच शामिल है।

18 **भारत के विदेशी विनिमय कोष के संबंध में निम्नलिखित में से कौन-सा कथन सही नहीं है?**

*(Chap 10, Class-XII, New NCERT) (UPPSC Pre 2001*

(a) इसमें भारतीय रिज़र्व बैंक के पास विद्यमान स्वर्ण तथा विदेशी मुद्रा परिसंपत्तियाँ सम्मिलित होती हैं
(b) इसे भारतीय रिज़र्व बैंक रखता है
(c) विशेष आहरण अधिकार इसमें सम्मिलित नहीं होते हैं
(d) भारत में विदेशी विनिमय की वर्तमान स्थिति संतोषप्रद है

उत्तर *(c)*

**व्याख्या** भारत के विदेशी विनिमय कोष के संबंध में कथन (c) सही नहीं है, क्योंकि विशेष आहरण अधिकार (SDRs) इसमें सम्मिलित होते हैं।
इसके अतिरिक्त भारत के विदेशी विनिमय भंडार में विदेशी मुद्रा, खर्च, विशेष आहरण अधिकार तथा रिजर्व ट्रांच पोजीशन को सम्मिलित किया जाता है।

**19 किसी देश में विदेशी मुद्रा का प्रवाह होता है**
*(Chap 9, Class-XII, Old NCERT)*

1. एक देश के निर्यात से
2. विदेशियों द्वारा उस देश की वस्तुओं और सेवाओं के क्रय से
3. देश की परिसंपत्तियों का विदेशियों द्वारा विक्रय किया जाना

**उपर्युक्त में से कौन-सा/से कथन सही नहीं है/हैं?**

(a) केवल 1 (b) केवल 2
(c) केवल 3 (d) ये सभी

**उत्तर** *(c)*

**व्याख्या** दिए गए कथनों में से कथन (3) सही नहीं है, क्योंकि किसी देश में विदेशी मुद्रा का प्रवाह तब होता है, जब एक देश से निर्यात व्यापक पैमाने पर होता है या फिर विदेशियों द्वारा उस देश में वहाँ की वस्तुओं और सेवाओं का क्रय किया जाए तथा उसका उपभोग किया जाए। देश की परिसंपत्तियों का विदेशियों द्वारा क्रय किए जाने से भी विदेशी मुद्रा का प्रवाह होता है तथा विक्रय करने से प्रतिकूल प्रभाव पड़ता है।

**20 निम्नलिखित युग्मों पर विचार कीजिए**
*(Chap 6, Class-XII, New NCERT)*

1. तिरती विनिमय दर—सरकार द्वारा विनिमय दर का निर्धारण
2. प्रबंधित तिरती विनिमय दर—सरकार और बाजार की शक्तियों द्वारा विनिमय दर का निर्धारण
3. स्थिर विनिमय दर—बाजार माँग और पूर्ति की शक्तियों द्वारा विनिमय दर का निर्धारण

**उपर्युक्त युग्मों में कौन-सा/से युग्म सही सुमेलित है/हैं?**

(a) केवल 1
(b) केवल 2
(c) 1 और 3
(d) 1 और 2

**उत्तर** *(b)*

**व्याख्या** दिए गए युग्मों में से युग्म (2) सही सुमेलित है। सरकार और बाजार की शक्तियों द्वारा विनिमय दर का निर्धारण करने की प्रक्रिया को प्रबंधित तिरती विनिमय दर कहते हैं।
युग्म (1) और (3) सही नहीं हैं, क्योंकि बाजार माँग और पूर्ति की शक्तियों द्वारा विनिमय दर का निर्धारण तिरती विनिमय दर कहलाती है।
जब विनिमय दर सरकार द्वारा निर्धारित की जाती है, तो इसे स्थिर विनिमय दर कहते हैं अर्थात् विश्व बाजार की स्थिति के अनुरूप सरकार दरों का निर्धारण करती है।

**21 भारतीय रुपया पूर्णतः परिवर्तनीय है**
*(Chap 6, Class-XII, New NCERT) (IAS Pre 2000)*

1. भुगतान शेष के चालू खाते के संबंध में
2. भुगतान शेष के पूँजी खाते के संबंध में
3. स्वर्ण में

**उपर्युक्त कथनों में से कौन-सा/से कथन सही है/हैं?**

(a) केवल 1 (b) केवल 3
(c) केवल 2 (d) 1, 2 और 3

**उत्तर** *(a)*

**व्याख्या** दिए गए कथनों में से कथन (1) सही है, क्योंकि भारतीय रुपया भुगतान शेष के केवल चालू खाते के संबंध में पूर्णतः परिवर्तनीय है। अर्थव्यवस्था में प्रभावी सुधार लाने के उद्देश्य से यह कदम उठाया गया था। इसी समय सरकार ने दो चरणों में 18-19% रुपयों का अवमूल्यन भी किया, ताकि भुगतान असंतुलन को दूर किया जा सके।

**22 भारतीय रुपये के अवमूल्यन के संबंध में निम्न कथनों पर विचार कीजिए**
*(Unit 7, Class-XII, Tamil Nadu Board)*

1. स्वतंत्रता से अब तक भारतीय रुपये का तीन बार अवमूल्यन किया जा चुका है।
2. पहली बार अवमूल्यन वर्ष 1949 में किया गया।
3. रुपये का अवमूल्यन अंतिम बार वर्ष 1990 में किया गया।

**उपर्युक्त में से कितने कथन सत्य हैं?**

(a) केवल एक (b) केवल दो
(c) सभी तीनों (d) इनमें से कोई नहीं

**उत्तर** *(b)*

**व्याख्या** भारतीय रुपये के अवमूल्यन के संबंध में केवल दो कथन (1 और 2) सत्य हैं। स्वतंत्रता (1947) से अब तक भारतीय रुपये का तीन बार अवमूल्यन किया जा चुका है।
रुपये का पहली बार अवमूल्यन 29 सितंबर, 1949 को किया गया। 6 जून, 1966 को भारतीय रुपए का दूसरी बार अवमूल्यन किया गया।
कथन (3) असत्य है, क्योंकि भारतीय रुपये का अंतिम बार अवमूल्यन 1 जुलाई, 1991 को किया गया, न कि वर्ष 1990 में।

**23 निम्नलिखित कथनों पर विचार कीजिए**
*(Chap 6, Class-XII, New NCERT)*

1. भारत की विनिमय दर अंतर्राष्ट्रीय और देशीय विकास के साथ विकसित हुई है।
2. स्वतंत्रता के पश्चात् ब्रेटन वुड्स व्यवस्था की दृष्टि से भारतीय रुपया ब्रिटेन के साथ ऐतिहासिक संबंध के कारण पौंड स्टर्लिंग में अधिकीलित हुआ।

**उपर्युक्त कथनों में से कौन-सा/से कथन सही है/हैं?**

(a) केवल 1 (b) केवल 2
(c) 1 और 2 (d) न तो 1 और न ही 2

**उत्तर** *(c)*

**व्याख्या** दिए गए दोनों कथन सही हैं। भारत की विनिमय दर अंतर्राष्ट्रीय और देशीय विकास के साथ-साथ विकसित हुई है। ब्रेटन वुड्स व्यवस्था की दृष्टि से भारतीय रुपया स्वतंत्रता के बाद कई वर्षों तक ब्रिटेन के साथ ऐतिहासिक संबंध के कारण पौंड स्टर्लिंग के रूप में अधिकृत हुआ। वर्ष 1975 में पौंड स्टर्लिंग से रुपये का संबंध विच्छेद कर दिया गया है। और वर्ष 1975 से लेकर 1992 तक की अवधि के दौरान रुपये की विनिमय दर भारतीय रिजर्व बैंक द्वारा तय की गई।

**24 निम्न कथनों पर विचार कीजिए** *(Chap 6, Class-XII, New NCERT)*

1. यूरोपीय यूनियन ने वर्ष 1999 में नई 'मुद्रा यूरो' प्रारंभ की थी।
2. यूरोपीय केंद्रीय बैंक के प्रबंधन में वर्ष 2000 से वास्तविक नोट और सिक्के चलाए गए।

**उपर्युक्त में से कौन-सा/से कथन सही नहीं है/हैं?**

(a) केवल 1 (b) केवल 2
(c) 1 और 2 दोनों (d) न तो 1 और न ही 2

**उत्तर** *(b)*

***व्याख्या*** दिए गए कथनों में से कथन (2) सही नहीं है, क्योंकि यूरोपीय केंद्रीय बैंक के प्रबंधन में जनवरी, 2002 से वास्तविक नोट और सिक्के चलाए गए। यूरोपीय केंद्रीय बैंक का मुख्यालय ब्रुसेल्स में स्थित है।

कथन (1) सही है। यूरोपीय यूनियन ने वर्ष 1999 में नई 'मुद्रा यूरो' प्रारंभ की थी। यूरो को 1 जनवरी, 2002 को पहली वैधानिक मुद्रा की मान्यता दी गई। वर्तमान में 27 यूरोपीय यूनियन सदस्य देशों में से 20 देशों नें कार्यालय मुद्रा (ऑफिसियल करेंसी) के रूप में यूरो को स्वीकार किया है।

**25 मुद्रा अवमूल्यन का अर्थ है**

*(Chap 6, Class-XII, New NCERT) (UPPSC Pre 1998)*

(a) अंतर्राष्ट्रीय बाजार में प्रयुक्त प्रमुख मुद्राओं की तुलना में मूल्य में वृद्धि
(b) अंतर्राष्ट्रीय बाजार में प्रयुक्त प्रमुख मुद्राओं की तुलना में मूल्य में कमी
(c) अंतर्राष्ट्रीय मुद्रा कोष की सहायता से मुद्रा का मूल्य निर्धारण
(d) उपर्युक्त में से कोई नहीं

**उत्तर *(b)***

***व्याख्या*** मुद्रा अवमूल्यन (Devaluation of Currency) का अर्थ—अंतर्राष्ट्रीय बाजार में प्रचलित प्रमुख मुद्राओं की तुलना में किसी देश विशेष की मुद्रा के मूल्य में कमी करना है।

स्थिर विनिमय दर प्रणाली के अंतर्गत जब किसी सरकारी कार्यवाही द्वारा विनिमय दर बढ़ती है, तो इसे अवमूल्यन कहते हैं। देश की अर्थव्यवस्था को सुधारने के लिए यह तरीका अपनाया जाता है। अवमूल्यन करने से निर्यात में जहाँ तेजी से वृद्धि होती है, वहीं आयात कम हो जाता है। इससे देश की अर्थव्यवस्था को मजबूती दी जाती है। अवमूल्यन जानबूझकर सरकार द्वारा लिया गया एक प्रभावी निर्णय माना जाता है। इसलिए इसे आर्थिक कूटनीति भी कहा जाता है।

**26 निम्नलिखित कथनों पर विचार कीजिए**

*(Chap 11, Class-XII, New NCERT) (IAS Pre 2023)*

**कथन I वस्तुओं के वैश्विक निर्यात में भागीदारी का निर्यात 3.2% है।**

**कथन II भारत में कार्यरत् अनेक स्थानीय कंपनियों एवं भारत में कार्यरत् कुछ विदेशी कंपनियों ने भारत की उत्पादन-आधारित प्रोत्साहन (प्रोडक्शन-लिंक्ड इसेंटिल) योजना का लाभ उठाया है।**

**उपर्युक्त कथनों के बारे में निम्नलिखित में से कौन-सा एक कथन सही है?**

(a) कथन I और कथन II दोनों सही हैं तथा कथन II, कथन I की सही व्याख्या है
(b) कथन I और कथन II दोनों सही हैं, परंतु कथन II, कथन I की सही व्याख्या नहीं है
(c) कथन I सही है, किंतु कथन II गलत है
(d) कथन I गलत है, किंतु कथन II सही है

**उत्तर *(d)***

***व्याख्या*** कथन I गलत है, किंतु कथन II सही है।

आर्थिक समीक्षा 2022-23 के अनुसार, वस्तुओं के वैश्विक निर्यात में भारत का निर्यात वर्ष 2021 में 1.8% था, जबकि आयात 2.5% था। वर्ष 2021 में वैश्विक वस्तुओं और सेवाओं के निर्यात में भारत की हिस्सेदारी 2.2% थी, जबकि आयात में हिस्सेदारी 2.7% थी।

भारत में कार्यरत् अधिकतर स्थानीय कंपनियों और कुछ विदेशी कंपनियों ने भारत की उत्पादन आधारित प्रोत्साहन योजना का लाभ उठाया है, क्योंकि इस योजना में उन कंपनियों के लिए अनेक प्रकार की छूट प्राप्त है।

**27 निम्नलिखित में कौन-सा विनिमय दर में वृद्धि को सही रूप में वर्णित करता है?** *(Chap 6, Class-XII, New NCERT)*

(a) विदेशी मुद्रा की तुलना में घरेलू मुद्रा की कीमत मे वृद्धि
(b) विदेशी मुद्रा की तुलना में घरेलू मुद्रा की कीमत में कमी
(c) विदेशी मुद्रा का घरेलू मुद्रा में तेजी से परिवर्तनीय होना
(d) उपर्युक्त में से कोई नहीं

**उत्तर *(b)***

***व्याख्या*** विनिमय दर में वृद्धि का तात्पर्य यह है कि विदेशी मुद्रा (डॉलर) की कीमत, घरेलू मुद्रा (रुपये) की कीमत के अनुपात में बढ़ गई है। इसे घरेलू मुद्रा (रुपयों) का विदेशी मुद्रा (डॉलरों) के रूप में ह्रास कहते हैं। इसी भाँति तिरती विनिमय दर व्यवस्था के अंतर्गत जब घरेलू मुद्रा (रुपयों) की कीमत विदेशी मुद्रा (डॉलरों) के रूप में बढ़ जाती है, तो इसे घरेलू मुद्रा (रुपयों) की विदेशी मुद्रा (डॉलरों) के रूप में मूल्य वृद्धि कहते हैं।

**28 निम्नलिखित कथनों पर विचार कीजिए**

**किसी मुद्रा के अवमूल्यन का प्रभाव यह है कि वह अनिवार्य रूप से**

*(Unit 7, Class-XII, Tamil Nadu Board) (IAS Pre 2021)*

1. विदेशी बाजारों में घरेलू निर्यातों की प्रतिस्पर्द्धात्मकता को बढ़ाता है।
2. घरेलू मुद्रा के विदेशी मूल्य को बढ़ाता है।
3. व्यापार संतुलन में सुधार लाता है।

**उपर्युक्त कथनों में से कौन-सा/से कथन सही है/हैं?**

(a) केवल 1 (b) 1 और 2 (c) केवल 3 (d) 2 और 3

**उत्तर *(a)***

***व्याख्या*** दिए गए कथनों में से कथन (1) सही है। किसी मुद्रा के अवमूल्यन का प्रभाव यह है कि वह अनिवार्य रूप से विदेशी बाजारों में घरेलू निर्यातों की प्रतिस्पर्द्धात्मकता को बढ़ाता है। अवमूल्यन का तात्पर्य—विदेशी मुद्राओं के संदर्भ में अपने देश की मुद्रा के मूल्य में जान-बूझकर कमी करने से है। अवमूल्यन तब ही सफल होता है, जब कोई दूसरा देश इसके विरोध में अपनी मुद्रा का अवमूल्यन न करें। इसके अतिरिक्त घरेलू बाजार में उन वस्तुओं की कीमत बढ़ जाएगी, जिनके निर्माण में प्रयुक्त सामग्री विदेशों से आयात करनी पड़ती है। अत: अवमूल्यन के कारण घरेलू मूल्य में होने वाली वृद्धि दर अवमूल्यन की तुलना में कम होनी चाहिए।

कथन (2) और (3) सही नहीं हैं, क्योंकि अवमूल्यन घरेलू मुद्रा के विदेशी मूल्य को कम करता है। अवमूल्यन अनिवार्य रूप से व्यापार संतुलन में सुधार नहीं लाएगा।

**29 विनिमय दर व्यवस्था के संदर्भ में निम्नलिखित कथनों पर विचार कीजिए** *(Chap 9, Class-XII, Old NCERT)*

1. 1920 के दशक में विनिमय के स्वर्णमान का अंत हो गया।
2. स्वर्णमान के स्थान पर वर्ष 1944 ब्रेटन वुड्स व्यवस्था प्रारंभ हुई।
3. ब्रेटन वुड्स व्यवस्था में अमेरिकी डॉलर को नियत कीमत पर स्वर्ण मे परिवर्तनीय घोषित किया गया था।

**उपर्युक्त कथनों में से कौन-सा/से कथन सही है/हैं?**

(a) 1 और 3 (b) 1 और 2 (c) 2 और 3 (d) ये सभी

**उत्तर *(d)***

***व्याख्या*** विनिमय दर व्यवस्था के संदर्भ में दिए गए सभी कथन सही हैं। 1920 के दशक में विनिमय की स्वर्णमान प्रक्रिया को समाप्त कर दिया गया।

वर्ष 1944 में स्वर्णमान व्यवस्था के स्थान पर ब्रेटन वुड्स व्यवस्था प्रारंभ हुई। इस व्यवस्था में अमेरिकी डॉलर को नियत कीमत पर स्वर्ण में परिवर्तनीय घोषित किया गया था। इस व्यवस्था को समजनीय सीमा व्यवस्था (Adjustable Peg System) भी कहा जाता है। इस व्यवस्था में सदस्य देश अपनी मुद्रा में स्वर्ण की कीमत में केवल अंतर्राष्ट्रीय कोष की सहमति से ही परिवर्तन कर सकते थे।

30 **निम्नलिखित में से कौन-सी बातें भारत में विदेशी प्रत्यक्ष निवेश में समाविष्ट होंगी?** *(Class-XI, Old NCERT) (IAS Pre 2012)*

1. भारत में विदेशी कंपनियों की सहायक कंपनियाँ
2. भारतीय कंपनियों में बहुसंख्यक विदेशी इक्विटी धारण
3. विदेशी कंपनियों द्वारा अनन्य रूप से वित्त-पोषित कंपनियाँ
4. पोर्टफोलियो निवेश

**कूट**

(a) 1, 2, 3 और 4 (b) 2 और 4 (c) 1 और 3 (d) 1, 2 और 3

*उत्तर (d)*

***व्याख्या*** भारत में विदेशी प्रत्यक्ष निवेश के संबंध में कथन (1), (2) और (3) सही हैं। विदेशी निवेश को सामान्यत: दो भागों में विभाजित किया गया है। पहला, विदेशी प्रत्यक्ष निवेश (FDI) तथा दूसरा पोर्टफोलियो निवेश (PFI)। विदेशी प्रत्यक्ष निवेश से आशय विदेशी कंपनियों द्वारा भौतिक पूँजी संपत्तियों; जैसे—प्लांट मशीनरी, भूमि, भवन आदि में निवेश करने से है। इसके अंतर्गत विदेशी कंपनी घरेलू देश में नई कंपनी विकसित करती है या अपनी सहायक कंपनी को खोलती है।

कथन (4) सही नहीं है, क्योंकि पोर्टफोलियो निवेश के अंतर्गत निवेशकों द्वारा शुद्ध रूप से वित्तीय संपत्तियों, शेयर, ऋण-पत्र, बॉण्ड आदि का क्रय-विक्रय किया जाता है।

31 **भारत में प्रत्यक्ष विदेशी निवेश के संदर्भ में, निम्नलिखित में से कौन-सी उसकी प्रमुख विशेषता मानी जाती है?** *(Class-XI, Old NCERT) (IAS Pre 2020)*

(a) यह मूलत: किसी सूचीबद्ध कंपनी में पूँजीगत साधनों द्वारा किया जाने वाला निवेश है।
(b) यह मुख्यत: ऋण सृजित न करने वाला पूँजी प्रवाह है।
(c) यह ऐसा निवेश है, जिससे ऋण-समाशोधन अपेक्षित होता है।
(d) यह विदेशी संस्थागत निवेशकों द्वारा सरकारी प्रतिभूतियों में किया जाने वाला निवेश है।

*उत्तर (b)*

***व्याख्या*** भारत में प्रत्यक्ष विदेशी निवेश के संदर्भ में उसकी प्रमुख विशेषता यह मानी जाती है कि यह मुख्यत: ऋण सृजित न करने वाला पूँजी प्रवाह है। प्रत्यक्ष विदेशी निवेश से घरेलू अर्थव्यवस्था में नई या अतिरिक्त पूँजी और नई प्रौद्योगिकी आती है तथा इससे रोजगार के अवसर बढ़ते हैं। इस प्रकार यह घरेलू अर्थव्यवस्था को मजबूत करती है।

32 **'व्यापार संबंधित निवेश उपायों' के संदर्भ में निम्नलिखित कथनों में कौन-सा/से कथन सही है/हैं?** *(Class-XI, Old NCERT) (IAS Pre 2020)*

1. विदेशी निवेशकों द्वारा किए जाने वाले आयात पर 'परिमाणात्मक निबंधन' निषिद्ध होते हैं।
2. ये वस्तुओं एवं सेवाओं दोनों के व्यापार से संबंधित निवेश उपायों पर लागू होते हैं।
3. ये विदेशी निवेश के नियमन से संबंधित नहीं हैं।

**कूट**

(a) 1 और 2
(b) केवल 2
(c) 1 और 3
(d) उपर्युक्त सभी

*उत्तर (c)*

***व्याख्या*** 'व्यापार संबंधित निवेश उपायों' (Trade Related Investment Measures, TRIMs) के संदर्भ में कथन (1) और (3) सही हैं।

ट्रिम्स, विश्व व्यापारय संगठन (WTO) के समझौतों में से प्रमुख है। यह विदेशी निवेश की उन बाधाओं को दूर करने की व्याख्या करता है, जो स्वतंत्र व्यापार में बाधा डालती हैं तथा विदेशी निवेशकों द्वारा किए जाने वाले आयात पर परिमाणात्मक निर्बंधन समाप्त करती है। यह विदेशी निवेश के नियमन से संबंधित नहीं है।

कथन (2) सही नहीं है, क्योंकि ट्रिम्स केवल वस्तुओं के व्यापार संबंधित निवेश उपायों पर लागू होते हैं, सेवाओं पर नहीं।

# अध्याय 11

# उदारीकरण, निजीकरण और वैश्वीकरण

## उदारीकरण, निजीकरण और वैश्वीकरण

### उदारीकरण

**अवधारणा**
- उदारीकरण
- एक ऐसी स्थिति को संदर्भित करता है, जहाँ अनावश्यक प्रतिबंध हैं
- वर्ष 1991 में भारतीय अर्थव्यवस्था का उदारीकरण किया गया
- निजी और विदेशी निवेश की भूमिका में विस्तार
- निजी कंपनियों के लिए प्रतिबंधों में छूट दी गई

**उद्देश्य**
- भारत के आसन्न भुगतान संतुलन संकट को हल करने के लिए
- प्रत्यक्ष विदेशी निवेश की मात्रा बढ़ाएँ
- भारतीय अर्थव्यवस्था में वैश्वीकरण लाने के लिए भारत की आर्थिक क्षमता को अधिकतम करना

**विदेशी विनिमय सुधार**
- औद्योगिक क्षेत्र का विनियमन
- वित्तीय क्षेत्र में सुधार
- कर सुधार
- विदेशी मुद्रा सुधार
- व्यापार और निवेश नीति में सुधार

**व्यापार और निवेश नीति सुधार**

इस कार्यक्रम का एक उद्देश्य स्थानीय लोगों की कार्य-कुशलता को सुधारना और उन्हें आधुनिक प्रौद्योगिकी (Modern Technology) को अपनाने के लिए प्रोत्साहित करना था

### निजीकरण

**अवधारणा**
- इसका तात्पर्य स्वामित्व को त्यागना है
- सरकार ने पीएसयू की दक्षता में सुधार के प्रयास किए, कुछ सार्वजनिक उपक्रमों को विशेष दर्जा दिया गया है

**उद्देश्य**
- वित्तीय भार कम करने के लिए
- सार्वजनिक वित्त में सुधार करना
- स्वामित्व की व्यापक हिस्सेदारी को प्रोत्साहित करना, गैर का राजनीतिकरण करना

**विनिवेश**
- निजीकरण का तात्पर्य स्वामित्व प्रबंधन में परिवर्तन से है
- अल्पसंख्यक विनिवेश
- बहुमत विनिवेश

**नई विनिवेश नीति, 2014**
- वर्ष 2014 में नई विनिवेश नीति का सूत्रपात हुआ और विनिवेश के संबंध में शक्तियाँ वर्ष 2015 के बाद नीति आयोग को अधिकृत की गईं
- केंद्रीय सार्वजनिक क्षेत्र के उद्यमों (CPSE-Central Public Sector Enterprises) के सार्वजनिक स्वामित्व को प्रोत्साहन देना
- अधिसूचित CPSE में अल्प अंश की बिक्री को जारी रखते हुए सरकार के बहुलांश हिस्से को बनाए रखना
- चिह्नित CPSE में सरकारी हिस्सेदारी के प्रभावी हिस्से (50% या अधिक) की बिक्री के साथ ही प्रबंधन नियंत्रण के हस्तांतरण के द्वारा रणनीतिक निवेश को बढ़ावा देना

### वैश्वीकरण

**अवधारणा**
- अर्थव्यवस्था का एकीकरण समझा जाता है
- विभिन्न नीतियों की स्थापना का परिणाम
- इसमें नेटवर्क और गतिविधियों का निर्माण शामिल है

**प्रभाव**
- कई भारतीय कंपनियों ने दूसरे देशों में अपना विस्तार किया
- विकसित देशों से निवेश के प्रवाह में वृद्धि
- तकनीकी विकास के परिणामस्वरूप भारत में उल्टा प्रतिभा पलायन हुआ है

**हानि**
- ग्रामीण भूमिहीन परिवारों की संख्या 35% से 45% तक बढ़ी
- किसानों की नियति भूख से मरना या आत्महत्या करना है

**आर्थिक सुधार के परिणाम**
- प्रत्यक्ष विदेशी निवेश में सुधार
- संवृद्धि में सुधार
- कृषि में सुधार
- उद्योगों पर प्रभाव

**विश्व व्यापार संगठन**
- जनरल एग्रीमेंट ऑन टैरिफ एंड ट्रेड (GATT-General Agreement on Tariffs and Trade) के परवर्ती विश्व व्यापार संगठन (WTO-World Trade Organisation) का गठन वर्ष 1995 में किया गया।
- 'गैट' की स्थापना विश्व व्यापार प्रशासक के रूप में 23 देशों ने मिलकर वर्ष 1948 में की थी।

**SOURCE** Tamil Nadu Board Class-XI भारत में विकास अनुभव
New NCERT Class X वैश्वीकरण और भारतीय अर्थव्यवस्था, उपभोक्ता अधिकार,
New NCERT Class XI उदारीकरण, निजीकरण और वैश्वीकरण एक समीक्षा,

## उदारीकरण

**1** **वर्ष 1990-91 में भारत को अत्यधिक आर्थिक संकट का सामना करना पड़ा। इस संदर्भ में निम्नलिखित में से कौन-सा एक प्रमुख संकट था?** *(Chap 3, Class-XI, New NCERT)*

(a) विदेशी ऋण का भुगतान क्षमता से अधिक होना
(b) विदेशी मुद्रा रिजर्व का अत्यधिक भंडार
(c) कीमतों में कमी
(d) आयात भुगतान का उच्च स्तर

*उत्तर (a)*

*व्याख्या* वर्ष 1990-91 में भारत को अत्यधिक आर्थिक संकट का सामना करना पड़ा। इस संदर्भ में सबसे बड़ा संकट विदेशी ऋण का भुगतान क्षमता से अधिक होना था। सरकार अपने विदेशी ऋण का भुगतान करने की स्थिति में नहीं थी। पेट्रोलियम आदि आवश्यक वस्तुओं के आयात के लिए सामान्य रूप में रखा गया विदेशी मुद्रा रिजर्व 15 दिनों के लिए आवश्यक आयात का भुगतान करने योग्य भी नहीं बचा था। इस संकट को आवश्यक वस्तुओं की कीमतों की वृद्धि ने और भी गहन बना दिया। इन सभी कारणों से सरकार ने कुछ नई नीतियों को अपनाया और इसने हमारी विकास रणनीतियों की संपूर्ण दिशा को ही बदल दिया।

**2** **भारत द्वारा अपनाई गई नई आर्थिक नीति के संदर्भ में निम्नलिखित कथनों पर विचार कीजिए** *(Chap 3, Class-XI, New NCERT)*

1. इस नई आर्थिक नीति में व्यापक आर्थिक सुधारों को सम्मिलित किया गया था।
2. भारत ने अपनी नई आर्थिक नीति की घोषणा विश्व बैंक और अंतर्राष्ट्रीय मुद्रा कोष के दबाव में की।

**उपर्युक्त कथनों में से कौन-सा/से कथन सही है/हैं?**

(a) केवल 1
(b) केवल 2
(c) 1 और 2
(d) न तो 1 और न ही 2

*उत्तर (c)*

*व्याख्या* भारत द्वारा अपनाई गई नई आर्थिक नीति के संदर्भ में दिए गए दोनों कथन सही हैं। इस नई आर्थिक नीति में व्यापक आर्थिक सुधारों को सम्मिलित किया गया था। भारत ने विश्व बैंक एवं अंतर्राष्ट्रीय मुद्रा कोष के दबाव में नई आर्थिक नीति की घोषणा की तथा इनकी अनिवार्य शर्तें मान लीं। इस नई नीति का उद्देश्य अर्थव्यवस्था में अधिक स्पर्द्धापूर्ण व्यावसायिक वातावरण की रचना करना तथा फर्मों के व्यापार में प्रवेश करने और उनकी संवृद्धि में आने वाली बाधाओं को दूर करना था।

**3** **1980 के दशक में आरंभ किए गए उदारीकरण में निम्नलिखित में से कौन-सा/से सुधार शामिल था/थे?** *(Chap 3, Class-XI, New NCERT)*

1. औद्योगिक लाइसेंस प्रणाली
2. तकनीकी उन्नयन
3. आयात-निर्यात नीति
4. विदेशी निवेश

**कूट**

(a) 1 और 2 (b) 2 और 4 (c) 1, 2 और 3 (d) ये सभी

*उत्तर (d)*

*व्याख्या* भारत में 1980 के दशक में उदारीकरण प्रक्रिया आरंभ हुई थी, जिसमें औद्योगिक लाइसेंस प्रणाली में परिवर्तन लाने, तकनीकी उन्नयन को स्वीकार करने, आयात-निर्यात नीति को प्रभावशाली बनाने एवं विदेशी निवेश को प्रोत्साहित करने से संबंधित सुधार किए गए। 1980 के दशक के अंतिम वर्षों में मुद्रा स्फीति लगातार अनियंत्रित तरीके से बढ़ रही थी, विदेशी मुद्रा के सुरक्षित भंडार क्षीण हो गए थे। इसी उद्देश्य से भारत में 1980 के दशक में उदारीकरण प्रक्रिया पर विशेष ध्यान दिया गया।

**4** **वर्ष 1991 के पश्चात् आरंभ की गई सुधार नीति में औद्योगिक क्षेत्र के संदर्भ में निम्नलिखित कथनों पर विचार कीजिए** *(Chap 3, Class-XI, New NCERT)*

1. लघु उद्योगों द्वारा उत्पादित सभी वस्तुओं को अनारक्षित श्रेणी में कर दिया गया।
2. सार्वजनिक क्षेत्र के कुछ उद्योगों को छोड़कर सभी के लिए लाइसेंस व्यवस्था को समाप्त कर दिया गया।

**उपर्युक्त में से कौन-सा/से कथन सही नहीं है/हैं?**

(a) केवल 1
(b) केवल 2
(c) 1 और 2
(d) न तो 1 और न ही 2

*उत्तर (a)*

*व्याख्या* वर्ष 1991 के पश्चात् आरंभ की गई सुधार नीति में औद्योगिक क्षेत्र के संदर्भ में कथन (1) सही नहीं है, क्योंकि वर्ष 1991 के पश्चात् अनेक प्रतिबंधों को समाप्त कर दिया गया। इसके पश्चात् लघु उद्योगों द्वारा उत्पादित कुछ वस्तुएँ को ही अनारक्षित श्रेणी में कर दिया गया। अनेक उद्योगों में अब बाजार की कीमतों के निर्धारण की अनुमति मिली।

**5** **नई आर्थिक नीति, 1991 के अंतर्गत वित्तीय क्षेत्रक में किए गए सुधार के संदर्भ में निम्न में से एक कौन-सा कथन सही है?** *(Chap 3, Class-XI, New NCERT)*

(a) इसने वित्तीय क्षेत्रक में भारतीय और विदेशी निजी बैंकों की स्थापना का अवसर दिया है
(b) बैंकों की पूँजी में विदेशी निवेश की सीमा 74% कर दी गई है
(c) व्यापारिक बैंक म्युचुअल फंड और पेंशन कोष को भी भारतीय वित्तीय बाजारों में निवेश की अनुमति दी गई
(d) उपर्युक्त सभी

*उत्तर (d)*

*व्याख्या* नई आर्थिक नीति, 1991 के अंतर्गत वित्तीय क्षेत्रक के लिए किए गए सुधार के संदर्भ में दिए गए सभी कथन सही हैं।
इस नई आर्थिक नीति के अंतर्गत वित्तीय क्षेत्रक में भारतीय और विदेशी निजी बैंकों की स्थापना का अवसर दिया गया। बैंकों की पूँजी में विदेशी निवेश की सीमा 74% कर दी गई, साथ ही व्यापारिक बैंक म्युचुअल फड़ और पेंशन कोष को भी भारतीय वित्तीय बाजारों में निवेश की अनुमति मिल गई। इस नई आर्थिक नीति में यह निश्चित किया गया कि वाणिज्यिक बैंक अपनी शाखाओं की अवस्थापना एवं विस्तार रिजर्व बैंक ऑफ इंडिया के दिशा निर्देशानुसार कर सकते हैं। बैंकों को देश-विदेश से धन संसाधन जुटाने की अनुमति दी गई।

**6** **कथन** (A) वर्ष 1991 के पश्चात् से व्यक्तिगत आय पर लगाए गए करों की दरों में निरंतर कमी की गई है।
**कारण** (R) करों की उच्च दर होने से कर वंचन होता है और बचत को बढ़ावा नहीं मिलता है। *(Chap 3, Class-XI, New NCERT)*

**नीचे दिए गए कूट की सहायता से सही उत्तर चुनिए**

(a) A और R दोनों सही हैं तथा R, A का सही स्पष्टीकरण है
(b) A और R दोनों सही हैं, परंतु R, A का सही स्पष्टीकरण नहीं है
(c) A सही है, किंतु R गलत है
(d) A गलत है, किंतु R सही है

*उत्तर (a)*

*व्याख्या* A और R दोनों सही हैं तथा R, A का सही स्पष्टीकरण है।
वर्ष 1991 के पश्चात् से व्यक्तिगत आय पर लगाए गए करों की दरों में निरंतर कमी की गई है। इसके पीछे मुख्य धारणा यह भी है कि उच्च कर दरों के कारण ही कर-वंचन होता है। अब यह व्यापक रूप से स्वीकार किया जाता है कि करों की दरें अधिक ऊँची न हों, तो बचतों को बढ़ावा मिलता है और लोग अपनी स्वेच्छा से अपनी आय का विवरण दे सकते हैं।

**7** **नई आर्थिक नीति के अंतर्गत निम्नलिखित में से कौन-सा एक व्यापार नीतियों के सुधार का लक्ष्य था?**

*(Chap 3, Class-XI, New NCERT)*

(a) आयात और निर्यात पर परिमाणात्मक प्रतिबंधों की समाप्ति
(b) प्रशुल्क दरों में कटौती
(c) आयातों के लिए लाइसेंस प्रक्रिया की समाप्ति
(d) उपर्युक्त सभी

**उत्तर** *(d)*

***व्याख्या*** नई आर्थिक नीति के अंतर्गत आयात-निर्यात पर परिमाणात्मक प्रतिबंधों को समाप्त करने, प्रशुल्क दरों में कटौती करने, आयातों के लिए लाइसेंस प्रक्रिया की समाप्ति व्यापार नीतियों के सुधार के प्रमुख लक्ष्यों में शामिल थे।

हानिकारक और पर्यावरण संवेदी उद्योगों के उत्पादों को छोड़कर अन्य सभी वस्तुओं से आयात लाइसेंस व्यवस्था समाप्त कर दी गई, जिससे आर्थिक संरचना के निर्माण के लिए एक नई पृष्ठभूमि तैयार की जा सके।

**8** **नई आर्थिक नीति के संदर्भ में निम्नलिखित में से कौन-सा कथन सही नहीं है?** *(Chap 3, Class-XI, New NCERT)*

(a) किसी सार्वजनिक क्षेत्रक के उद्यमों में जनसामान्य को इक्विटी का विक्रय करना विनिवेश कहलाता है
(b) विनिवेश का मुख्य ध्येय वित्तीय अनुशासन बढ़ाना या आधुनिकीकरण में सहायता देना था
(c) सरकार द्वारा सार्वजनिक उपक्रमों के प्रबंधकीय निर्णयों को नियंत्रित कर उनकी कार्यकुशलता को सुधारने का प्रयास किया गया
(d) उपर्युक्त में से कोई नहीं

**उत्तर** *(c)*

***व्याख्या*** नई आर्थिक नीति के संदर्भ में दिए गए कथनों में से कथन (c) सही नहीं है, क्योंकि सरकार द्वारा सार्वजनिक उपक्रमों के प्रबंधकीय निर्णयों को स्वायत्तता प्रदान कर उनकी कार्यकुशलता को सुधारने का प्रयास किया गया।

**9** **कथन** (A) **बहुराष्ट्रीय कंपनी वह है, जो एक ही देश में उत्पादन पर नियंत्रण रखती है।**

**कारण** (R) **बहुराष्ट्रीय कंपनियाँ उन प्रदेशों में कार्यालय तथा उत्पादन के लिए कारखाने स्थापित करती हैं, जहाँ उन्हें सस्ता श्रम एवं अन्य संसाधन मिलते हैं।** *(Chap 4, Class-X, New NCERT)*

**नीचे दिए गए कूट की सहायता से सही उत्तर चुनिए**

(a) A और R दोनों सही हैं तथा R, A की सही व्याख्या है
(b) A और R दोनों सही हैं, परंतु R, A की सही व्याख्या नहीं है
(c) A सही है, किंतु R गलत है
(d) A गलत है, किंतु R सही है

**उत्तर** *(d)*

***व्याख्या*** A गलत है, किंतु R सही है।

बहुराष्ट्रीय कंपनियाँ वे कंपनियाँ होती हैं, जिनकी शाखाएँ एक देश में नहीं, बल्कि अनेक देशों में होती हैं तथा अनेक देशों में उत्पादन पर नियंत्रण रखती हैं।

सामान्य बहुराष्ट्रीय कंपनियाँ उन प्रदेशों में कार्यालय तथा उत्पादन के लिए कारखाने स्थापित करती हैं, जहाँ उन्हें सस्ता श्रम एवं अन्य संसाधन मिलते हैं। उत्पादन लागत में कमी करने तथा अधिक लाभ कमाने के लिए बहुराष्ट्रीय कंपनियाँ ऐसा कार्य करती हैं। वैश्वीकरण को प्रोत्साहित करने में बहुराष्ट्रीय कंपनियों की भूमिका महत्त्वपूर्ण मानी जाती है।

**10** **बहुराष्ट्रीय कंपनियों के संदर्भ में निम्नलिखित कथनों पर विचार कीजिए** *(Chap 4, Class-X, New NCERT)*

1. इन कंपनियों के द्वारा किए गए निवेश को विदेशी निवेश की श्रेणी में शामिल नहीं किया जाता है।
2. ये कंपनियाँ देशों की स्थानीय कंपनियों के साथ संयुक्त रूप से उत्पादन करती हैं।
3. ये कंपनियाँ अतिरिक्त निवेश के लिए धन प्रदान करती हैं और उत्पादन की नवीनतम प्रौद्योगिकी अपने साथ लाती हैं।

**उपर्युक्त में से कितने कथन असत्य हैं?**

(a) केवल एक (b) केवल दो
(c) सभी तीनों (d) इनमें से कोई नहीं

**उत्तर** *(a)*

***व्याख्या*** बहुराष्ट्रीय कंपनियों के संदर्भ में केवल एक कथन (1) असत्य है, क्योंकि बहुराष्ट्रीय कंपनियों के द्वारा किए गए निवेश को विदेशी निवेश की श्रेणी में रखा जाता है।

**11** **भारत द्वारा वर्ष 1991 में अपनाई गई नई आर्थिक नीतियों के संदर्भ में निम्नलिखित कथनों पर विचार कीजिए**

*(Chap 3, Class-XI, New NCERT)*

1. प्रत्यक्ष विदेशी निवेश में वृद्धि
2. कृषि संवृद्धि दर में कमी
3. औद्योगिक वृद्धि दर में शिथिलता
4. सामाजिक क्षेत्रकों में सार्वजनिक व्यय की वृद्धि पर रोक

**उपर्युक्त कथनों में से कौन-सा/से कथन सत्य है/हैं?**

(a) 1 और 3 (b) 2 और 4 (c) 1 और 2 (d) ये सभी

**उत्तर** *(d)*

***व्याख्या*** भारत द्वारा वर्ष 1991 में अपनाई गई नई आर्थिक नीतियों के संदर्भ में दिए गए सभी कथन सत्य हैं। इस नई आर्थिक नीति के अंतर्गत प्रत्यक्ष एवं अप्रत्यक्ष विदेशी निवेश को प्रोत्साहित किया गया।

इस दौरान सुधार कार्यों के पश्चात् भी कृषि क्षेत्र में सुधार नहीं हो पाया। सुधार अवधि में कृषि क्षेत्रक में सार्वजनिक व्यय विशेषकर आधारिक संरचना (सिंचाई, बिजली, सड़क-निर्माण, बाजार संपर्क) में भारी कमी आई।

माँग में निरंतर कमी आने के कारण औद्योगिक संवृद्धि की शिथिलता बढ़ी। आर्थिक सुधारों ने सामाजिक क्षेत्रकों में सार्वजनिक व्यय की वृद्धि पर विशेष रूप से रोक लगा दी। इस अवधि में कर घटाकर और कर-वंचना नियंत्रित कर राजस्व संग्रह बढ़ाने की नीतियों के यथोचित सकारात्मक प्रभाव भी नहीं मिल पाए।

**12** **निम्नलिखित में से कौन-सा/से भारत में वर्ष 1991 में आर्थिक नीतियों के उदारीकरण के बाद घटित हुआ/हुए है/हैं?**

*(Chap 3, Class-XI, New NCERT)*
*(Unit 9, Class-XI, Tamil Nadu Board) (IAS Pre 2017)*

1. GDP में कृषि का अंश वृहत रूप से बढ़ गया।
2. विश्व व्यापार में भारत के निर्यात का अंश बढ़ गया।
3. FDI का अंतर्वाह (इनफ्लो) बढ़ गया।
4. भारत का विदेशी विनिमय भंडार वृहत रूप से बढ़ गया।

**उपर्युक्त में से कितने कथन सत्य हैं?**

(a) केवल एक (b) केवल दो
(c) केवल तीन (d) सभी चारों

**उत्तर** *(c)*

***व्याख्या*** भारत में वर्ष 1991 में आर्थिक नीतियों के उदारीकरण के संदर्भ केवल तीन कथन (2, 3 और 4) सही हैं।

मुक्त अर्थव्यवस्था और उदारीकरण से वैश्विक व्यापार में भारत के निर्यात के अंश में वृद्धि हुई है। आर्थिक सर्वेक्षण 2022-23 के अनुसार, वर्ष 2021 में विश्व के वस्तु व्यापार में भारत का हिस्सा 1.8% है। मुक्त अर्थव्यवस्था ने एफडीआई के अंतर्वाह को बढ़ाया है। देश में उदारीकरण नीतियों ने एफडीआई को आकर्षित किया है। वर्ष 2021-22 के दौरान भारत में प्रत्यक्ष विदेशी निवेश 8483 मिलियन डॉलर रहा। भारत के विदेशी विनिमय भंडार में बढ़ोतरी हुई है। 8 दिसंबर, 2023 तक देश का विदेशी मुद्रा भंडार 606 बिलियन डॉलर था। विदशी मुद्रा भंडार के मामले में चीन सर्वोच्च स्थान है, जबकि वहीं भारत छठे स्थान पर है।

कथन (1) सही नहीं है, क्योंकि भारत में वर्ष 1991 में जीडीपी में कृषि का योगदान 32% था, जोकि वर्तमान में घटकर लगभग 17% रह गया है।

**13 निम्नलिखित में से किस नीति के अंतर्गत भारत में बहुराष्ट्रीय कंपनियों को प्रोत्साहन व बढ़ावा दिया जाता है?**

*(Chap 3, Class-XI, New NCERT)*

(a) निजीकरण नीति को (b) वैश्वीकरण नीति को
(c) उदारीकरण नीति को (d) सभी नीतियों को

*उत्तर (d)*

***व्याख्या*** भारत में बहुराष्ट्रीय कंपनियों को प्रोत्साहन देने का तात्पर्य निजीकरण, वैश्वीकरण तथा उदारीकरण को प्रोत्साहित करना है। वैश्वीकरण की प्रक्रिया के अंतर्गत कंपनियाँ किसी बाहरी संस्था से नियमित सेवाएँ प्राप्त करती हैं। वर्ष 1991 में भारत सरकार ने अपनी नवीन आर्थिक नीति के अंतर्गत अर्थव्यवस्था के क्षेत्र में प्रभावी बदलाव लाने के लिए निजीकरण, वैश्वीकरण एवं उदारीकरण नीति को अपनाया।

## निजीकरण एवं वैश्वीकरण

**14 निजीकरण के संदर्भ में निम्नलिखित कथनों पर विचार कीजिए**

*(Chap 3, Class-XI, New NCERT)*

1. इसके अंतर्गत सरकार सार्वजनिक कंपनी के स्वामित्व और प्रबंधन से बाहर हो जाती है।
2. इसमें सार्वजनिक क्षेत्र की कंपनियों का विक्रय कर दिया जाता है।

**उपर्युक्त कथनों में से कौन-सा/से कथन सत्य है/हैं?**

(a) केवल 1
(b) केवल 2
(c) 1 और 2 दोनों
(d) न तो 1 और न ही 2

*उत्तर (c)*

***व्याख्या*** निजीकरण (Privatisation) के संदर्भ में दिए गए दोनों कथन सत्य हैं। इसके अंतर्गत सरकार सार्वजनिक कंपनी के स्वामित्व और प्रबंधन से बाहर हो जाती है। इसमें सार्वजनिक क्षेत्र की कंपनियों का विक्रय कर दिया जाता है। निजीकरण पूँजीवादी अर्थव्यवस्था की पहचान होती है, इसमें सरकार की ओर से कोई हस्तक्षेप नहीं होता है।

**15 भारत सरकार केंद्रीय सार्वजनिक क्षेत्र उद्यमों** (CPSEs) **में लगी अपनी इक्विटी का विनिवेश क्यों कर रही है?**

*(Chap 3, Class-XI, New NCERT)*
*(Unit 9, Class-XI, Tamil Nadu Board) (IAS Pre 2011)*

1. सरकार अपनी इक्विटी के विनिवेश से मिले राजस्व का उपयोग मुख्यत: अपनी बाह्य ऋण को लौटाने में करना चाहती है।
2. सरकार अब CPSEs के प्रबंधन का नियंत्रण अपने हाथों में नहीं रखना चाहती।

**उपर्युक्त कथनों में से कौन-सा/से कथन सही है/हैं?**

(a) केवल 1 (b) केवल 2
(c) 1 और 2 दोनों (d) न तो 1 और न ही 2

*उत्तर (d)*

***व्याख्या*** प्रश्नानुसार, दिए गए दोनों कथन सही नहीं हैं, क्योंकि भारत सरकार केंद्रीय सार्वजनिक क्षेत्र उद्यमों (Central Public Sector Enterprises, CPSEs) का विनिवेश अर्थात् सरकारी हिस्सेदारी को बेचकर कुछ हिस्सा निजी क्षेत्रों को दे रही है। इसके पीछे के मूल कारण निम्न हैं-सार्वजनिक उपक्रमों को बाजार की शक्तियों के समतुल्य बनाना, प्रबन्ध को व्यावसायिक स्वरूप प्रदान करना, उपक्रम को दक्ष तथा परिणामोन्मुखी बनाना, उदारीकरण तथा बाजारी व्यवस्था के अनुकूल बनाना आदि।

भारत सरकार द्वारा केंद्रीय सार्वजनिक क्षेत्र उद्यमों (CPSEs) में लगी इक्विटी पूँजी को निजी/सार्वजनिक क्षेत्रक को बेचना विनिवेश कहलाता है। सरकार के अनुसार, विनिवेश (Disinvestment) का ध्येय वित्तीय अनुशासन बढ़ाना और CPSEs के आधुनिकीकरण में सहायता देना है।

सरकार अब रणनीतिक विनिवेश (Strategic Disivestment) को बढ़ावा दे रही है। इसके अंतर्गत सरकार CPSE में हिस्सेदारी का 50% या इससे अधिक विक्रय तथा प्रबंधन नियंत्रण का भी हस्तांतरण करती है।

भारत में विनिवेश नीति को वर्ष 1991 के आर्थिक सुधारों के अंतर्गत निजीकरण एवं उदारीकरण के भाग के रूप में प्रारंभ किया गया।

**16 वैश्वीकरण के संदर्भ में निम्नलिखित कथनों पर विचार कीजिए**

*(Chap 3, Class-XI, New NCERT)*

1. यह किसी अर्थव्यवस्था के विश्व अर्थव्यवस्था के साथ एकीकरण के रूप में जाना जाता है।
2. यह उन सभी नीतियों का परिणाम होता है, जो विश्व को परस्पर निर्भर और आर्थिक एकीकृत करती हैं।

**उपर्युक्त कथनों में से कौन-सा/से कथन असत्य है/हैं?**

(a) केवल 1 (b) केवल 2
(c) 1 और 2 (d) न तो 1 और न ही 2

*उत्तर (d)*

***व्याख्या*** वैश्वीकरण (Globalisation) के संदर्भ में दिए गए दोनों कथन सत्य है। वैश्वीकरण को किसी अर्थव्यवस्था के विश्व अर्थव्यवस्था के साथ एकीकरण के रूप में जाना जाता है।

यह उन सभी नीतियों का परिणाम होता है, जो विश्व को परस्पर निर्भर और अधिक एकीकृत करती हैं। इसके अंतर्गत सामाजिक और भौगोलिक सीमाओं के अतिक्रमण की गतिविधियों और नेटवर्क का सृजन होता है।

**17 वैश्वीकरण में सम्मिलित नहीं है**

*(Chap 3, Class-XI, New NCERT) (BPSC Pre 2018)*

(a) आयात शुल्कों में कटौती
(b) आयात लाइसेसिंग की समाप्ति
(c) प्रत्यक्ष विदेशी निवेश का स्वतंत्र प्रवाह
(d) सार्वजनिक क्षेत्र की इक्विटी का विनिवेश

*उत्तर (d)*

***व्याख्या*** सार्वजनिक क्षेत्र की इक्विटी का विनिवेश निजीकरण से संबंधित होता है, जोकि वैश्वीकरण में सम्मिलित नहीं है।

इसके अतिरिक्त आयात शुल्क में कमी और आयात लाइसेंसिंग का उन्मूलन कर वैश्विक व्यापार को प्रोत्साहित करना वैश्वीकरण का अभिन्न भाग होता है।

वैश्वीकरण वह प्रक्रिया है, जिसके अंतर्गत विश्व की अर्थव्यवस्था एकीकृत हो जाती है। वर्ष 1991 की नई आर्थिक नीति के अन्तर्गत इस उपागम को स्वीकार किया गया था।

**18** **वैश्वीकरण के भारत पर प्रभाव के बारे में, निम्नलिखित में से कौन-सा सत्य नहीं है?**

*(Chap 3, Class-XI, New NCERT) (BPSC Pre 2023)*

(a) इसने वस्तुओं और सेवाओं में व्यापार का विस्तार किया है
(b) इसमें प्रत्यक्ष विदेशी निवेश का प्रवाह बढ़ा है
(c) निर्यात में वृद्धि, आयात में वृद्धि से अधिक है
(d) उपर्युक्त में से कोई नहीं

**उत्तर** *(c)*

**व्याख्या** वैश्वीकरण के भारत पर प्रभाव के संदर्भ में कथन (c) सत्य नहीं है, क्योंकि इसके अंतर्गत आयात-निर्यात में वृद्धि की अधिक प्रभावी भूमिका नहीं है।

**19** **विदेशी निवेश को आकर्षित करने हेतु विगत वर्षों में सरकार द्वारा किए गए प्रयासों में निम्नलिखित में एक कौन-सा कथन शामिल है?**

*(Chap 4, Class-X, New NCERT)*

1. विशेष आर्थिक क्षेत्रों की स्थापना करना।
2. विशेष आर्थिक क्षेत्रों में उत्पादन इकाइयाँ स्थापित करने वाली कंपनियों को आरंभिक वर्षों में कर में छूट देना।
3. श्रम कानूनों को सशक्त बनाना।

**कूट**

(a) 1 और 3
(b) 2 और 3
(c) 1 और 2
(d) 1, 2 और 3

**उत्तर** *(c)*

**व्याख्या** विदेशी निवेश को आकर्षित करने हेतु विगत वर्षों में सरकार द्वारा किए गए प्रयासों में कथन (1) और (2) शामिल हैं। इस क्षेत्र में सरकार द्वारा किए गए विभिन्न प्रयास निम्न हैं

निर्यात को प्रोत्साहित करने हेतु विशेष आर्थिक क्षेत्रों (Special Economic Zones, SEZ) की स्थापना की गई थी।

SEZ में उत्पादन इकाइयाँ स्थापित करने वाली कंपनियों को आरंभिक 5 वर्षों तक कर में छूट दी जाती है, ताकि वे उत्पादन प्रक्रिया में अधिक-से-अधिक हिस्सा ले सकें।

श्रमिकों का आर्थिक व मानसिक शोषण न हो, इसके लिए आवश्यक सुधार किए गए, परंतु विदेशी निवेश को आकर्षित करने के उद्देश्य से इसमें कोई परिवर्तन नहीं किया गया।

**20** **उपभोक्ता संरक्षण अधिनियम, 1986 के अंतर्गत एक उपभोक्ता को निम्नलिखित में से कौन-से अधिकार प्रदान किए गए हैं?**

*(Chap 5, Class-XI, New NCERT)*

1. सूचना पाने का अधिकार
2. चयन का अधिकार
3. क्षतिपूर्ति निवारण का अधिकार
4. प्रतिनिधित्व का अधिकार

**कूट**

(a) 1 और 2
(b) 2 और 3
(c) 2, 3 और 4
(d) 1, 2, 3 और 4

**उत्तर** *(d)*

**व्याख्या** उपभोक्ता संरक्षण अधिनियम, 1986 के अंतर्गत एक उपभोक्ता को सूचना पाने का अधिकार, चयन का अधिकार, क्षतिपूर्ति निवारण का अधिकार तथा प्रतिनिधित्व का अधिकार प्राप्त है। शासनतंत्र को उसकी कार्यप्रणाली को अधिक पारदर्शी बनाने के लिए सूचना का अधिकार कानून (2005) बनाया गया है।

चयन का अधिकार उपभोक्ता की इच्छा शक्ति को दर्शाता है अर्थात् उपभोक्ता अपनी पसंद के अनुकूल ही वस्तुओ एवं सेवाओं का उपभोग कर सकता है। वस्तु एवं सेवा में दोष या कमी पाए जाने की स्थिति में उपभोक्ता को विक्रेता से क्षतिपूर्ति पाने का अधिकार है। उपभोक्ताओं को प्रतिनिधित्व (उपभोक्ता न्यायालय) का अधिकार भी प्राप्त है।

**21** **उपभोक्ता उत्पादों पर दिए गए प्रमाणक चिह्नों के संदर्भ में निम्नलिखित में से कौन-सा कथन सत्य है?** *(Chap 5, Class-X, New NCERT)*

(a) यह उपभोक्ता द्वारा खरीदे जाने वाले उत्पादों की गुणवत्ता सुनिश्चित करने में सहायता करता है
(b) प्रमाणीकरण प्रदाता संगठन उत्पादकों को उनके द्वारा श्रेष्ठ गुणवत्ता पालन करने की स्थिति में शब्द चिह्न (लोगों) का प्रयोग करने की अनुमति देते हैं
(c) सभी उत्पादकों को गुणवत्ता के मानदंडों का पालन करना आवश्यक नहीं होता है
(d) उपर्युक्त सभी

**उत्तर** *(d)*

**व्याख्या** उपभोक्ता उत्पादों पर दिए गए प्रमाणक चिह्नों के संदर्भ में सभी कथन सत्य हैं। प्रमाणीकरण चिह्न उपभोक्ता द्वारा खरीदे जाने वाले उत्पादों की गुणवत्ता सुनिश्चित करने में सहायता करता है। प्रमाणीकरण प्रदाता संगठन उत्पादकों को उनके द्वारा श्रेष्ठ गुणवत्ता पालन करने की स्थिति में शब्द चिह्न (लोगों) का प्रयोग करने की अनुमति देते हैं। सभी उत्पादकों को गुणवत्ता के मापदंडों का पालन करना आवश्यक नहीं होता है।

# अध्याय 12

# अंतर्राष्ट्रीय संगठन

## अंतर्राष्ट्रीय संगठन

**विश्व बैंक समूह**
- फैमिली ऑफ फाइव अंतर्राष्ट्रीय संगठन
- विकासशील देशों को ऋण प्रदान करना
- विश्व का सबसे बड़ा बैंक

**पुनर्निर्माण और विकास के लिए अंतर्राष्ट्रीय बैंक (आईबीआरडी)**
- मध्यम आय वाले ऋण योग्य गरीब देशों को ऋण प्रदान करता है
- यूरोप की मदद के लिए वर्ष 1944 में बनाया गया

**अंतर्राष्ट्रीय विकास संघ (आईडीए)**
- **लक्ष्य** गरीबी कम करना
- सहायता के सबसे बड़े स्रोतों में से एक
- रियायती अवधि पर पैसा उधार देता है

**अंतर्राष्ट्रीय वित्त निगम (आईएफसी)**
- अधिक आर्थिक विकास हासिल करना
- निजी उद्यम में निवेश करें
- निजी पूँजी के प्रवाह के लिए अनुकूल परिस्थितियों को प्रोत्साहित करना

**बहुपक्षीय निवेश गारंटी एजेंसी (MIGA)**
- राजनीतिक जोखिम बीमा प्रदान करता है
- वर्ष 1988 में स्थापित
- लक्ष्य परियोजनाएँ नई नौकरियाँ उत्पन्न करने का प्रयास करती हैं

**विवादित निवेश के निपटान के लिए अंतर्राष्ट्रीय केंद्र (ICSID)**
- एक स्वायत्त संस्था, वर्ष 1966 में स्थापित
- विकासशील देशों में विदेशी निवेश के प्रवाह को प्रोत्साहित करना

**अंतर्राष्ट्रीय मुद्राकोष (आईएमएफ)**
- संयुक्त राष्ट्र सम्मेलन में सहमति
- वैश्विक मौद्रिक सहयोग को तेज करने के लिए काम करता है

**विश्व व्यापार संगठन (WTO)**
- GATT पर सामान्य समझौते के उत्तराधिकारी
- 1 जनवरी, 1995 को बनाया गया
- **मुख्यालय** जेनेवा, स्विट्ज़रलैंड में
- राष्टों के बीच व्यापार के नियमों

**व्यापार और विकास पर संयुक्त राष्ट्र सम्मेलन (अंकटाड)**
- वर्ष 1964 में स्थापित
- विकास अनुकूल एकीकरण को बढ़ावा देना
- यातायात और निवेश को अधिकतम करने के लिए
- यह अनुसंधान नीति विश्लेषण करता है

**विश्व आर्थिक मंच (डब्ल्यूईएफ)**
- एक स्विस गैर-लाभकारी फाउंडेशन
- वर्ष 1971 में स्थापित
- स्विस अधिकारियों द्वारा मान्यता प्राप्त
- विश्व की स्थिति में सुधार करने के लिए

**जी-7**
- 7 गैर समाजवादी देशों का संगठन
- अर्थव्यवस्था में मुक्त बाजार नीतियों को अपनाना
- **सदस्य** संयुक्त राज्य अमेरिका, कनाडा, जर्मनी, ब्रिटेन, फ्रांस, इटली और जापान हैं

**जी-20**
- 19 देशों और यूरोपीय संघ का एक अनौपचारिक समूह
- यूटीएस की उत्पत्ति का पता वर्ष 1997-1999 में लगाया जा सकता है
- स्पेन एक स्थायी गैर-सदस्य आमंत्रित नेता के शिखर सम्मेलन में भी भाग लेता है

**अंतर्राष्ट्रीय श्रम संगठन (ILO)**
- वर्ष 1919 में स्थापित
- संयुक्त राष्ट्र की पहली संबद्ध एजेंसी
- अंतर्राष्ट्रीय स्तर पर मान्यता प्राप्त मानव और श्रम अधिकारों को बढ़ावा देना मुख्य कार्य
- **मुख्यालय** जेनेवा, स्विट्ज़रलैंड

**एशिया-प्रशान्त आर्थिक सहयोग (एपीईसी)**
- एक क्षेत्रीय आर्थिक मंच
- सतत विकास और आर्थिक संबंध को बढ़ावा देना
- भारत APEC का सदस्य नहीं

**भारत ब्राजील-दक्षिण अफ्रीका (आईबीएसए)**
- अंतर्राष्ट्रीय सहयोग को स्वतंत्र रूप से बढ़ावा देने वाला एक अंतर्राष्ट्रीय समूह
- दक्षिण सहयोग को बढ़ावा देने के लिए बनाया गया

**ब्रिक्स**
- ब्राजील, रूस, भारत, चीन, दक्षिण अफ्रीका (ब्रिक्स)
- पहला शिखर सम्मेलन येकातेरिनबर्ग में आयोजित किया गया था

**क्षेत्रीय सहयोग के लिए दक्षिण एशियाई संघ (सार्क)**
- वर्ष 1985 में स्थापित
- दक्षिण एशिया के लोगों के कल्याण को बढ़ावा देना
- वर्ष 1967 में बैंकॉक में स्थापित
- आर्थिक क्षेत्र में सामान्य हित के मामलों पर सक्रिय सहयोग को बढ़ावा देना

**अंतर्राष्ट्रीय वित्तीय संस्थान**
- अंतर्राष्ट्रीय निपटान बैंक (बीआईएस)
- केंद्रीय बैंकों का एक अंतर सरकारी संगठन

**एशियाई बुनियादी ढाँचा निवेश बैंक (एआईआईबी)**
- एशिया में सामाजिक और आर्थिक परिणामों में सुधार लाने का मिशन

**एशियाई विकास बैंक (एडीबी)**
- 19 दिसम्बर, 1966 को स्थापित
- एडीबी में 68 सदस्य हैं, 49 एशिया से हैं

**न्यू डेवलेपमेंट बैंक (एनडीबी)**
- ब्रिक्स देशों द्वारा स्थापित

**SOURCE** New NCERT Class X वैश्वीकरण और भारतीय अर्थव्यवस्था, Old NCERT Class IX & X आर्थिक विकास की ओर, New NCERT Class XI उदारीकरण, निजीकरण और वैश्वीकरण : एक समीक्षा, New NCERT Class XII खुली अर्थव्यवस्था समष्टि अर्थशास्त्र, Tamil Nadu Board Class XI, अन्तर्राष्ट्रीय आर्थिक संगठन

1 **ब्रेटन वुड्स सम्मेलन ने किन संस्थाओं की स्थापना की?**

*(Chap 6, Class-XII, New NCERT) (UKPSC Pre 2013)*

1. आई. एम. एफ.
2. विश्व बैंक
3. संयुक्त राष्ट्र
4. डब्ल्यू. टी. ओ.

**कूट**

(a) 1 और 2 (b) 1, 2 और 3

(c) 1 और 3 (d) ये सभी

उत्तर *(a)*

***व्याख्या*** ब्रेटन वुड्स सम्मेलन (वर्ष 1944) ने अंतर्राष्ट्रीय मुद्राकोष (International Monetary Fund, IMF) और विश्व बैंक की स्थापना की। इन दोनों वित्तीय संस्थानों का मुख्यालय वाशिंगटन डीसी में स्थित है। ये दोनों वित्तीय संगठन एक-दूसरे के पर्याय माने जाते हैं।

2 **कागजी ( पत्र ) स्वर्ण का अर्थ है**

*(Chap 6, Class-XII, New NCERT) (UPPSC Mains 2002, 2004)*

(a) विश्व बैंक की विशेष सहायता सुविधा

(b) अंतर्राष्ट्रीय मुद्राकोष का विशेष आहरण अधिकार

(c) घाटा प्रबंधन

(d) वे मुद्राएँ जो अब भी स्वर्णमान पर हैं

उत्तर *(b)*

***व्याख्या*** कागजी (पत्र) स्वर्ण का अर्थ अंतर्राष्ट्रीय मुद्राकोष का विशेष (Special Drawing Rights, SDRs) आहरण अधिकार होता है। वर्ष 1967 में विशेष आहरण अधिकार के सृजन से सोना विस्थापित हो गया। अंतर्राष्ट्रीय आरक्षित स्टॉक में वृद्धि करने के आशय से विशेष आहरण अधिकार को अंतर्राष्ट्रीय करेंसी के रूप में कागजी स्वर्ण के रूप में भी जाना जाता है।

3 **विश्व बैंक की विशेषताओं से संबंधित निम्नलिखित कथनों पर विचार कीजिए** *(Chap 6, Class-XII, New NCERT)*

1. 'बोर्ड ऑफ गवर्नर्स' सर्वोच्च निकाय है।
2. एक सदस्य देश के गवर्नर का मताधिकार से संबंधित देश के वित्तीय अंशदान से संबंधित होता है।
3. यह अपने सदस्यों को अल्पकालिक ऋण अपने अस्थायी भुगतान संतुलन के असंतुलनों को ठीक करने के लिए देता है।

**उपर्युक्त कथनों में से कौन-सा/से कथन सत्य है/हैं?**

(a) केवल 1

(b) 1 और 2

(c) 2 और 3

(d) 1, 2 और 3

उत्तर *(b)*

***व्याख्या*** विश्व बैंक की विशेषताओं के संबंध में कथन (1) और (2) सत्य हैं। विश्व बैंक में 'बोर्ड ऑफ गवर्नर्स' एक सर्वोच्च (उच्चतम) निकाय है, जिसका निर्णय अंतिम होता है। विश्व बैंक का प्रमुख 'बोर्ड ऑफ गवर्नर्स' का अध्यक्ष होता है।

विश्व बैंक अपने सदस्य देशों को दीर्घकालिक ऋण तथा अनुदान प्रदान करता है। 'बोर्ड ऑफ गवर्नर्स' में संबंधित देश के गवर्नर का मताधिकार, उक्त देश के वित्तीय अंशदान पर आधारित होता है।

कथन (3) असत्य है, क्योंकि विश्व बैंक अपने सदस्यों को आधारिक संरचना में विकास के लिए ऋण प्रदान करता है, न कि अस्थायी भुगतान संतुलन को ठीक करने के लिए।

4 **अंतर्राष्ट्रीय मुद्राकोष** (IMF) **के संदर्भ में निम्नलिखित कथनों पर विचार कीजिए** *(Chap 6, Class-XII, New NCERT)*

1. इसके विशेष आहरण अधिकार (SDRs) की गणना पाँच करेंसियों यूरो, डॉलर, जापानी येन, पौंड स्टर्लिंग तथा फ्रैंक के आधार पर की जाती है।
2. विशेष आहरण अधिकार की मूल्य किस्त का वितरण सदस्य देशों के बीच निधि में उनके कोटे के अनुसार किया जाता था।

**उपर्युक्त कथनों में से कौन-सा/से कथन सत्य है/हैं?**

(a) केवल 1

(b) केवल 2

(c) 1 और 2

(d) न तो 1 और न ही 2

उत्तर *(b)*

***व्याख्या*** अंतर्राष्ट्रीय मुद्राकोष (IMF) के संदर्भ में कथन (2) सत्य है। विशेष आहरण अधिकार (SDRs) 1969 में अंतर्राष्ट्रीय मुद्राकोष द्वारा सृजित मौद्रिक रिजर्व करेंसी के एक अंतर्राष्ट्रीय प्रकार को संदर्भित करता है।

कथन (1) असत्य है, क्योंकि SDRs में विश्व के चार देशों की मुद्राओं (यूरो, डॉलर, येन, पौंड स्टर्लिंग) की गणना डॉलर के मूल्य में भारित योग के रूप में की जाती है। इसमें फ्रैंक को शामिल नहीं किया जाता है।

5 **अंतर्राष्ट्रीय मुद्राकोष के संदर्भ में निम्नलिखित में से कौन-सा एक कथन सत्य है?** *(Chap 4, Class-IX & X, Old NCERT)*

*(MPPSC Pre 2017)*

(a) यह किसी भी देश को ऋण प्रदान कर सकता है

(b) यह केवल विकसित देशों को ही ऋण प्रदान कर सकता है

(c) यह केवल सदस्य देशों को ही ऋण प्रदान करता है

(d) यह किसी देश के केंद्रीय बैंक को ऋण प्रदान करता है

उत्तर *(c)*

***व्याख्या*** अंतर्राष्ट्रीय मुद्राकोष के संदर्भ में कथन (c) सत्य है। इस संस्था के पास सभी देशों की मुद्राओं के कोष होते हैं, जिन्हें संबंधित सदस्य देशों द्वारा अपने निर्धारित कोटे के अनुसार जमा कराया जाता है। जब किसी सदस्य देश में अस्थायी रूप से किसी विदेशी मुद्रा की कमी पड़ती है, तो वह अपने कोटे से ऋण प्रदान करता है। यह सुविधा केवल सदस्य देशों के लिए है।

6 **अंतर्राष्ट्रीय मुद्राकोष** (IMF) **के संदर्भ में 'कोटा' किसे कहते हैं?**

*(Chap 6, Class-XII, New NCERT)*

(a) विकासशील देशों को दिए गए अनुदानों को

(b) आई एम एफ द्वारा विभिन्न देशों को दिए गए अनुदानों को

(c) विभिन्न देशों द्वारा IMF को दी गई सहयोग राशि को

(d) उपर्युक्त में से कोई नहीं

उत्तर *(c)*

***व्याख्या*** अंतर्राष्ट्रीय मुद्राकोष के संदर्भ में कोटा (Quota) शब्द का संबंध विभिन्न देशों द्वारा इस संस्था को दी गई सहयोग राशि से है।

'कोटा', अंतर्राष्ट्रीय मुद्राकोष के 'विशेष आहरण अधिकार' की एक इकाई है। अंतर्राष्ट्रीय मुद्राकोष का बॉर्ड ऑफ गवर्नर्स (Board of Governors) एक नियमित अंतराल पर (जो पाँच वर्ष से अधिक नहीं) 'कोटा' की समीक्षा करता है।

अंतर्राष्ट्रीय मुद्राकोष की कोटा प्रणाली, विभिन्न देशों की क्रयशक्ति क्षमता (Purchasing Power Parities-PPP) पर आधारित है।

कोटा प्रणाली वस्तुत: देशों की सदस्यता के मूल्य को निर्धारित करता है।

7 **अंतर्राष्ट्रीय मुद्राकोष (IMF) के उद्देश्यों के संदर्भ में निम्नलिखित कथनों पर विचार कीजिए** *(Chap 6, Class-XII, New NCERT)*

1. अंतर्राष्ट्रीय मौद्रिक सहयोग को प्रोत्साहित करना।
2. संतुलित अंतर्राष्ट्रीय व्यापार को सुनिश्चित करना।
3. विनिमय दरों में स्थिरता को सुनिश्चित करना।
4. अल्पविकसित राष्ट्रों में संसाधनों एवं उत्पादन की सुविधाएँ विकसित करना।

**उपर्युक्त कथनों में से कौन-से कथन सत्य हैं?**

(a) 1, 2 और 3
(b) 1, 2 और 4
(c) 2, 3 और 4
(d) 1, 2, 3 और 4

*उत्तर (a)*

***व्याख्या*** अंतर्राष्ट्रीय मुद्राकोष (IMF) के उद्देश्यों के संदर्भ में कथन (1), (2) और (3) सत्य हैं।

अंतर्राष्ट्रीय मुद्राकोष के निम्न उद्देश्य हैं

- अंतर्राष्ट्रीय मौद्रिक सहयोग को बढ़ावा देना।
- वित्तीय स्थिरता के लिए विनिमय दरों को व्यावहारिक रूप देना।
- संतुलित अंतर्राष्ट्रीय व्यापार को सुनिश्चित करना तथा सतत आर्थिक विकास को प्रोत्साहित करना।
- वैश्विक स्तर पर गरीबी निवारण के कार्यक्रमों को प्रोत्साहित करना।

कथन (4) असत्य है, क्योंकि अंतर्राष्ट्रीय मुद्राकोष अल्प विकसित राष्ट्रों में संसाधनों एवं उत्पादन की सुविधाएँ विकसित करने से संबंधित कार्यों को प्रोत्साहित करने के लिए उत्तरदायी नहीं है।

8 **अंतर्राष्ट्रीय मुद्राकोष (IMF) सदस्य देशों की सहायता हेतु विभिन्न उधार एवं साख सुविधाएँ (Borrowing and Credit Facilities) उपलब्ध करता है। निम्न में से कौन-सी सुविधा (Facility) IMF द्वारा उपलब्ध कराई जाती है?** *(Unit 8, Class-XII, Tamil Nadu Board)*

1. बेसिक क्रेडिट फैसिलिटी
2. इक्स्टेंडेड फंड फैसिलिटी
3. स्ट्रक्चरल एडजस्टमेंट फैसिलिटी

**कूट**

(a) केवल 1 (b) 2 और 3
(c) 1 और 2 (d) 1, 2 और 3

*उत्तर (d)*

***व्याख्या*** अंतर्राष्ट्रीय मुद्राकोष द्वारा सदस्य देशों की सहायता हेतु बेसिक क्रेडिट फैसिलिटी, इक्सटेंडेड फंड फैसिलिटी तथा स्ट्रक्चरल एडजस्टमेंट फैसिलिटी आदि सुविधाएँ उपलब्ध कराई जाती हैं।

बेसिक क्रेडिट फैसिलिटी सदस्य देशों को उनकी भुगतान संतुलन से संबंधित अस्थायी समस्याओं से निपटने के लिए सहायता के रूप में प्रदान की जाती है।

इक्स्टेंडेड फंड फैसिलिटी के अंतर्गत IMF सदस्य देशों को उनके कोटा के 140% तक बेसिक क्रेडिट फैसिलिटी के अतिरिक्त ऋण की सुविधा प्रदान की जाती है। यह सुविधा 3 वर्ष के सीमित समय के लिए दी जाती है। इसके अंतर्गत ब्याज की दर अत्यंत निम्न होती है।

स्ट्रक्चरल एडजस्टमेंट फैसिलिटी की स्थापना वर्ष 1986 में गरीब सदस्य देशों को रियायती दर पर भुगतान संतुलन से संबंधित अतिरिक्त सहायता प्रदान करने हेतु की गई। यह सुविधा IMF सदस्य द्वारा गरीब देशों को उनकी अर्थव्यवस्था में आर्थिक सुधार की शर्त के साथ दी जाती है।

9 **'स्वर्ण-ट्रेंच' ( रिज़र्व ट्रांस ) निर्दिष्ट करता है** *(Chap 6, Class-XII, New NCERT)* *(IAS Pre 2020)*

(a) विश्व बैंक की ऋण व्यवस्था
(b) केंद्रीय बैंक की किसी क्रिया को
(c) WTO द्वारा इसके सदस्यों को प्रदत्त एक साख प्रणाली को
(d) IMF द्वारा इसके सदस्यों को प्रदत्त एक साख प्रणाली को

*उत्तर (d)*

***व्याख्या*** 'स्वर्ण-ट्रेंच' अंतर्राष्ट्रीय मुद्राकोष (IMF) द्वारा इसके सदस्यों को प्रदत्त एक साख प्रणाली को निर्दिष्ट करता है। स्वर्ण ट्रेंच वह मुद्रा होती है, जो प्रत्येक सदस्य देश द्वारा अंतर्राष्ट्रीय मुद्राकोष को प्रदान की जाती है तथा जिसका उपयोग संबंधित देश अपने स्वयं के प्रयोजनों (सामान्यत: आपातकाल की स्थिति में) में कर सकता है।

10 **निम्न में से कौन-सा युग्म सुमेलित नहीं है?** *(Class-XII Old NCERT)*

| | संस्थान | स्थापना वर्ष |
|---|---|---|
| (a) | अंतर्राष्ट्रीय पुनर्निर्माण एवं विकास बैंक (IBRD) | 1945 |
| (b) | अंतर्राष्ट्रीय विकास संघ (IDA) | 1962 |
| (c) | अंतर्राष्ट्रीय वित्त निगम (IFC) | 1956 |
| (d) | बहुपक्षीय निवेश गारंटी एजेंसी (MIGA) | 1958 |

*उत्तर (b)*

***व्याख्या*** दिए गए युग्मों में से युग्म (b) सही सुमेलित नहीं है, क्योंकि अंतर्राष्ट्रीय विकास संघ (IDA) की स्थापना वर्ष 1960 में हुई थी, न कि 1962 में। यह एक विकास वित्त संस्थान है, जो विश्व के सबसे गरीब विकासशील देशों को रियासती ऋण और अनुदान प्रदान करता है।

11 **विश्व व्यापार संगठन के संदर्भ में निम्नलिखित कथनों पर विचार कीजिए** *(Chap 4, Class-X, New NCERT) (UKPSC Pre 2002)*

1. इसकी स्थापना वर्ष 1994 में हुई थी।
2. इसके सदस्य देशों की संख्या 163 है।

**उपर्युक्त कथनों में से कौन-सा/से कथन असत्य है/हैं?**

(a) केवल 1 (b) केवल 2
(c) 1 और 2 (d) न तो 1 और न ही 2

*उत्तर (c)*

***व्याख्या*** विश्व व्यापार संगठन के संदर्भ में दिए गए दोनों कथन असत्य हैं, क्योंकि विश्व व्यापार संगठन की स्थापना 1 जनवरी, 1995 में की गई थी। इसका मुख्यालय जेनेवा (स्विट्ज़रलैंड) में स्थित है। वर्तमान समय में इसके सदस्य देशों की संख्या 164 है। वर्ष 2016 में अफगानिस्तान को विश्व व्यापार संगठन का 164वाँ सदस्य बनाया गया था।

12 **विश्व व्यापार संगठन (WTO) की स्थापना के पीछे निम्नलिखित में से कौन-से उद्देश्य थे?** *(Chap 3, Class-XI, New NCERT)*

1. अंतर्राष्ट्रीय व्यापार को उदार बनाना।
2. अंतर्राष्ट्रीय व्यापार से संबंधित नियमों को निर्धारित करना।
3. देशों को मुक्त व्यापार की सुविधा देना।
4. सेवाओं के सृजन और व्यापार को प्रोत्साहन देना, ताकि विश्व के संसाधनों का इष्टतम स्तर पर प्रयोग हो।

**कूट**

(a) 1, 2, 3 और 4 (b) 1 और 2
(c) 2 और 3 (d) 1 और 4

*उत्तर (a)*

***व्याख्या*** विश्व व्यापार संगठन (WTO) की स्थापना के उद्देश्यों के संदर्भ दिए गए सभी कथन सही हैं। विश्व व्यापार संगठन की स्थापना के उद्देश्य- अंतर्राष्ट्रीय व्यापार को उदार बनाना, अंतर्राष्ट्रीय व्यापार से संबंधित नियमों को निर्धारित करना, देशों को मुक्त व्यापार की सुविधा प्रदान करना तथा सेवाओं के सृजन और व्यापार को प्रोत्साहन देना है, ताकि विश्व संसाधनों का इष्टतम स्तर पर प्रयोग हो।

**13 कथन** (A) **विश्व व्यापार संगठन के दायित्व (नियमों के अनुसार) में भारत को कृषि-क्षेत्र में (किसानों को) उपदान में कमी करना आवश्यक नहीं है।**

**कारण** (R) **भारत एक विकासशील देश है।**

*(Chap 4, Class-X, New NCERT) (IAS Pre 1998)*

**कूट**

(a) A और R दोनों सही हैं तथा R, A का सही स्पष्टीकरण है
(b) A और R दोनों सही हैं, परंतु R, A का सही स्पष्टीकरण नहीं है
(c) A सही है, किंतु R गलत है
(d) A गलत है, किंतु R सही है

**उत्तर** *(d)*

***व्याख्या*** A गलत है, किंतु R सही है।

विश्व व्यापार संगठन के दायित्व (नियमों के अनुसार) में भारत को क्षेत्र में (किसानों को) उपदान (सब्सिडी) में कमी लाना आवश्यक है, ऐसा करने से विश्व बाजार में भारतीय खाद्यान्न की कीमत कम होती है, ऐसे में विकसित देशों में उगाए जाने वाले खाद्यान्नों पर नकारात्मक प्रभाव पड़ता है। WTO के निर्देशों के बावजूद विकसित देशों ने अनुचित ढंग से व्यापार अवरोधकों को बनाए रखा है। भारत एक विकासशील देश है।

**14 निम्नलिखित कथनों पर विचार कीजिए**

*(Chap 3, Class-XI, New NCERT)*

1. व्यापार और सीमा शुल्क महासंधि (GATT) की स्थापना वर्ष 1948 में की गई थी।
2. व्यापार और सीमा शुल्क महासंधि (GATT) का उद्देश्य सभी देशों को विश्व व्यापार में समान अवसर सुलभ कराना था।

**उपर्युक्त कथनों में से कौन-सा/से कथन सत्य है/हैं?**

(a) केवल 1
(b) केवल 2
(c) 1 और 2
(d) न तो 1 और न ही 2

**उत्तर** *(c)*

***व्याख्या*** दिए गए दोनों कथन सत्य हैं।

व्यापार और सीमा शुल्क महासंधि (The General Agreement on Tariffs and Trade, GATT) की स्थापना वर्ष 1948 में की गई। उसका ध्येय सभी देशों को विश्व व्यापार में समान अवसर सुलभ कराना था।

व्यापारिक संबंधों को व्यावहारिक बनाने में गैट ने महत्त्वपूर्ण भूमिका निभाई। हालाँकि कुछ विषयों को लेकर विकसित एवं विकासशील देशों के बीच मतभेद रहे। इसके पश्चात् भी अंतर्राष्ट्रीय व्यापार को विस्तारित करने में गैट ने प्रासंगिक भूमिका निभाई।

**15 निम्नलिखित में से किसके संदर्भ में कभी-कभी समाचारों में 'ऐम्बर बॉक्स, ब्लू बॉक्स और ग्रीन बॉक्स' शब्द देखने को मिलते हैं?**

*(Chap 3, Class-XI, New NCERT)*

(a) WTO मामला
(b) SAARC मामला
(c) UNFCCC मामला
(d) FTA पर भारत-EU वार्ता

**उत्तर** *(a)*

***व्याख्या*** समाचारों में रहने वाले 'ऐम्बर बॉक्स ब्लू बॉक्स ग्रीन बॉक्स' इत्यादि शब्दों का संबंध विश्व व्यापार संगठन (World Trade Organisation, WTO) से है। विश्व व्यापार संगठन ने किसानों को मिलने वाली सब्सिडी को तीन बॉक्सों के रूप में वर्गीकृत किया है।

ऐम्बर बॉक्स के अंतर्गत आने वाली सब्सिडी कृषि उत्पादन तथा व्यापार को विकृत करती है। इस सब्सिडी में सरकार द्वारा कृषि उत्पादों के लिए न्यूनतम समर्थन मूल्य (Minimum Support Price, MSP) का निर्धारण तथा कृषि उत्पादों की मात्रा के आधार पर प्रत्यक्ष आर्थिक सहायता को शामिल किया जाता है।

ब्लू बॉक्स में उस आर्थिक सहायता को शामिल किया जाता है, जो कृषकों को उत्पादों के उत्पादन में मात्रात्मक कमी लाने हेतु सरकार द्वारा दी जाती है। यह सहायता राशि व्यापार विकृति में कमी लाने के लिए की जाती है।

ग्रीन बॉक्स के अंतर्गत दी जाने वाली सब्सिडी सामान्यत : व्यापार में विकृति उत्पन्न नहीं करती है। इसके अंतर्गत पर्यावरण संरक्षण कार्यक्रम, स्थानीय विकास कार्यक्रमों, अनुसंधान, आपदा राहत इत्यादि हेतु सरकार द्वारा सहायता प्रदान की जाती है।

**16 'एग्रीमेंट ऑन एग्रीकल्चर', 'एग्रीमेंट ऑन दि एप्लिकेशन ऑफ सैनिटरी एंड फाइटोसैनिटरी मेजर्स' और 'पीस क्लॉज' शब्द प्रायः समाचारों में किसके मामलों के संदर्भ में आते हैं?**

*(Chap 4, Class-X, New NCERT)*

(a) खाद्य और कृषि संगठन
(b) जलवायु परिवर्तन पर संयुक्त राष्ट्र का रूपरेखा सम्मेलन
(c) विश्व व्यापार संगठन
(d) संयुक्त राष्ट्र पर्यावरण

**उत्तर** *(c)*

***व्याख्या*** एग्रीमेंट ऑन एग्रीकल्चर (Agreement on Agriculture-AOA), एग्रीमेंट ऑन द एप्लिकेशन ऑफ सैनिटरी एंड फाइटोसैनिटरी मेजर्स (Agreement on the Application of Sanitary and Phytosanitary Measures) तथा पीस क्लॉज (Peace Clause) का संबंध विश्व व्यापार संगठन (WTO) से है।

एग्रीमेंट ऑन एग्रीकल्चर 1 जनवरी, 1995 में WTO की स्थापना के साथ ही लागू हुआ था। 'एग्रीमेंट ऑन द एप्लिकेशन ऑफ सैनिटरी एंड फाइटोसैनिटरी' को SPS एग्रीमेंट भी कहा जाता है। यह समझौता भी 1 जनवरी, 1995 से लागू हुआ। पीस क्लॉज, विश्व व्यापार संगठन के बाली कन्वेंशन (दिसंबर, 2013) में लागू हुआ। इसमें सदस्य देशों को विधिक रूप से अपने नागरिकों के लिए खाद्य सुरक्षा (Food Security) कानून बनाने को प्रतिबद्ध किया गया।

**17 डब्ल्यू.टी.ओ. फोरम में विस्तृत रूप से विश्लेषित स्विस फॉर्मूला के संदर्भ में निम्नलिखित कथनों पर विचार कीजिए**

*(Chap 4, Class-X, New NCERT)*

1. यह नामा (NAMA) वार्ता के लिए रेखीय प्रशुल्क कटौती को बताता है।
2. यह विकासशील देशों हेतु संवेदनशील नामा (NAMA) टैरिफ रेखा की सुरक्षा के लिए एक लचीला प्रशुल्क त्रिस्तरीय गुणांक का, जबकि विकसित देशों के लिए एक-स्तरीय गुणांक का प्रावधान करता है।

**उपर्युक्त कथनों में से कौन-सा/से कथन सत्य है/हैं?**

(a) केवल 1
(b) केवल 2
(c) 1 और 2
(d) न तो 1 और न ही 2

**उत्तर** *(b)*

***व्याख्या*** डब्ल्यू.टी.ओ फोरम में विस्तृत रूप से विश्लेषित स्विस फॉर्मूला (Swiss Formula) के संदर्भ में कथन (2) सत्य है।

विश्व व्यापार संगठन (World Trade Organisation-WTO) के फोरम में विस्तृत रूप से विश्लेषित स्विस फॉर्मूला का संबंध गैर-कृषि बाजार पहुँच (Non-Agricultural Market Access-NAMA) से है।

इस फॉर्मूले में अंतर्राष्ट्रीय व्यापार के प्रशुल्क दरों को कम करने तथा समतुल्य बनाने के लिए एक गणितीय सूत्र दिया गया है। इसका उद्देश्य एक ऐसी क्रिया विधि बनाना है, जो विकासशील देशों के लिए लचीला प्रशुल्क त्रिस्तरीय गुणांक तथा विकसित देशों के लिए एक स्तरीय गुणांक का प्रावधान करता है।

कथन (1) सत्य नहीं है, क्योंकि इसका संबंध रेखीय प्रशुल्क कटौती से नहीं है।

**18** **'आसियान' का पूर्ण रूप क्या है?** *(Chap 4, Class-XI, New NCERT)* *(BPSC Pre 2008)*

(a) एकेडमी ऑफ साउथ-ईस्ट एशियन नेशंस
(b) एसोसिएशन ऑफ साउथ-ईस्ट अफ्रीकन नेशंस
(c) एसोसिएशन ऑफ साउथ-ईस्ट एशियन नेशंस
(d) उपर्युक्त में से कोई नहीं

**उत्तर** *(c)*

**व्याख्या** 'आसियान' का पूर्ण रूप 'एसोसिएशन ऑफ साउथ-ईस्ट एशियन नेशंस' है। यह एक सामाजिक, राजनीतिक एवं आर्थिक हितों को साधने वाला संगठन है। इसकी स्थापना 8 अगस्त, 1967 को जकार्ता (इंडोनेशिया) में की गई थी। इसका मुख्यालय भी जकार्ता में ही स्थित है। इस संगठन की स्थापना यूरोपीय यूनियन के आधार पर की गई थी।

**19** **दक्षिण-पूर्वी एशियाई राष्ट्रों के संघ (ASEAN) के संबंध में निम्नलिखित में से कौन-सा कथन सत्य नहीं है?** *(Chap 3, Class-XI, New NCERT)*

(a) आसियान (ASEAN) की स्थापना वर्ष 1967 में बैंकॉक में संस्थापक सदस्य देशों द्वारा की गई।
(b) सिंगापुर आसियान (ASEAN) के संस्थापक सदस्यों में से एक है।
(c) भारत आसियान (ASEAN) का पूर्ण संवाद सहभागी नहीं है।
(d) आसियान के दस सदस्य हैं।

**उत्तर** *(c)*

**व्याख्या** आसियान (Association of Southeast Asian Nations-ASEAN) दक्षिण-पूर्वी एशियाई राष्ट्रों के संघ के संदर्भ में कथन (c) सत्य नहीं है, क्योंकि भारत वर्ष 1992 से 'आसियान' का पूर्ण संवाद सहभागी है। आसियान (ASEAN) की स्थापना वर्ष 1967 में बैंकाक (थाईलैंड) में हुई थी। इसके संस्थापक सदस्यों में इंडोनेशिया, फिलीपींस, मलेशिया, सिंगापुर तथा थाईलैंड शामिल थे।

वर्तमान में आसियान के सदस्य देशों की संख्या 10 है, जिनमें ब्रुनेई, कंबोडिया, इंडोनेशिया, लाओस, मलेशिया, म्यांमार, फिलीपींस, सिंगापुर, थाईलैंड तथा वियतनाम शामिल है।

**20** **निम्नलिखित देशों पर विचार कीजिए** *(Chap 3, Class-XI, New NCERT)*

1. इंडोनेशिया    2. लाओस
3. फिलीपींस    4. जापान
5. चीन    6. वियतनाम

**उपर्युक्त में से कौन-कौन आसियान के सदस्य देशों में शामिल हैं?**

(a) 1, 3, 4 और 6
(b) 1, 2, 3 और 4
(c) 1, 2, 3 और 6
(d) 1, 4, 5 और 6

**उत्तर** *(c)*

**व्याख्या** आसियान के सदस्य देशों की संख्या 10 है। इसमें थाइलैंड, इंडोनेशिया, मलेशिया, सिंगापुर, फिलीपींस, ब्रूनेई, कंबोडिया, लाओस, म्यांमार एवं वियतनाम शामिल है। भारत, चीन, दक्षिण कोरिया, ऑस्ट्रेलिया, जापान एवं अमेरिका आसियान के व्यापारिक रूप से अलग से साझेदार देश माने जाते हैं।

**21** **निम्नलिखित में से कौन-सा दक्षिण एशियाई मुक्त व्यापार क्षेत्र (SAFTA) के बारे में सत्य नहीं है?** *(Chap 3, Class-XI, New NCERT)*

(a) यह दक्षिण एशियाई सीमा शुल्क संघ और साझा बाजार की ओर एक कदम है।
(b) यह करार वर्ष 2006 में प्रभावी हुआ।
(c) SAFTA, व्यापार उदारीकरण की एक व्यवस्था है।
(d) SAFTA करार को, किसी सदस्य देश द्वारा SAFTA से बाहर के राज्यों के साथ किए गए किसी भी करार पर अग्रता प्राप्त है।

**उत्तर** *(d)*

**व्याख्या** दक्षिण एशियाई मुक्त व्यापार क्षेत्र (South Asian Free Trade Agreement-SAFTA) के बारे में कथन (d) सत्य नहीं है, क्योंकि SAFTA करार को, किसी सदस्य देश द्वारा इस क्षेत्र से बाहर के राज्यों के साथ किए गए किसी भी करार पर अग्रता (Priority) प्राप्त नहीं है।

**22** **BRICS के रूप में ज्ञात देशों के एक समूह के संदर्भ में निम्नलिखित कथनों पर विचार कीजिए** *(Chap 3, Class-XI, New NCERT)*

1. BRICS का पहला शिखर सम्मेलन रियो-डी-जेनेरियो में वर्ष 2009 में हुआ था।
2. दक्षिण अफ्रीका BRICS समूह में अंत में शामिल हुआ।

**उपर्युक्त कथनों में से कौन-सा/से कथन सत्य नहीं है/हैं?**

(a) केवल 1    (b) केवल 2
(c) 1 और 2 दोनों    (d) न तो 1 और न ही 2

**उत्तर** *(b)*

**व्याख्या** ब्रिक्स (Brazil Russia, India, China and South Africa, BRICS) के संदर्भ में कथन (1) सत्य नहीं है, क्योंकि 'ब्रिक्स' की स्थापना वर्ष 2010 में हुई, जब 'BRIC' संगठन में दक्षिण अफ्रीका का प्रवेश हुआ। इस प्रकार BRICS का पहला सम्मेलन वर्ष 2011 में सान्या (चीन) में हुआ। इस सम्मेलन में दक्षिण अफ्रीका के प्रतिनिधि के रूप दक्षिण अफ्रीका के तत्कालीन राष्ट्रपति 'जैकब जूमा' ने भाग लिया।

उल्लेखनीय है कि 1 जनवरी, 2024 को सऊदी अरब, ईरान, मिस्र, इथियोपिया और संयुक्त अरब अमीरात ने पूर्ण सदस्यता प्राप्त की। इस प्रकार अब ब्रिक्स समूह के सदस्यों की कुल संख्या 10 हो गई है।

**23** **त्वरित वित्तीय प्रपत्र और त्वरित क्षण सुविधा निम्नलिखित में से किस एक के द्वारा उधार दिए जाने के उपबंधों से संबंधित है?** *(Chap 6, Class-XII, New NCERT)* *(IAS Pre 2022)*

1. एशियाई विकास बैंक
2. अंतर्राष्ट्रीय मुद्राकोष
3. संयुक्त राष्ट्र पर्यावरण कार्यक्रम वित्त पहल
4. विश्व बैंक

**कूट**

(a) केवल 1    (b) केवल 3
(c) केवल 2    (d) ये सभी

**उत्तर** *(c)*

**व्याख्या** त्वरित वित्तीय प्रपत्र और त्वरित क्षण सुविधा अंतर्राष्ट्रीय मुद्राकोष के द्वारा उधार दिए जाने से संबंधित है। त्वरित प्रपत्र के अंतर्गत भुगतान संतुलन की तत्काल आवश्यकता का सामना करने वाले सदस्य देशों को वित्तीय सहायता प्रदान की जाती है। इसके लिए कोई शर्त नहीं होती है। यह ऋण सुविधा प्रायः घरेलू अस्थिरता, आपात स्थिति, अचानक उत्पन्न बाह्य समस्या तथा प्राकृतिक आपदाओं के कारण उत्पन्न भुगतान संतुलन की जरूरतों को पूरा करने एवं स्थिर बनाए रखने के लिए प्रदान की जाती है।

**24** **भारत निम्नलिखित में से किसका/किनका सदस्य है?**

*(Chap 3 Class-XI, New NCERT)*

1. एशिया-प्रशांत आर्थिक सहयोग (एशिया-पैसिफिक इकोनॉमिक कॉर्पोरेशन)
2. दक्षिण-पूर्वी एशियाई राष्ट्रों का संगठन (एसोसिएशन ऑफ साउथ-ईस्ट एशियन नेशन्स)
3. पूर्वी एशिया शिखर सम्मेलन (ईस्ट एशिया समिट)

**कूट**

(a) 1 और 2
(b) केवल 3
(c) 1, 2 और 3
(d) उपरोक्त में से कोई नहीं

*उत्तर (b)*

***व्याख्या*** भारत, पूर्वी एशिया शिखर सम्मेलन (ईस्ट एशिया समिट) का सदस्य है। पूर्वी एशिया शिखर सम्मेलन के सदस्य देशों की संख्या 18 है। पूर्वी एशिया शिखर सम्मेलन की पहली वार्षिक बैठक 14 दिसंबर, 2005 को हुई थी। भारत, एशिया-प्रशांत आर्थिक सहयोग (Asia-Pacific Economic Cooperation-APEC) तथा दक्षिण पूर्वी एशियाई राष्ट्रों का संघ (ASEAN) का सदस्य नहीं है। APEC के सदस्य देशों की संख्या 21 है। इसकी स्थापना वर्ष 1989 में हुई थी। दक्षिण-पूर्वी राष्ट्रों का संघ (ASEAN) की स्थापना वर्ष 1967 में बैंकॉक (थाइलैंड) में हुई थी। इसके सदस्य देशों की संख्या 10 है।

**25** **किसी मुद्रा का अंतर्राष्ट्रीय बाजार में मूल्य के सन्दर्भ में निम्नलिखित कथनों पर विचार कीजिए**

*(Chap 3, Class- XI, New NCERT)*

1. विश्व बैंक निर्धारित करता है।
2. संबंधित देश द्वारा प्रदत्त वस्तुओं/सेवाओं की कितनी माँग है, से निर्धारित होता है।
3. संबंधित देश की सरकार की स्थिरता से निर्धारित होता है।
4. संबंधित देश की आर्थिक संभाव्यता से निर्धारित होता है।

**उपर्युक्त कथनों में से कौन-से कथन सत्य हैं?**

(a) 1, 2, 3 और 4 (b) 2 और 3
(c) 3 और 4 (d) 1 और 2

*उत्तर (b)*

***व्याख्या*** दिए गए कथनों में से कथन (2) और (3) सत्य हैं। किसी मुद्रा का अंतर्राष्ट्रीय बाजार में मूल्य संबंधित देश में वस्तुओं और सेवाओं की माँग के आधार पर निर्धारित होता है।

मुद्रा के मूल्य के निर्धारण में देश की सरकार की स्थिरता अत्यधिक महत्त्व रखती है। अस्थिर सरकारों के काल में मुद्रा के अंतर्राष्ट्रीय मूल्य में गिरावट की संभावना बनी रहती है।

कथन (1) और (4) सत्य नहीं हैं, क्योंकि किसी मुद्रा का अंतर्राष्ट्रीय बाजार में मूल्य विश्व बैंक या किसी अन्य वैश्विक संस्था द्वारा निर्धारित नहीं किया जाता है। यह किसी देश की आर्थिक संभाव्यता पर भी निर्भर नहीं होता है। यह वर्तमान आर्थिक प्रवृत्तियों द्वारा निर्धारित होता है।

**26** **UNDP के समर्थन में 'ऑक्सफोर्ड निर्धनता एवं मानव विकास नेतृत्व' द्वारा विकसित 'बहुआयामी निर्धनता सूचकांक' में निम्नलिखित में से कौन-सा/से सम्मिलित है/हैं?**

*(Chap 3, Class- XI, New NCERT)*

1. पारिवारिक स्तर पर शिक्षा, स्वास्थ्य, संपत्ति तथा सेवाओं से वंचन।
2. राष्ट्रीय स्तर पर क्रय-शक्ति समता।
3. राष्ट्रीय स्तर पर बजट घाटे की मात्रा और GDP की विकास दर।

**कूट**

(a) केवल 1 (b) 2 और 3
(c) 1 और 3 (d) ये सभी

*उत्तर (a)*

***व्याख्या*** संयुक्त राष्ट्र विकास कार्यक्रम (United Nations Development Programme, UNDP) के समर्थन से ऑक्सफोर्ड पॉवर्टी एंड ह्यूमन डेवलपमेंट इनीशिएटिव (Oxford Poverty and Human Development Initiative) द्वारा 'वैश्विक बहुआयामी निर्धनता सूचकांक' जारी किया जाता है।

बहुआयामी निर्धनता सूचकांक (Multidimensional Poverty Index-MPI) में तीन आयामों के अंतर्गत 10 संकेतकों का उपयोग किया जाता है। इसमें शामिल आयाम क्रमशः पारिवारिक स्तर पर शिक्षा, स्वास्थ्य, संपत्ति तथा सेवाओं से वंचन है तथा संकेतक स्कूली शिक्षा, बाल नामांकन के वर्ष, बाल मृत्युदर, पोषण, बिजली, आवास, पीने का पानी, स्वच्छता, खाना पकाने का ईंधन, संपत्ति है।

**27** **जी-20 के संदर्भ में निम्नलिखित कथनों पर विचार कीजिए**

*(Chap 3, Class- XI, New NCERT)*

1. यह विश्व आर्थिक स्थायित्व और धारणीय विकास को बढ़ावा देने के लिए देशों का एक समूह है।
2. भारत इसके सदस्य देशों में शामिल नहीं है।
3. यूरोपीय संघ इस समूह का सदस्य नहीं है।

**उपर्युक्त में से कौन-सा/से कथन असत्य है/हैं?**

(a) केवल 1 (b) 1 और 2
(c) 2 और 3 (d) 1 और 3

*उत्तर (c)*

***व्याख्या*** जी-20 के संदर्भ में कथन (2) और (3) असत्य हैं, क्योंकि भारत और यूरोपीय संघ इस समूह के सदस्य हैं। यूरोपीय संघ के अध्यक्ष, केंद्रीय बैंक के अध्यक्ष की ओर से प्रतिनिधित्व करते हैं। यह विश्व आर्थिक स्थायित्व और धारणीय विकास को बढ़ावा देने के लिए देशों का एक समूह है। सितंबर, 1999 में स्थापित इस समूह का मुख्यालय कानकून (मैक्सिको) में स्थित है।

G-20 का समूह अंतर सरकारी मंच है, जिसमें 19 संप्रभु राज्य, अफ्रीकी संघ और यूरोपीय संघ शामिल है। वर्ष 2023 के अनुसार इसमें 21 सदस्य हैं। इस समूह में विश्व के विकासशील एवं विकसित देशों का एक मजबूत संगठन शामिल है।

**28** **निम्नलिखित में से किस समूह के सभी चारों देश G-20 के सदस्य हैं?**

*(Chap 3 Class-XI, New NCERT) (IAS Pre 2020)*

(a) अर्जेंटीना, मैक्सिको, दक्षिण अफ्रीका एवं तुर्की
(b) ऑस्ट्रेलिया, कनाडा, मलेशिया एवं न्यूजीलैंड
(c) ब्राजील, ईरान, सऊदी अरब और वियतनाम
(d) इंडोनेशिया, जापान, सिंगापुर एवं दक्षिण कोरिया

*उत्तर (a)*

***व्याख्या*** अर्जेंटीना, मैक्सिको, दक्षिण अफ्रीका एवं तुर्की चारों देश G-20 के सदस्य हैं। G-20 की स्थापना वर्ष 1999 में बर्लिन (जर्मनी) में की गई थी। इसके 20 सदस्य देश हैं, जिनमें अर्जेंटीना, ऑस्ट्रेलिया, ब्राजील, कनाडा, चीन, फ्रांस, जर्मनी, भारत, इंडोनेशिया, इटली, जापान, मैक्सिको, रूस, सऊदी अरब, दक्षिण अफ्रीका, तुर्की, दक्षिण कोरिया, यू. के., यू. एस. ए. और यूरोपीय संघ शामिल हैं। वर्ष 2023 में G-20 सदस्यों द्वारा अफ्रीकी यूनियन को समूह में शामिल किए जाने के बाद समूह में कुल सदस्यों की संख्या 20 से बढ़कर 21 हो गई है। यह विश्व के 20 औद्योगिक एवं विकासशील देशों का संगठन है। इसका प्रथम शिखर सम्मेलन वर्ष 2008 में वैश्विक आर्थिक एवं वित्तीय संकट के दौरान वाशिंगटन में हुआ था।

**29 सार्क के संदर्भ में निम्नलिखित कथनों पर विचार कीजिए**

*(Chap 3, Class-XI New NCERT)*

1. इसका पूर्ण रूप साउथ एशियन एंड रीजनल कॉपरेशन है।
2. इसके सदस्य देशों की संख्या सात है।
3. इसका उद्देश्य सदस्य देशों में आर्थिक-सामाजिक विकास का संवर्द्धन करना है।

**उपर्युक्त में से कितने कथन सत्य है/हैं?**

(a) केवल एक (b) केवल दो
(c) सभी तीनों (d) इनमें से कोई नहीं

उत्तर *(a)*

***व्याख्या*** सार्क के संदर्भ में केवल एक कथन (3) सत्य है। वर्ष 1985 में सार्क (South Asian Association for Regional Cooperation, SAARC) की स्थापना का उद्देश्य सदस्य देशों के बीच आर्थिक-सामाजिक विकास का संवर्द्धन करना है।

वर्तमान समय में इस संगठन में दक्षिण एशिया के 8 देश शामिल हैं। इनमें प्रमुख हैं— भारत, पाकिस्तान, बांग्लादेश, श्रीलंका, नेपाल, अफगानिस्तान, मालदीव एवं भूटान। अफगानिस्तान वर्ष 2008 में सार्क संगठन में शामिल हुआ। इसका मुख्यालय काठमांडू (नेपाल) में स्थित है।

**30 भारत निम्नलिखित में से किसका/किनका सदस्य है?**

*(पारिभाषिक शब्दावली Class-X, New NCERT)*

1. दक्षिण-पूर्व एशियाई राष्ट्रों का संघ
2. दक्षिण-एशियाई क्षेत्रीय सहयोग संघ
3. जी-8 (जी-7)

**कूट**

(a) केवल 1
(b) केवल 2
(c) केवल 3
(d) इनमें से कोई नहीं

उत्तर *(a)*

***व्याख्या*** दिए गए क्षेत्रीय संगठनों में से भारत केवल दक्षिण-एशियाई क्षेत्रीय सहयोग संघ (सार्क) का सदस्य है। दक्षिण-पूर्वी एशियाई राष्ट्रों का संघ (आसियान) का भारत एक प्रमुख साझेदार देश है, जिसे आसियान + भारत के नाम से जाना जाता है, परंतु भारत इस संगठन का पूर्णकालिक सदस्य नहीं है (सिर्फ व्यापारिक पक्षकार है)। भारत विकसित देशों के संगठन समूह-8 (जी-7) का भी सदस्य नहीं है।

**31 'वॉटरक्रेडिट' के सन्दर्भ में, निम्नलिखित कथनों पर विचार कीजिए।**

*(Unit 8, Class-XII, Tamil Nadu Board)*

1. यह जल एवं स्वच्छता क्षेत्र में कार्य के लिए सूक्ष्म वित्त साधनों (माइक्रोफाइनेंस टूल्स) को लागू करता है।
2. यह एक वैश्विक पहल है, जिसे विश्व स्वास्थ्य संगठन और विश्व बैंक के तत्त्वावधान में प्रारम्भ किया गया है।
3. इसका उद्देश्य निर्धन व्यक्तियों को सहायिकी के बिना अपनी जल-सम्बन्धी आवश्यकताओं को पूरा करने के लिए समर्थ बनाना है।

**उपरोक्त कथनों में से कौन-से कथन सही हैं?**

(a) 1 और 2 (b) 2 और 3
(c) 1 और 3 (d) 1, 2 और 3

उत्तर *(c)*

***व्याख्या*** 'वाटरक्रेडिट' के सन्दर्भ में कथन (1) और (3) सही हैं। वाटरक्रेडिट इनिशिएटिव को सामाजिक उद्यमी गैरी ह्वाइट और हॉलीवुड अभिनेता मैट डेमन ने अपने संगठन Water.org के माध्यम से वित्त-पोषित किया है, जिसके वाटरक्रेडिट कार्यक्रमों में $22 मिलियन का निवेश किया है।

वाटरक्रेडिट विकासशील देशों में जल और स्वच्छता क्षेत्र में सूक्ष्म वित्त सिद्धान्तों को लागू करता है।

ऐसे व्यक्तियों और समुदायों को छोटे-ऋण देकर, जिनके पास ऋण की पहुँच नहीं है, पानी और स्वच्छता की जरूरतों को पूरा करने का अधिकार देता है।

कथन (2) सही नहीं है, क्योंकि वाटरक्रेटिड विश्व बैंक और विश्व स्वास्थ्य संगठन के तत्त्वावधान में प्रारम्भ नहीं किया गया है।

NCERT MCQ

# प्रैक्टिस सेट्स (1-3)

## भारतीय अर्थव्यवस्था

इस टेस्ट की PDF प्राप्त करने के लिए
नीचे दिए गए QR Code को Scan करें